ベースボールと日本占領

谷川建司

学術選書 100

京都大学学術出版会

KYOTO UNIVERSITY PRESS

口絵 1 ●『兩陛下後樂園球場へ』（『野球少年』10 月特大号、尚文館、1947 年 9 月）

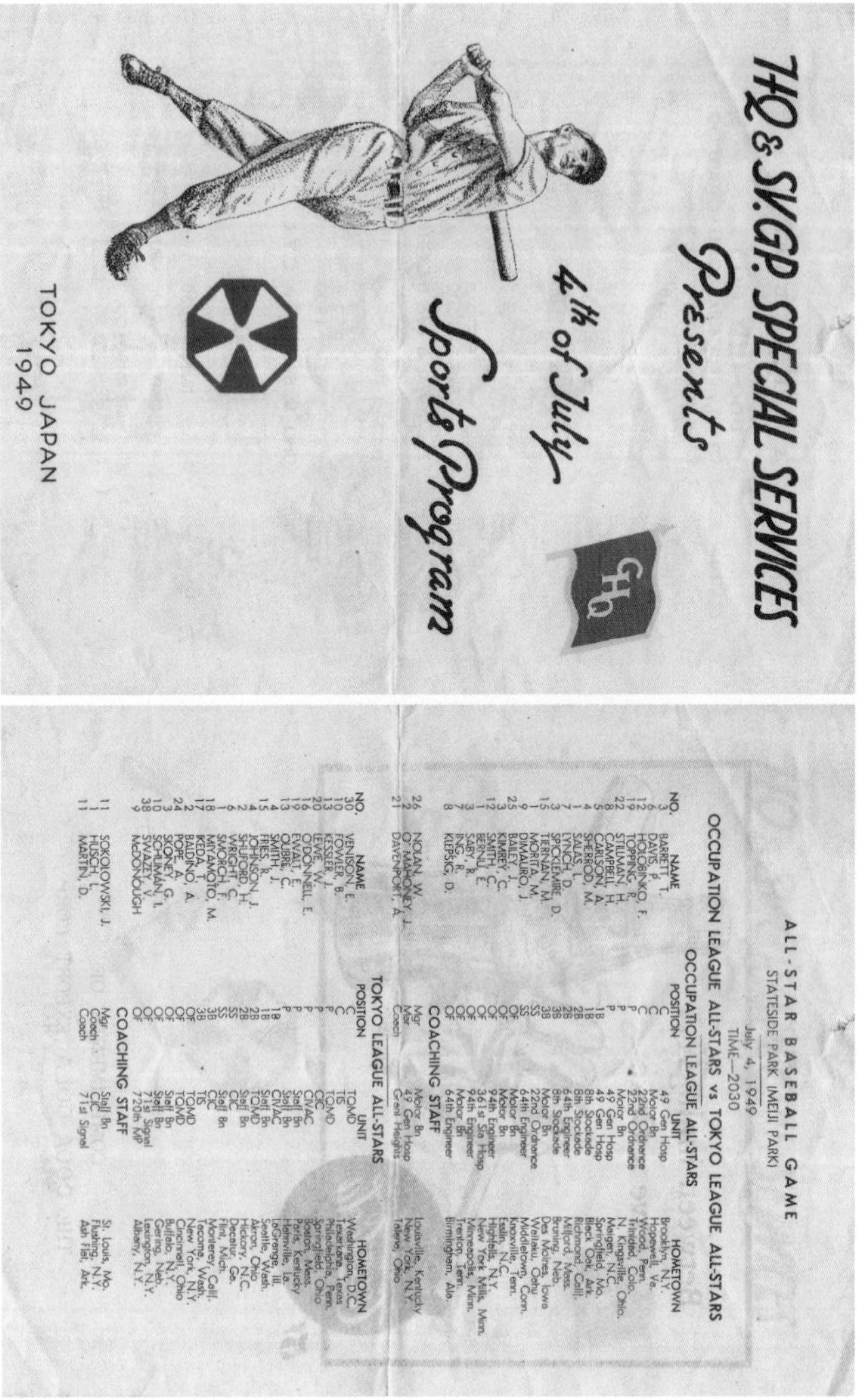

口絵 2●スポーツ・プログラムのパンフレット表紙（左）と内側面の出場選手・コーチ一覧表（1949 年）

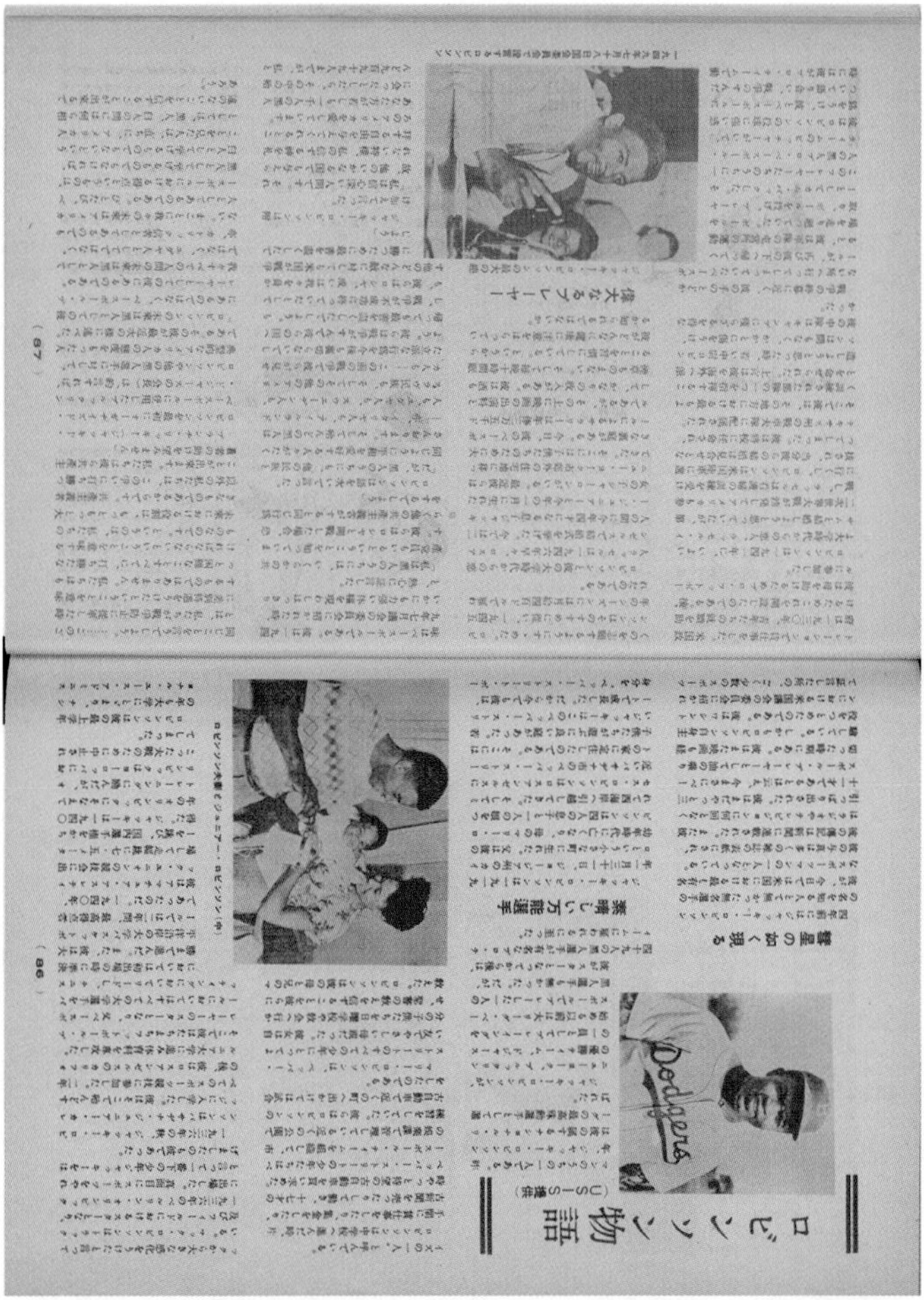
ロビンソン物語
（USIS提供）
彗星の如く現る
素晴しい万能選手
偉大なるプレーヤー

口絵 3●「ロビンソン物語　USIS提供」（『ベースボール・マガジン』1950 年 10 月）

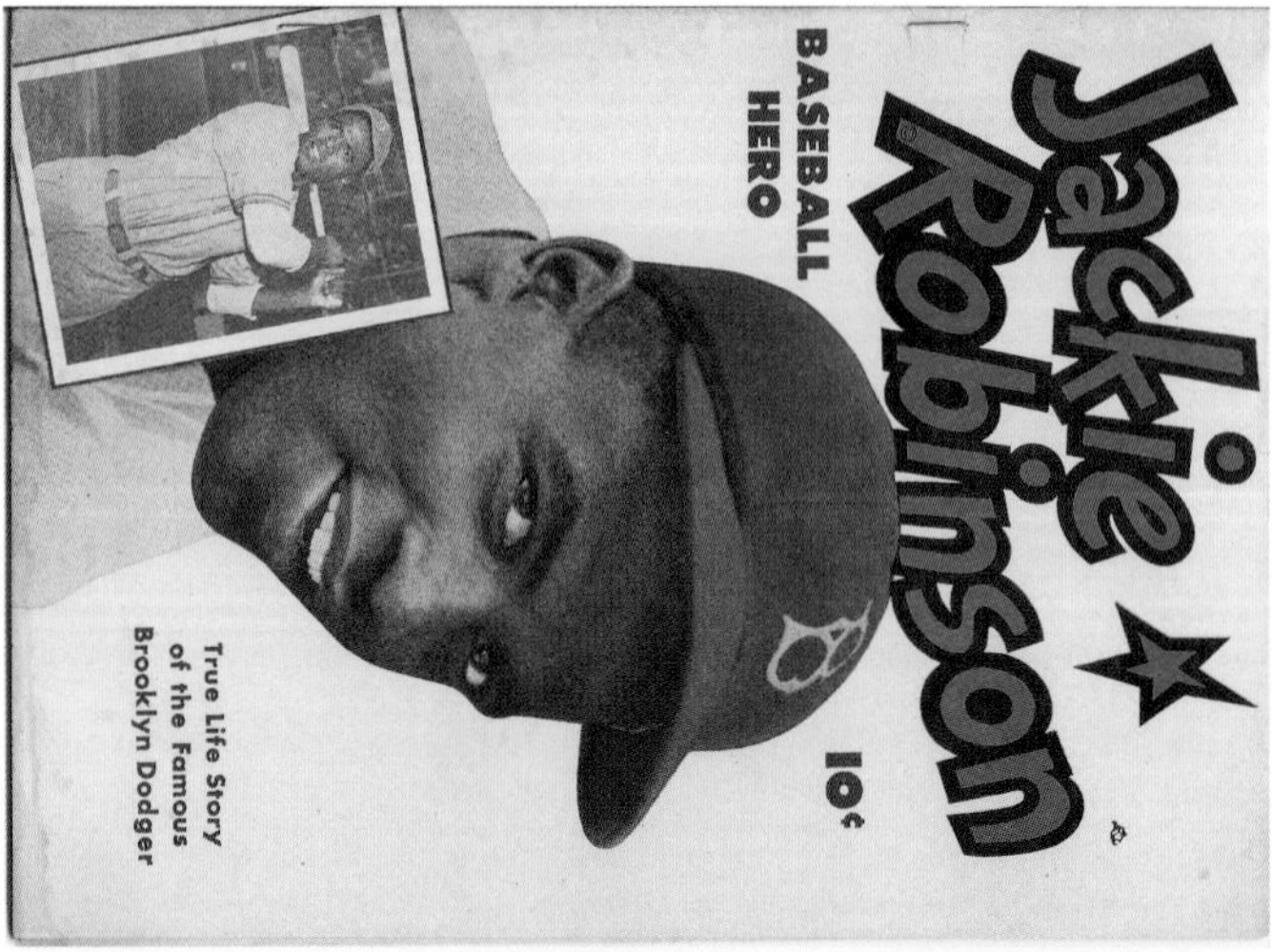

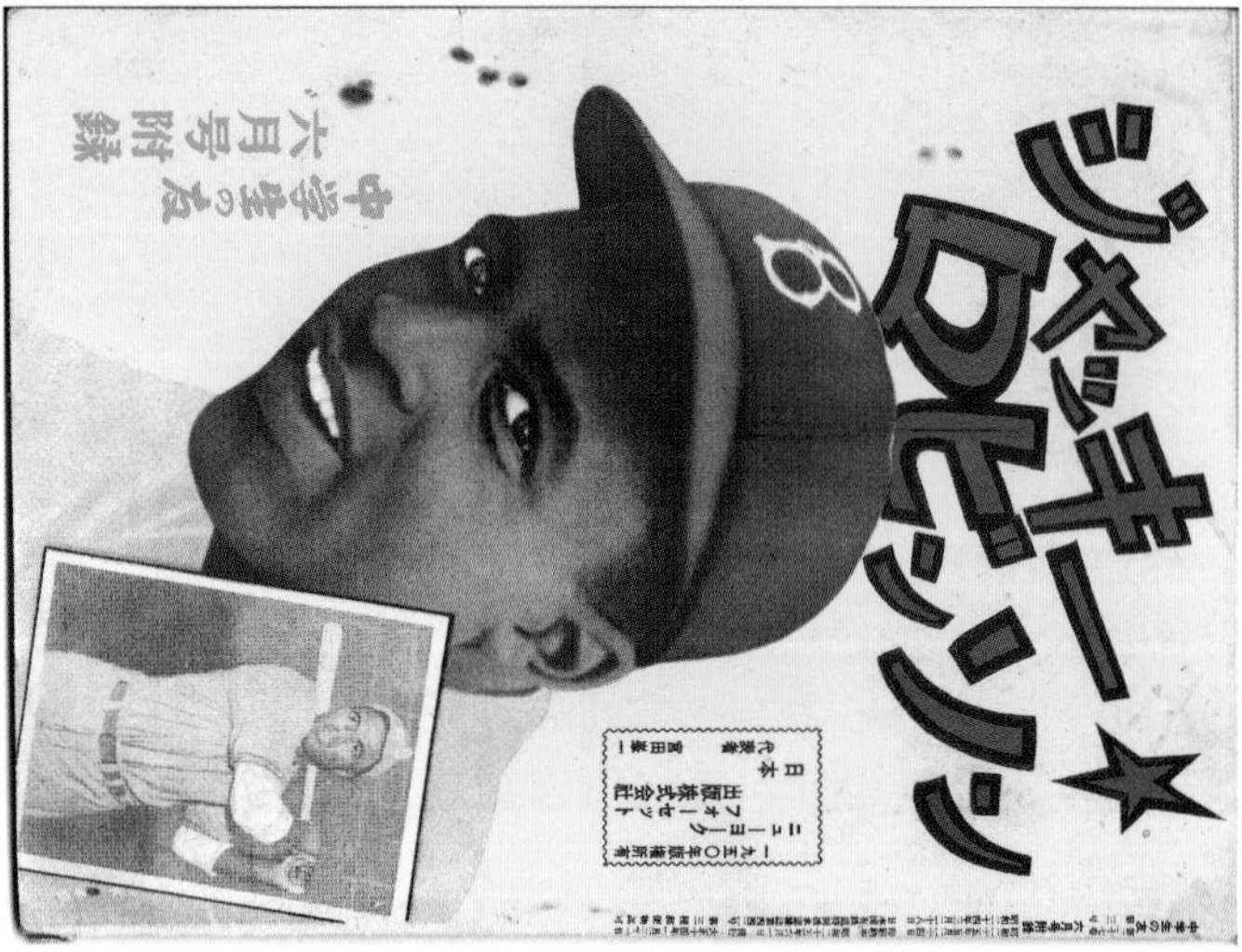

口絵 4 ●『Jackie Robinson：Baseball Hero』オリジナル版表紙（1950 年）
口絵 5 ●『ジャッキー・ロビンソン』（『中学生の友』1950 年 6 月号付録）

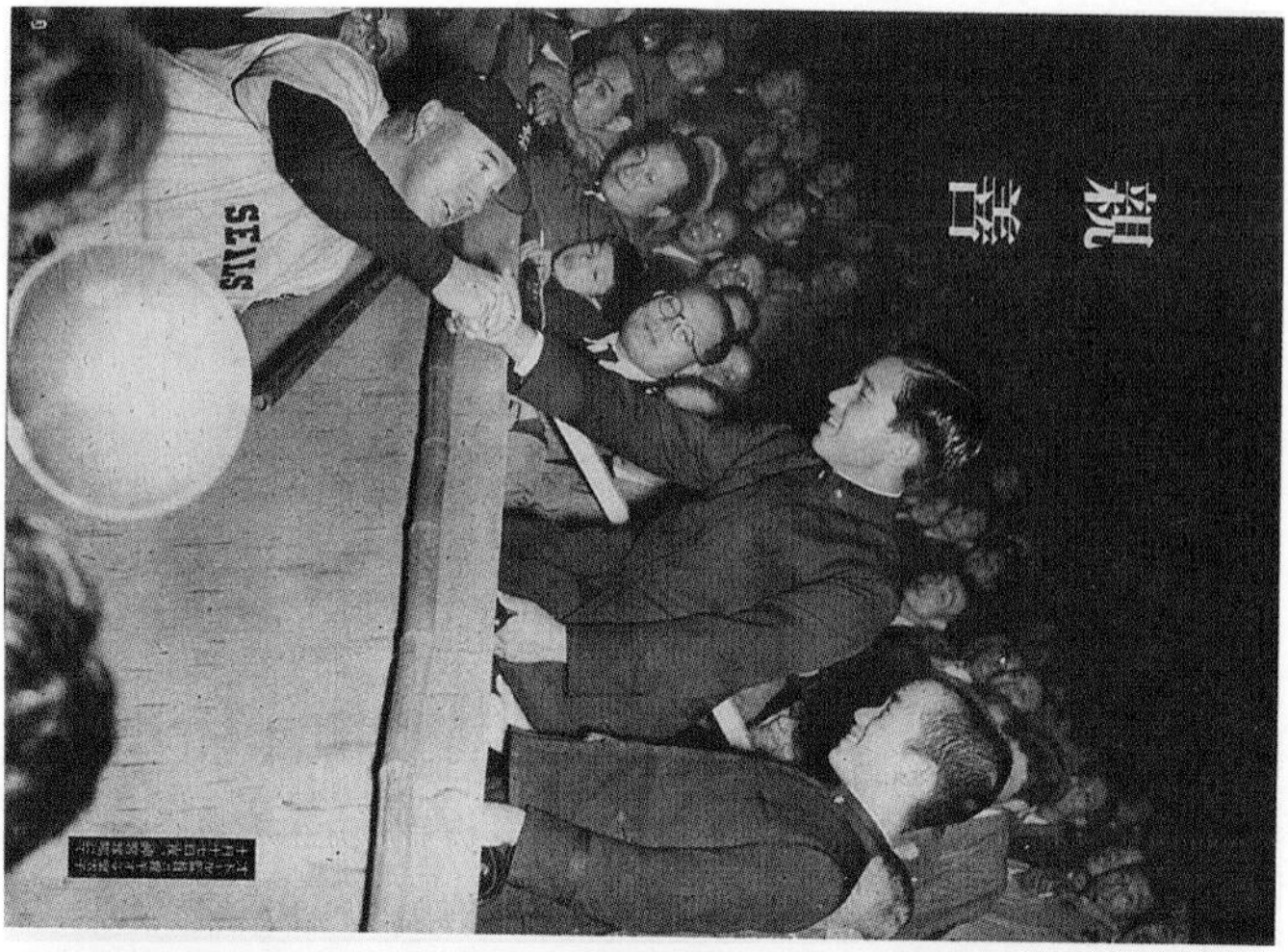

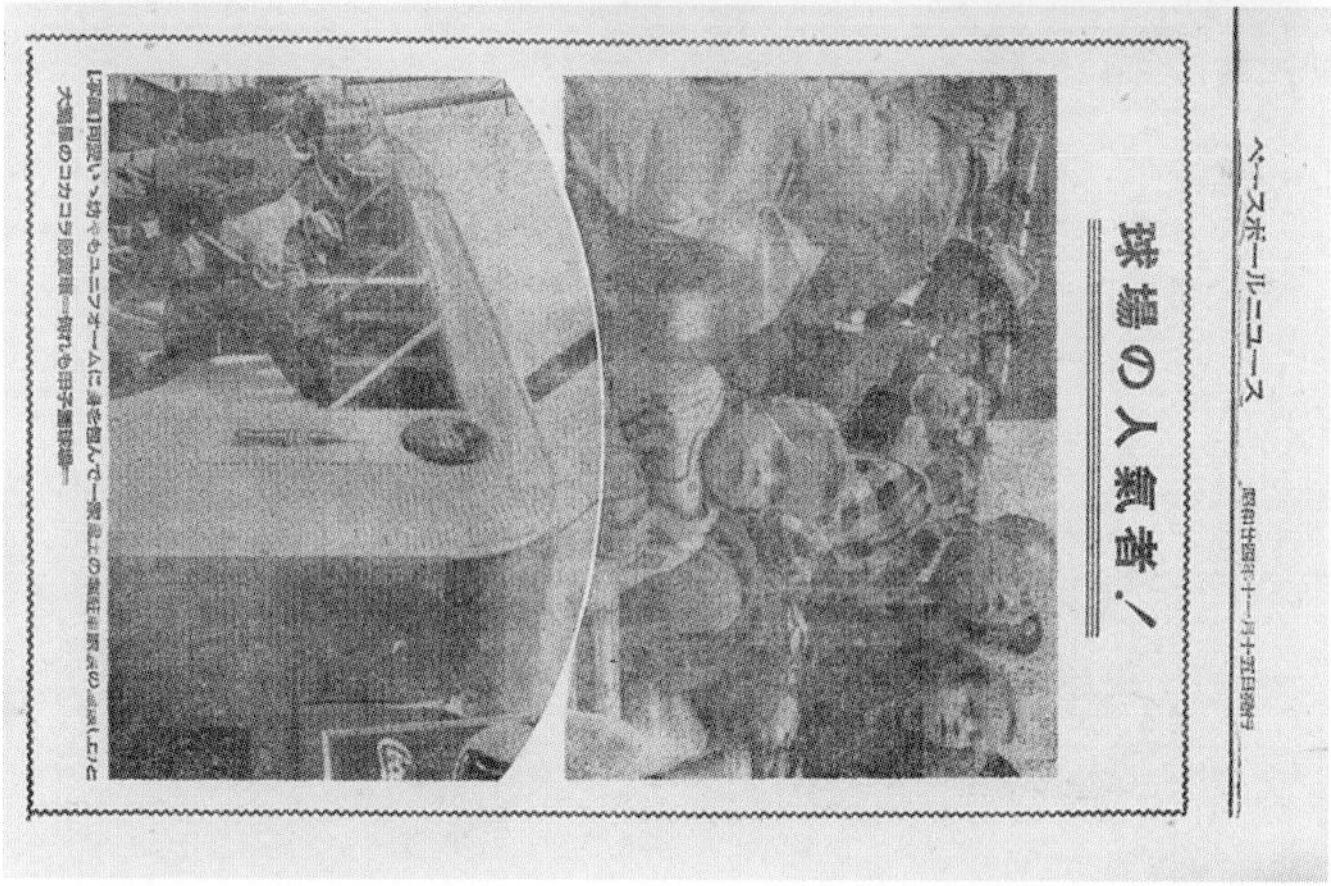
ベースボール・ニュース

球場の人氣者！

口絵 6 ●皇太子（当時）とオドール（『アサヒグラフ』1949 年11 月 9 日）
口絵 7 ●コカ・コーラのブース（『ベースボール・ニュース』1949 年11 月）

口絵 8 ●サンフランシスコ・シールズ日米親善野球チーム写真（「スポーツ・ガム賞」）

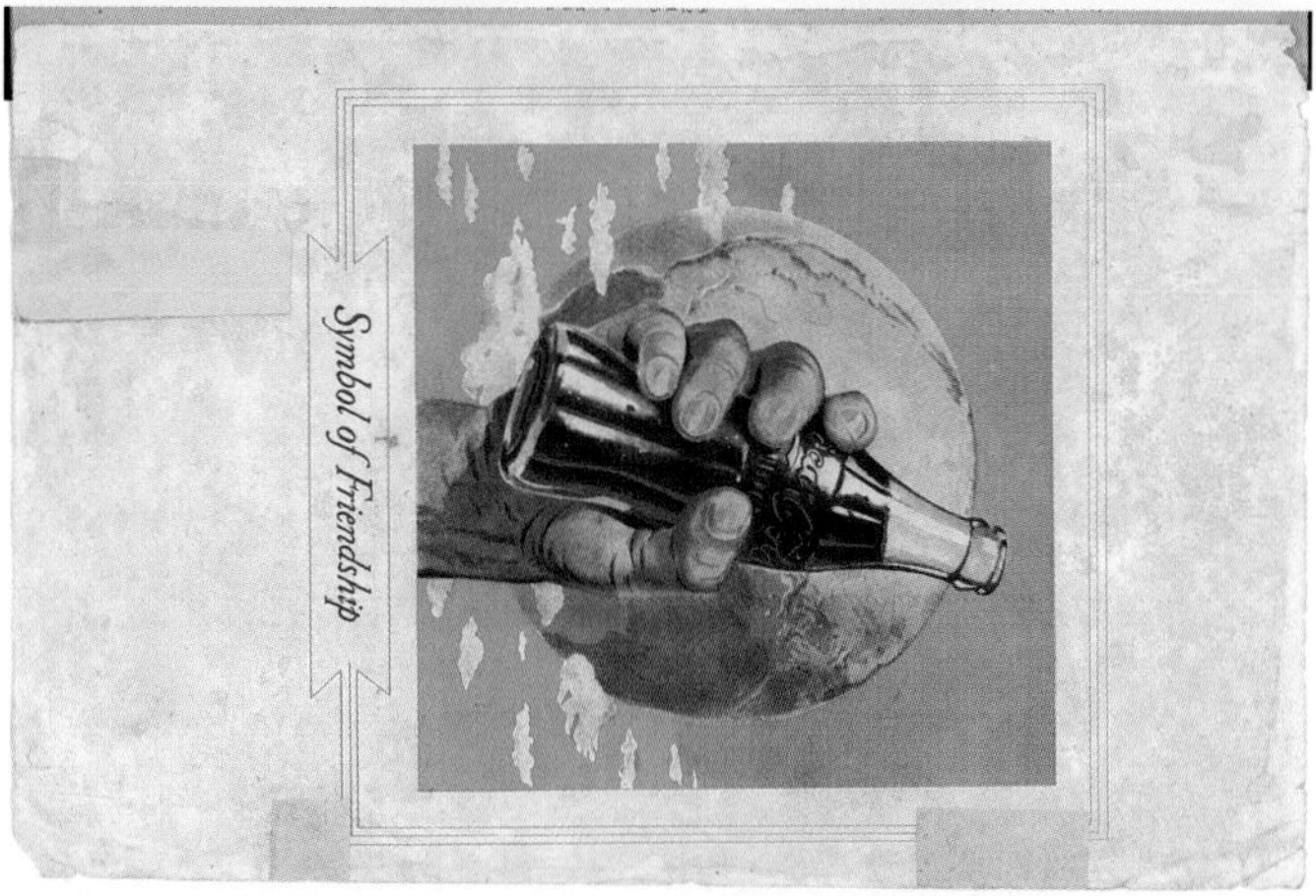

口絵 9●『日米親善野球』パンフレットに掲載されたペプシコーラ社広告
口絵10●『日米親善野球』パンフレットに掲載されたコカ・コーラ社広告

口絵11●『日米親善野球』パンフレット表紙（両開きで日本語版・英語版兼用のパンフレットの日本語版側の表紙。シールズ親善野球普及會発行）

ベースボールと日本占領◉目　次

目次　ix

序論……マッカーサーのスポーツ奨励策

占領軍＝アメリカの国益を追求する為政者

第二次世界大戦が終結し、敗戦国となった日本はアメリカ合衆国を中心とする連合国の占領統治下に置かれることになった。連合国には、もちろん間際になって対日参戦したソヴィエト連邦も含まれていたが、実際の日本占領はオーストラリア軍を主力とするイギリス連邦軍が武装解除などの任務に多少加わってはいたものの、実質的にはほとんどアメリカによる単独占領に近い形で実施された。

現人神《あらひとがみ》として大日本帝国の頂点に君臨した裕仁＝昭和天皇に代わって占領下日本の頂点に君臨することになったダグラス・マッカーサー元帥は、連合国軍最高司令官（ＳＣＡＰ）であると同時に、アメリカ太平洋陸軍（ＡＦＰＡＣ）最高司令官を兼任していた。当時の日本人は、このマッカーサー司令部のことをＧＨＱ（ジー・エイチ・キュー）と呼んでいたが、実際にはＧＨＱにもＧＨＱ／ＳＣＡＰとＧＨＱ／ＡＦＰＡＣの二つが存在しており、複雑な二重構造となっていた。つまり、マッカーサーは連合国のトップとしての顔と同時に、アメリカの国益を何よりも重視すべき立場の顔を併せ持っていたのである。

戦後の米ソ二大国による冷戦構造が顕在化してきた時期をいつと捉えるかは難しい問題だが、少なくとも占領下日本のある時期からは、アメリカはソ連を仮想敵国と位置づけるようになり、そのアメリカにとっての国益に沿った形での政策が、占領を遂行していく上で強く認識されるようになっていった。そのことは、東西に分断されたドイツなどとはまた違った形で、極東における被占領国＝日本を舞台に、東西両陣営による対外文化外交政策が繰り広げられていた可能性を示唆している。

アメリカ側にとって、それは民主主義国家であるアメリカのほうが、ソ連の社会主義国家体制よりもよりよき社会を実現している、より豊かな社会を築き繁栄している、という確かなイメージを、さまざまなメディアやツールを用いて世界中の国々に、そしてそこに暮らす人々に浸透させていくことであったはずである。

筆者は長年、そういった目的を達成していく上で非常に有効な手段と考えられ、また実際に利用されてきたものとしての〝映画〟に注目しつつ、研究を積み重ねてきた。だが、次第に、〝スポーツ〟もまた映画と同じように極めて重要なツールとして用いられてきた事実が見えてくるようになった。

本書では、占領下の映画研究で培ってきたアプローチ方法を駆使して、スポーツという領域におけるアメリカによる対外文化外交政策が、主としてアメリカ占領下の日本という場所・時間においていかに実施されてきたのか、そしてそれらの政策がどの程度の効力を持ちえたのか、について実証的に検証していきたい。

飴と鞭の二つの側面を併せ持つ占領政策

占領下日本で、映画というメディアの場合、日本国民に対して何を見せるべきか、何を見せないでおくべきか、について厳密な管理が行なわれた。封建主義的価値観に縛られていると判断されていた時代劇、特に『忠臣蔵』のような仇討ち物は一切否定された。代わりに、日本の映画界に対しては戦前には当たり前だった親同士が決めた相手との結婚に代わるものとして、男女の自由恋愛のような新しい価値観を示す映画——その方便としてキス・シーンを強調した〝接吻映画〟が生まれた——の製作が奨励され、あるいは、女性が男性と対等にものを言い、何事も個人の意思で決めて行くというような、アメリカ的価値観を日本人の間に浸透させていくために、厳選されたアメリカ映画を洪水のごとく供給した。

スポーツの場合も、日本の軍国主義の基盤となった国家神道や封建主義的価値観に依拠するものとして剣道などの武道が禁止され、一方でアメリカ的なスポーツの代表としてのベースボールはチームワークやスポーツマンシップをはぐくむことに有効である、と奨励され、本場アメリカのベースボールに触れる機会を日本人に提供する方策が採られた。

なぜ、数あるスポーツの中でも特にベースボールが重要視されたのか。その理由はいろいろと考えられるし、どれが正解でどれが間違っているというものでもないだろう。日本においてベースボールが〝野球〟という独自に国民的な人気を博するスポーツとして発展していた事実は前提として非常に大きいが、同時にまた、マッカーサー自身が大のベースボール・ファンであったという事実もあながち無関係ではないはずである。

ダグラス・マッカーサー（Douglas MacArthur）は、自身、陸軍士官学校時代にはベースボールに興じるスポーツマンであった。またその後も、たとえば一九二〇年のアメリカ陸軍対海軍のベースボールの対抗試合のパンフレットを見ると、マッカーサーは陸軍チームの総大将をつとめている。(1)

トルーマン大統領に解任された彼は一九五一年四月に日本を離れたが、その後はニューヨークに定住して、当時のブルックリン・ドジャーズの本拠地エベッツ・フィールドに足繁く通ったベースボール・ファンとして知られている。そのエベッツ・フィールドに戦争からの帰還兵を招待したドジャーズ会長のウォルター・オマリーからの求めに応じて、マッカーサーは「もし本物のベースボールの試合を見たいのだったらエベッツ・フィールドに行け、と誰かが言っていたが、私もまたそれに従っている」とのコメントを提供して宣伝に一役買ったことがあるが、この事実なども、マッカーサーのスポーツへの理解を雄弁に物語っている。(2)

3S政策による被占領国民の不満のガス抜き

日本国民を統治する為政者としてのGHQが、映画（Screen）とスポーツ（Sport）にセックス（Sex）を加えた三つのSを提供することによって、被占領国民の不満に対してガス抜きをし、その統治を容易にしたという説は、俗に「3S政策」と呼ばれる。

だが少なくとも、スポーツ、特にベースボールへの肩入れに関してはその背景に如何なる意図があったかを詮索するより、具体的な政策としてどのような措置がとられ、その結果当時の日本に何がもたらされたか、という観点で整理した方が得るところが大きいように思える。

もちろん、それは一方的に押し付けられたということではない。日本のプロ野球界側にしても、GHQの力を借りて野球を復興させたいという思惑を持っていたと当然考えられるし、占領下日本でのベースボールの強調というのは、GHQと日本のプロ野球界との表裏一体でのプロジェクトだったのではないか、という視点もまた必要であろう。

実際のところ、戦後日本における野球の復興の歴史は、鈴木龍二、鈴木惣太郎、そして正力松太郎といった当時の日本プロ野球界のリーダーたちと、マッカーサーの命を受けて占領下日本のスポーツ政策、とりわけベースボールの積極的利用に辣腕を振るった、ウィリアム・F・マーカット（William F. Marquat）との共同作業として記憶されるべきであろう。マーカットは、フィリピン時代からのマッカーサーの腹心の部下バターン・ボーイズのひとりであり、占領下日本では経済科学局（ESS）の局長という重要なポジションに就いていた。

第1章にて詳述するように、戦争が終わって僅か一〇〇日後である一九四五年十一月二十三日に実施された東西対抗戦を皮切りに、翌一九四六年には待ち望まれていたプロ野球ペナントレースや東京六大学リーグ戦が、夏には都市対抗野球が、さらに翌一九四七年春には選抜中等野球大会（現在の高校野球）が復活するなど、着実に野球界は復興の道を歩んできたと言える。

二大リーグ制度とコミッショナー制度の導入

日本のプロ野球界についてマーカットの描いていた最終目標は、アメリカのメジャーリーグ・ベースボールにならった二大リーグ制度の導入、そして強力なリーダーシップを期待されるコミッショナー制度の導入、の二点であったことが、当時の日本のプロ野球関係者の回顧録などからはうかがい知れる。

そして、日本国民全体に対して、ベースボールという〝メディア〟を通じて占領目的――つまり、日本が再び世界にとっての脅威となることがない民主主義的国家に生まれ変わり、極東におけるアメリカの友好国家としてやっていけるだけの力を蓄えること――が達成されたことをアピールする絶好の機会として、一九四九年にはサンフランシスコ・シールズ来日による日米野球の復活という一大イヴェントが実施された。シールズ来日の意味については第7章にて詳述することになる。

コミッショナー制度の導入は、シールズ来日に先立って一九四九年に正力松太郎がコミッショナーに指名される形でいったんは成立したが、同じGHQのコートニー・ホイットニー民政局長やチャールズ・A・ウィロビーG—2部長の反対で立ち消えとなり、一九五一年に改めて達成されることになった。一方の二大リーグ制度の導入についてはシールズ来日の興奮に日本中が沸き立つ裏で着々と準備が進められていた。シールズが帰国の途に着いた十一月七日から僅か二〇日後の十一月二十六日、それまでの日本野球連盟は解散と決まり、南海、阪急、大映、東急の四球団が毎日、近鉄、西鉄を加えて太平洋野球連盟を結成、十二月十五日には巨人、松竹、阪神、中日の既存四球団に大洋漁業、広島、西日本新聞を加えたセントラル・リーグも結成され、名実共に二大リーグ制度が確立されることになった。

一方、映画の領域においてチャンバラ映画が自粛され、『忠臣蔵』に代表されるような仇討ち物がGHQによって厳しく取締りを受けたのと同様に、スポーツの領域にあっても剣道、柔道、弓道そして相撲といった武道は、野球とはまったく違った意味で改革を迫られることとなった。すなわち、生き残っていくためには、それらが武士道精神などと結びついた精神力涵養のためのものではなく、あくまでもスポーツであるという側面を強調していくより道はなかったのだ。

〝見るスポーツ〟と〝科学的トレーニング〟

第2章・第3章で詳述していくように、柔道やもともとプロ・スポーツであった大相撲などは国際競技化による、興行力のある〝見るスポーツ〟への脱皮を模索していった。一方でGHQから最も直接的に武士道精神と結びついたものとみなされていた剣道界は、その総本山であった大日本武徳会に対して強制解散、財産の没収という厳しい措置が取られ、また学校教育の現場で強制的に剣道を教えることが禁止され、すでに学校に存在していた剣道の防具は没収の対象とされた。しかしながら、ある意味ではそのことが功を奏した形となって、柔道がカラー柔道着を着用する〝JUDO〟に変質して行ったのとは対照的に、剣道は審判が羽織袴姿から洋服へと変わり、三人の合議制に改められるなど最小限の変化はあったものの、ほぼ昔のままの剣道として今日まで受け継がれることにもなったのである。

一方で、同じく格闘技の系列では、ボクシング（当時の日本の呼称としては〝拳闘〟のほうがまだ一般的だった）の人気が沸騰したのがまさしく占領期である。拳闘界は、武道がGHQによって厳しい制限を加えられている今こそ、拳闘を広めるチャンスだ、と捉えていたようである。そして、GHQ／SCAPの天然資源局に勤務していた民間人であるアルビン・R・カーン博士という人物に見出された白井義男が、徹底的な体調管理と栄養管理、そしてコーチング理論を踏まえた〝科学的トレーニング〟によって日本人ボクサーとして史上初めて世界チャンピオンに輝いたシンデレラ・ストーリーは、戦時中の非科学的な精神論からアメリカ流の合理的、科学的な考え方へと日本人が脱皮していったことを象徴していたと言えるだろう。

スポーツを、日本の民主主義化促進のための有効な手段の一つと位置づけていたGHQの政策は、実際にスポーツを提供すること（レクリエーションの一環として日本人にスポーツをすることを推奨し、お勧めのスポーツとしてのベースボールを観戦させる）、あるいは提供しないこと（強制的に武道を学ばせることを禁じて、武道や格闘技をスポーツとして合理的、科学的なものへと脱皮していくよう方向付ける）によってのみ行なわれていたわけではない。

積極的に支援していたベースボールに関しては、さらに、映画というもう一つの有効なメディアの力も利用する措置が取られていた。つまり、ことベースボールに関しては実際に競技者としてスポーツで汗を流すことや球場で直接試合を観戦することを奨励するだけでなく、映像に記録された形での観賞もまた積極的に提供され、またそれらが当時の日本人の間で非常に人気があったことが、さまざまなデータから見て取れる。

つまり、厳選されたハリウッド製劇映画を通じて民主主義普及を図るべく民間情報教育局（CIE）の外郭団体として設立されたセントラル・モーション・ピクチュア・エクスチェンジ（CMPE）の提供していた「ユナイテッド・ニュース」では、毎週のようにアメリカのメジャーリーグの練習風景に関するニュースが取り上げられていたし、また松竹系の劇場が春の選抜高校野球大会（一九四八年より新制高等学校がスタート）の実況ニュースを上映すれば、大映系及び洋画系の劇場ではＣＩＥ提供の『野球をやろう』を上映して大好評を博していたのである。

ＣＩＥはその民主主義啓蒙活動の一環としてＣＩＥ映画を供給していたのだが、さらにその外郭団体であるＣＭＰＥの配給する「ユナイテッド・ニュース」といったツールを通じてスポーツ、特にベースボールを強調していたのである。ほかにも、ＣＩＥ教育課の現場担当者は新刊雑誌の誌面を通じて日本国民にスポーツの重要性を呼びかけていたが、こうしたＧＨＱの現場レヴェルにおける〝スポーツ奨励〟政策というものは非常に徹底したものだった。

ＣＩＥ映画の中に、全体としてどのくらいの数のスポーツに関する映画が含まれていたのか、そして、それらが日常の全国各地でのＣＩＥ映画上映会に際してどのくらいのインパクトを持って受け入れられていたのか、については、第４章において詳述していくことになる。

アメリカの対外文化外交政策とＪ・ロビンソン

あるいはまた、視点を占領下日本だけでなく、アメリカの世界規模の対外文化外交政策全体に広げて見てみるならば、別の側面が見えて来る。たとえば、占領下日本のＣＩＥやＣＭＰＥに対して人材を供給していた親組織としてのアメリカ国務省の国際情報文化関係局（ＯＩＣ）は、アメリカについての好ましいイメージを対外的に広めるために、ジャッキー・ロビンソン（Jack Roosevelt “Jackie” Robinson）

のイメージを積極的に利用している。

20世紀以降の近代野球において初めてメジャーリーガーになった黒人アスリートとしてのロビンソンは、プロ・スポーツ界に存在していた人種の壁を打ち破った人物として知られているが、彼の（当時としては現在進行形であった）物語は、アメリカ国務省によってアメリカ社会の統合の象徴として利用されていたのだ。

そこでは、「アメリカ社会にもかつては確かに人種差別のような問題があったが、ジャッキー・ロビンソンが身をもって体現しているように、われわれはそういった困難にも打ち勝って、よりよき社会を築いているのだ」というメッセージが高らかに伝えられている。

具体的には、たとえば「アメリカの声」（VOA）のラジオ放送のプログラムとして、あるいは読み物としての「ジャッキー・ロビンソン物語」を日本の野球雑誌に特別提供するなどの形で、情報を流通させているのである。これらの事例については第5章および第6章において詳しく見ていくことになる。

スポーツという領域でのアメリカによる対外文化外交政策が、占領下日本でいかに実施されてきたのか、そしてそれらの政策がどの程度の効力を持ちえたのか、その効果のほどを数値として表すことはなかなか難しい。だが、戦後の日本が歩んできた道そのものが、アメリカの政策が功を奏したことを示しているのだ、という解釈もありうるだろう。日本は朝鮮戦争による特需を大きな足がかりに高度経済成長を成し遂げ、ついには国民総生産においてアメリカに次ぐ世界第二位の地位にまで上りつめた（現在は中国に抜かれて第三位）のだから、アメリカの思い描いていた通りになったのだと言えるのかもしれない。

それだけでなく、スポーツにおいても日本はアメリカの思惑以上に成長を遂げたと言えるのかもしれない。日本のプロ野球界は現在ではアメリカのメジャーリーグ・ベースボールに優れた人材を供給する供給源として重視され始めている。また、日常的に日本人メジャーリーガーが活躍しているだけでなく、世界規模のベースボールの国別対抗戦として誕生したワールド・ベースボール・クラシック（WBC）においても、二〇〇六年第一回大会、二〇〇九年第二回大会で二連覇を成し遂げ、二〇二一年に開催された東京オリンピックにおいても日本が金メダルを獲得するなど、確実な存在感を示し続けているのである。

こういった、現在の状況を考える上で、戦後日本の出発点であった占領期について検証を試み、現在の仕組みのルーツと言えるものがそこにないか、現在にまで繋がっている要素がないか、といった観点で考察してみることの意義は小さくないはずである。

注

（1） Pamphlet of "Army-Navy Baseball Game", Annapolis, Maryland, May 29, 1920

(2) Prince, Carl "Brooklyn's Dodgers --- The Bums, The Borough and the Best of Baseball", Oxford University Press, 1996, p.30

第1章　野球の復興と日米関係

1　スポーツを通じての民主化

アメリカ人にとってベースボールとは〝国民の娯楽（National Pastime）〟、すなわち国技のようなものである。だが、ベースボールは〝野球〟と名前を変えて、そのアメリカを中心とする連合国軍の占領下におかれることとなった日本にあっても戦前からずっと人気を博した特別なスポーツであった。

日本の野球は、明治の初めころにはじめて紹介されてからこの方、大学野球リーグ、中等学校（現、高等学校）の大会、と国民の人気を得て、一九二〇年には初の職業野球チームとしての日本運動協会ができた。その設立の中心となったのは、一九〇五年に日本初のアメリカ野球遠征を敢行した早稲田大学野球部のエースだった河野安通志《こうのあつし》らであった。日本運動協会は本拠地の球場が芝浦にあったことから芝浦協会と呼ばれ、入場料収入でチーム運営をしていく計画だったが、一九二三年の関東大震災の余波を受けて一旦解散となった。後に一九四七年より阪急ブレーブスを擁することになる関西の阪急電鉄・小林一三《いちぞう》社長の援助を受けて宝塚協会として再建されたものの、相手チームを確保するのに四苦八苦するような状態で、一九二九年には再び解散の憂き目にあった。

一九二〇〜一九三〇年代を通じて、太平洋を挟んで日本とアメリカとの間で六五回以上もの親善目的のベースボール・チームが行き来している。それらは大学生チームからセミプロ、ニグロ・リーグ(当時、黒人たちは黒人だけのリーグでしかプレイできなかった)、日系人リーグ、そしてメジャーリーグと、あらゆるレヴェルのチームを含んでいた。

ベーブ・ルースと日米大野球戦

後発の全国紙として部数拡大につながるイヴェント開催に積極的だった読売新聞社は、一九三一年にルー・ゲーリッグ(Henry Louis "Lou" Gehrig)らを擁した米大リーグ選抜チームを呼び寄せて、日本の六大学野球リーグの選手たちとの間で第一回目の日米野球(当時のポスターでは〝日米大野球戦〟)を行なった。これが大きな成功を収めたことを受けて一九三四年には再び、今度はゲーリッグに加えてベーブ・ルース(George Herman "Babe" Ruth)を中心としたメジャーのアメリカン・リーグ選抜チームを招聘することとなり、これがきっかけとなって職業野球連盟が創設され、一九三四年暮れに大日本東京野球倶楽部が発足した。

ちなみに、読売新聞社の社長・正力松太郎は、ベーブ・ルースを口説くためにアメリカのベースボール通であった鈴木惣太郎を渡米させているが、鈴木が既に刷り上っていたベーブ・ルースの似顔絵をフューチャリングしたポスターを本人に見せて来日を快諾させたという伝説的な現場に同席して鈴木をアシストしたのは、一九三一年の来日チーム・メンバーであったフランク〝レフティ〟・オドール（Frank "Lefty" O'Doul）だったという。オドールは、その後も発足した大日本東京野球倶楽部のアメリカ遠征の世話を引き受け、大日本東京野球倶楽部では名前が長すぎるからということでチームにTOKYO GIANTSという愛称を付けることを提案したと伝えられる。フランク・オドールの名前は、後述するように戦後占領下の日本で再び大きくクローズアップされることになる。

こういった事の起こりが象徴しているように、日本のプロ野球界の歴史は常に本場アメリカのベースボールへの眼差しとともにあった。一九三四年の二度目の日米野球に際して、静岡県の草薙球場でベーブ・ルース、ルー・ゲーリッグ、ジミー・フォックス（Jimmie Foxx）らメジャーリーグを代表する打者を相手に堂々たるピッチングを見せた沢村栄治に対して限りなき賞賛が送られたが、それはすなわち、日本の野球が本場と互角に渡り合える可能性を示したことへの満足感、逆に言えば米大リーグへの憧れの裏返しによるものだったのだろう。

さて、日米の友好な関係が前提にあってはじめて発展可能であった日本の〝野球〟だが、一九四一年十二月の真珠湾奇襲攻撃に端を発した太平洋戦争によって、その発展の歴史はどうなったのか。

……ある意味でアメリカの文化を象徴するものと言えるベースボールだが、だからといって敵国のスポーツとして戦時中の日本で野球が禁止されることはなく、むしろ野球界は国の拡大方針に歩調を合わせ、満州大リーグ戦を開催して川上哲治を始めとする当時のスター選手たちをチームごと満州に遠征させている。もっとも、ベースボールはあくまでも日本の〝野球〟として換骨奪胎されたものであるとされ、当時の荒木貞男文部大臣が「バットやボール、グラブは、侍が自分の刀に注ぎ込んだような愛情のこもった取り扱いをせねばならない」[1]と述べたように、武道との親和性がことさらに強調されることによって存続が許容されていたのだった。

〝ストライク・ワン〟改め〝ヨシ一本〟

以後、戦時中には敵性用語の禁止措置に伴って「ストライク・ワン」が「ヨシ一本」と言い換えられ、背番号の数字が漢数字に改められるなどしたが、日本のプロ野球は戦局がいよいよ悪化した一九四四年秋までは細々とながらも続けられた。しかし、一九四四年十一月十日にはとうとう職業野球チーム解散が決まり、十一月二十日に解散式があり、その九ヶ月後には敗戦となった。しかし、一九四五年八月に終戦を迎えてから僅か一〇〇日目にして、日本のプロ野球は占領軍の後押しを受けて、東西対抗戦によって復活することになる。

二〇〇三年のイラク戦争が始まる前、想定されていたアメリカによるイラクの占領統治が論じられる時に、うまくいった占領政策の例としてよく日本占領が引き合いに出された。いわく、昨日まで〝鬼畜米英〟を唱えていた日本国民だって、東條英機その他の戦争指導者を排除して正しく導けば親アメリカ的に作り変えることができたのだ、と。――だが、二つの占領に決定的な違いがあったという指摘が対イラク占領政策の立案者たちの耳に届くことはなかったようである。つまり、イラクとアメリカの関係とは異なり、日米関係においては、基本的には長い友好的な関係がその前提にあったのである。したがって戦時中の敵対関係はごく例外的な時期に過ぎず、日本とアメリカにとって、占領期から始まった戦後期というのは、基本的には戦前の友好関係を再構築する時期だったわけである。

その戦前の友好的な日米関係の象徴だったものの一つこそが、一九三一年、一九三四年の二度にわたって実施されていた日米野球だったはずである。日本国民は、ベーブ・ルースを、ルー・ゲーリッグを熱烈に歓迎した熱心なベースボール・ファンであったのである。だからこそ、正力松太郎や鈴木惣太郎、そして後にセントラル・リーグ会長を長く務めることになる鈴木龍二ら当時の日本野球界の中心的立場にあった者たちは、占領政策が開始されるやいなやＧＨＱに対して日本の野球復活への働きかけを行い、占領軍もまた占領政策の円滑な遂行に際して日本人の野球好きを利用すべきと判断したのではなかっただろうか。

スポーツを通じての民主化促進というＧＨＱの政策は、まず野球をその有効なツールと位置づけて推進されたといえる。野球という〝共通言語〟を介して日本人と占領軍（アメリカ）が協力しつつ戦前の友好関係を再構築する、というこの考え方は、ごく自然な形で日米双方の当事者たちの共通認識となったのであろう。そして、精神論に傾きがちだった戦時中の日本の野球と、アメリカの合理的なベースボールの違いを自覚することこそがその第一歩だ、という考え方が最も説得力を持つものとして盛んに主張されたのである。

スポーツと民主主義

たとえば、大阪毎日新聞、東京朝日新聞などの記者を経て文化学院の教授となった論客にして、国際的な視野を持った自由主義的言論人として戦後は杉並区長も務めた、当時の日本を代表する知識人の一人である新居格《にいいたる》は、東京の体育日本社から発行された雑誌『スポーツ』創刊号（一九四六年六月刊行）に「スポーツと民主主義」と題した論考を発表している。その中で、新居は次のような発言をしている(2)。

日本の青年たちが、たとえば野球の試合に敗れて選手一同が泣いていたりすることがある。すると、それを感激の場面のように、むしろ、好意をもってみる傾きがあった。それが、わたしをして言わしめるなら、過去の日本人的な感傷ともいうべきものであった、とわたしは考えていた。熱だとか、頑張りだとかいって、無闇に、そんなことを強調した。だが、練習が積んで居り、技術が卓越していなくって、野球なら野球に勝てるわけはない。それを頑張りさえすれば、熱をもって当たれば勝てると思っているのは、日本人の妄想であり、非科学性である。

それと同じ調子をもって、アメリカと戦争したのだ。東條（英樹）は野球の応援団長そっくりで、日の丸の扇子をひろげてさかんにフレー、フレーをやっていたのである。熱だ、頑張りだ、と連呼し絶叫していたがついに敗れた。

日本のもっていた妄信的欠点が、日本を悲劇に陥れたと同じように、応援団の日本的熱っぽさが敗れた選手たちを泣かせるように誘導していた。

スポーツの意義を理解しなかったからだ。スポーツも戦争も、熱と頑張りとが勝つのでなく、科学性と技術とが勝利に導くのである。

スポーツの科学主義、それこそスポーツをして清爽感をもたせるものであって、今後のわが国のスポーツは過去において、ややとも伴ったもろもろの欠点をこの際、よろしく払拭しなければならない

一方、GHQ／SCAPにあって対日スポーツ政策の現場責任者の立場にあった民間情報教育局（CIE）の教育課（一九四六年九月以前は課・班などの機構は未成立）にあって特に体育教育を専門に担当していたジョン・W・ノーヴィル少佐[3]は、赴任早々の一九四六年六月に同じ雑誌の創刊号に「日本スポーツ

發展の爲に」と題した論考を寄稿している。その中に、次のような一節がある。(4)

スポーツは日本の民主主義促進に対して、偉大なる機会を提供するものである。また地方における競技連盟の組織、発達および対抗競技大会等は民主化の遂行に偉大なる貢献をなすものである。もしも主なる障害が除去されるならば、日本におけるスポーツ発達の将来は誠に輝かしいものであろう

ここで〝主なる障害〟として指摘されているのは、スポーツを通じての民主化政策の実現を阻害する要素としての用具不足という問題だが、ノーヴィル少佐の文章はこの問題の実態について詳しく触れている。第3章で詳述することになるが、同じスポーツでありながら、軍国主義を温存させることにつながると判断された武道は、学校教育の現場では禁止され、あげくには野球用具不足の解消のために、剣道具の野球用具への転用がなされるのである。

このように、一方で民主化促進のための野球用具配給という〝飴〟を配り、他方で非軍国主義化のための厳しい統制として剣道具の没収という〝鞭〟を用いるGHQ／SCAPによる占領政策の二面性は何もスポーツに限った話ではなく、映画におけるキス・シーンの奨励と時代劇の排除のように様々なところで表面化していた占領統治の一側面である。

あるいは、群馬県桐生市で発行されていた雑誌『オールスポーツ』の創刊号(一九四六年十月十五日発行)

には、前橋軍政本部勤務のあるＧＨＱ／ＳＣＡＰのスタッフが編集部の求めに応じて匿名で寄稿した「運動競技の民主々義に及ぼす影響」と題する文章が載っている。スポーツが民主主義の方向に向かって強力な影響を与える、という確信に満ちたその文章では、特にベースボールを引き合いに出し、論を展開している。[5]

今仮に一人の人がベースボールをやるとするとその人は同時に「チームワーク」即ち協力ということや又彼に課せられた任務を完遂するために「チーム」の他の人に対して彼がとるべき個人的責任観念と云うものを肝に銘ぜられるものである。これこそ民主々義精神の精髄なのである

これらいくつか挙げた例からも判るように、当時の日本人知識人による文章とＧＨＱ／ＳＣＡＰのスタッフによる文章が同じ論調を共有し、また、同じスポーツ雑誌に並んで掲載されているということ自体、スポーツを通じての民主化促進というアメリカの政策が、実際には日米の共同作業として実施されていたという枠組みを雄弁に物語っているといえるだろう。

野球復興事業責任者＝Ｗ・マーカット

用具不足に苦しみながらも、日本野球界の復興事業は着々と進められたが、ＧＨＱ／ＳＣＡＰとの

交渉に際しては、日本側の窓口として戦前の日米野球の交渉を一手に引き受けた鈴木惣太郎の活躍が大きかった。GHQ／SCAP側の野球復興事業の責任者の立場にあったのは、ダグラス・マッカーサー元帥の腹心の部下の一人にして、経済科学局（ESS）局長の地位にあったウィリアム・F・マーカットである。

実際に日本側との折衝の窓口となったのはマーカットの腹心の部下のひとり、キャピー原田だったと言われているが、日本における野球復興の青写真を描いたのがマーカットであったことは疑う余地はない。

マーカットは最終的にはフランク・オドール監督率いるサンフランシスコ・シールズの来日により日米野球を復活させ、日本のプロ野球界にメジャー・リーグ同様のコミッショナー制と二大リーグ制を導入することで日本野球界の復興を完成させることになるのだが、その辺りの事情は第7章にて詳しく論じていくこととしたい。

ここでは、マーカットが占領開始当初にまず行ったことが、日本に駐留する第八軍の兵士たちの娯楽の場としての球場の接収であった点を指摘しておく必要がある。日本政府を介しての間接統治方式が取られたとはいえ、GHQ／SCAPによる占領とは基本的には軍事占領に他ならなかったわけであり、駐留する兵士が快適に職務に専念できるように接収によってレクリエーション設備が整えられ、横浜には米兵のための飲み物確保のためにコカコーラ工場が建てられた。

かくして、接収された東京宝塚劇場がアーニー・パイル劇場という呼称になったのと同様に、神宮球場はステイト・サイド・パークとなり、後楽園球場、阪神甲子園球場などもGHQ／SCAPの管理下におかれることとなった。

GHQ／SCAPは、そういった施設を自分たち自身の娯楽活動のために用いていた。たとえば、一九四九年のアメリカ独立記念日に行なわれた「七月四日スポーツ・プログラム」（口絵2参照）では、占領軍リーグ・オール・スターズ対東京リーグ・オール・スターズの試合がステイト・サイド・パーク（神宮球場）で行われ、ソフトボールの試合がドゥーリトル・フィールド（日比谷公園）で行われている。占領期間中、それらの施設に対して日本人や日本の団体が使用許可を取る事は難しかった。

サユリ・ガスリー・シミズの著作によれば、一九三五年に読売新聞社の社長、正力松太郎が右翼から襲われる事件があったというが、その動機とは、明治神宮という神聖な場所に隣接する神宮球場を、日米野球でモラルの低いアメリカ人たちに使用させることで穢している、ということだったという。(6) 占領期間中、GHQ／SCAPは神宮球場を占領軍スタッフの娯楽目的で使う事を要求したわけだが、右翼の人々にとっては神宮球場が戦時中の国家神道の考え方と結びつく神聖な場所だと認識されていたということは確かにあったのかもしれない。だが、結果的にはGHQ／SCAPはここをステイト・サイド・パークとして使い続け、そのネーム・プレートを外して「神宮球場」に戻すのは一九五二年三月三十一日まで待たねばならなかった。

2　東西対抗戦の実施

野球が再び開始されるということは再び平和な時代が来たことの象徴的な意味を持っていたはずである。そしてGHQ／SCAPの後押しもあって、占領開始僅か一〇〇日目でプロ野球は復活を遂げている。野球復興の第一歩として実施されたのは、戦時中のプロ野球のスター選手たちに、六大学のスター選手だった大下弘のような新人をかき集めて一九四五年十一月二十三日に実施された東西対抗戦であった。アマチュア野球専用とされていた神宮球場は、一九三四年の日米大野球線を唯一の例外としてそれまで職業野球への使用を一切認めていなかったが、プロ野球復活を強く日本国民に印象付けるこの東西対抗戦に際してはGHQ／SCAPが特別に使用を許可している。

東西対抗戦で露呈した戦後の問題

プロ野球の公式記録員であり、スポーツ界の生き字引として後年特別表彰枠で野球殿堂入りも果たした広瀬謙三は、雑誌『野球界』一九四六年一月発行の三六巻一号においてこの東西対抗戦の様子を詳らかにしている。(7)

東西対抗は発表も突如として取り急いで行なわれ、準備期間もなく、言葉通りとりあえず挙行されたことによって多くの期待を寄せることは出来なかった。選手は招集に応じて糾合された俄かづくり、球を手にしたのはいずれも二、三日といった具合で、満足なことが出来ようはずはない。ただ収穫は、従来あれほどまでに頑強に拒まれ通した神宮球場の使用が、進駐軍の管理の今日はじめて職業野球に許可されたことであった。

小春の暖かい日光が振り注いで、風もない野球日和、早慶戦の日もそうであったが、22日は雨に送ったとはいえ、陽光の裏にうっとり眠をむさぼりたいような澄空と温暖である。試合の模様については詳細に語るまでもない。まったく練習を欠いている投手の球速の威力も乏しい投球を両軍打者が雨のように安打を浴びせる、野手も機敏な動作に最も必要な出足も視力も感覚もよみがえっていないので、観衆を感嘆させることも出来ない。乱撃戦となって東軍13対9の勝ちとなった

さて、その乱撃戦となった試合のスターティング・オーダーを見ると、戦前から戦後にかけて活躍した代表的スター選手のうち、何人かの名前が見当たらない。その一人が、〝打撃の神様〟こと川上哲治である。

川上が東西対抗戦に出場しなかった理由としては、いわゆる「川上ホールドアウト問題」について述べる必要がある。この事実を〝問題〟と認識したのは球団側だが、川上側からすればそれは身体が

資本の野球選手としての当然の主張だったのかもしれない。つまり、戦争による中断を経てプロ野球が復活にするに当たり、川上はジャイアンツに対して3万円の再契約金を求め、交渉が不調ならばずっと故郷の熊本で畑を耕して過ごす覚悟を決めていたところ、最終的にはジャイアンツ側が折れたというのが事のあらましである。

球団の所有物のような立場から〝球団に物言う〟選手への進化はその後の戦後プロ野球史を通じて着実に進行していくことになるが、川上のケースは個人の権利について選手がきちんと主張できるようになった時代の到来を象徴する出来事であったと位置づけられるだろう。

復活した川上哲治の〝赤バット〟は戦後のプロ野球界を牽引した。そして、終戦の年にセネターズと契約して、2リーグ分裂後はパシフィック・リーグのホームラン王として活躍した〝青バット〟こと大下弘とともに少年・少女の人気を二分していくことになる。

もう一人、名前が見当たらないのが戦前において沢村栄治と並んでジャイアンツを支えた大投手ヴィクトル・スタルヒンである。絶対的なエースという存在であったスタルヒンだが、戦局がいよいよ厳しくなる中で体調がすぐれないことを理由にジャイアンツに辞表を提出した。その時のスタルヒンの心中を知るすべはないが、体調という問題に加えて、敵性用語禁止という流れの中で無理矢理その名前を須田博と改名させられていた事実あたりに、彼の複雑な心境を推察することはできる。

そのスタルヒンが戦後になって再びユニフォームを着ることを決意した際に生じたのが、いわゆる

「スタルヒン問題」ということになる。戦後の一九四六年に新たに結成されたパシフィック（後の太陽ロビンズ、現・横浜ベイスターズ）からの誘いでスタルヒンが復帰を決めた時に、嘗ての雇用主であったジャイアンツがその〝優先交渉権〟を主張して日本野球連盟に提訴したというのがこの問題のあらましである。

前述の「川上ホールドアウト問題」にしろ、この「スタルヒン問題」にしろ、大きく捉えるならば戦争による中断と戦後の再開という激動の時期のプロ野球界にあって、戦前の契約の継続性を巡って球団側と個々の選手との間で解釈の相違が表面化した事例、と位置づけることが出来るだろう。

3 天皇とベースボール

戦前は早慶戦を筆頭とする学生野球の圧倒的人気の陰にあって〝商売人野球〟などと揶揄され、見世物的なネガティヴなイメージで見られていたプロ野球界だったが、GHQ／SCAPと日本プロ野球界の二人三脚による努力の結果、そしてまた新しい時代の新しいスターたちを歓迎する観衆の後押しもあって、戦後日本の空前の野球人気の中でメインストリームへと押し上げられた。それゆえ、各界の第一人者と言われる者で、熱烈なプロ野球ファンとして知られる人物もまた多いのである。

熱烈なプロ野球ファンとしての著名人

当時の熱烈なプロ野球ファンとしては、たとえば詩人、童話作家、作詞家であり、マルチ・タレントのはしりとして活躍したサトウ・ハチローや、野球を詠んだ俳句やエッセイを残した水原秋桜子《みずはらしゅうおうし》、そして無頼派作家として時代を駆け抜けた坂口安吾といった人たちがよく知られている。彼らは、時にプロ野球界を盛り上げるための後方支援に徹し、また時に辛口の批評で叱咤激励する形で、プロ野球について熱く語った。

ちなみに、『ベースボール・マガジン』誌の一九四八年八月号に寄せられた「日本野球はプロに非ず」と題された坂口安吾のエッセイでは、同じプロ・スポーツであっても大相撲のほうがずっとプロフェッショナリズム意識が強く野球選手たちはまだまだ意識が低い、あるいはアメリカのベースボールと比較したときに日本の野球は一番打者、二番打者の出塁率が低く理にかなっていない、という論を展開している。(8)

こういった文学者などによるスポーツ論は、これまで文学研究者たちの間ではほとんど注目されることがなく、坂口安吾の場合も筑摩書房版、冬樹社版どちらの坂口安吾全集にも収録されていないが、文学史研究のメインストリームとはまた違った形で、非常に重要な言説として今後分析の対象にしていくべきものであろう。(9)

さて、野球ファンであるということが一見ミスマッチのようでいて、実はそのイメージの付与が自身の戦後の新たなアイデンティティ創出に少なからぬ意味を持った人物として、裕仁《ひろひと》＝昭和天皇の存在がある。現人神から国民の統合の象徴という曖昧な存在へとその立場を大きく変えた天皇裕仁には、戦後になってかなり意図的にいくつかの新しいイメージが強調されることになった。——その一つは戦前からある程度は知られていた〝学者天皇〟としての側面であり、もう一つが〝スポーツをこよなく愛する天皇〟である。

昭和天皇は後に一九五九年六月二十五日に、後楽園球場で行なわれた読売ジャイアンツ対阪神タイガースの伝統の一戦を初めて〝天覧試合〟として観戦し、その試合でジャイアンツの長嶋茂雄がタイガースの村山実から劇的なサヨナラ・ホームランを放ったことが半ば伝説のように語られている。昭和天皇はまた、大相撲の愛好家としても良く知られ、たびたび国技館に相撲観戦に姿を現したことでも知られている。こうした、スポーツをこよなく愛する天皇像のイメージのルーツを辿ってみると、やはり占領期に辿り着くことになる。

当然ながら、その立場上どのチームのファンであるとかは口にする訳にはいかず、あるいはまた、同じ野球でもプロ野球だけに関心を示す訳にもいかなかったであろう昭和天皇が、初めて日本国民の前でスポーツ好きという新たなアイデンティティを示したのは、一九四七年八月三日、後楽園球場にて開催されていた第一八回都市対抗野球を観戦したときである。ちなみに、昭和天皇は一九五〇年にはまた、学生野球の花形、東京六大学早慶戦も観戦している。

現人神からスポーツ好きへの天皇の変身

第一八回都市対抗野球での様子は、『野球少年』一九四七年十月特大号に写真とともに毎日新聞の福湯豊記者が「スポーツを愛される天皇陛下と三笠宮」と題してレポートしている[10]（口絵1参照）。こういった記事が、凝り固まった天皇イメージをまだ持たない層の読む『野球少年』という雑誌に掲載されたこともまた、宮内庁や、天皇を占領統治の柱に据えようとしたGHQ／SCAPのイメージ戦略が背景にあったことを示唆しているのかもしれない。

東西対抗戦によって復活した日本の野球界は、翌一九四六年の四月二十七日には、待ち望まれていたペナントレースも復活することとなった。ちなみにプロ野球は当時まだ一リーグ制の時代である。この年の春にはまた再建された東京六大学野球連盟によって東京六大学リーグ戦も復活、夏には都市対抗野球と全国中等学校優勝野球大会が復活し、さらに翌一九四七年三月三十日には、選抜中等学校野球大会が復活し、ここに高校野球・大学野球・社会人野球・プロ野球のすべてが戦前同様に、あるいは戦前よりももっと盛んになった形でリセットされた。

そんな節目、節目をよく調べてみると、たとえば選抜中等学校野球大会の開会式においてマーカットESS局長が「いま日本の野球熱は史上空前のものであります。本大会がつとに学校運動競技に着目し、その振興に先鞭をつけられたことは誠に当を得たものであります[11]」とのメッセージを寄せたことからも判るように、GHQ／SCAPの強力なバックアップに後押しされてのものでもあった。

あるいはまた、米軍の星条旗新聞主催により、一九四九年八月二十四日に神宮球場において行われた北陸震災被害者義捐試合にはマッカーサー元帥夫人のジーン・マッカーサーが観戦に訪れている。この試合は、日本のプロ野球界にとっては一九四五年十一月の東西対抗戦以来、念願の神宮での試合開催だった。つまり、三年前から復活していたペナントレースは東京では後楽園球場のみで行われていたのだが、GHQ／SCAPの後押しするこの試合によって、ようやく神宮球場使用の許可がおりたのである。ベースボール・イヴェントを、災害で打ちひしがれた人々を元気付けるために用いるという、こうした事例などからも、いかにGHQ／SCAPがベースボールというツールを日本の民主化促進という政策に役に立つものと位置づけていたかがうかがえる。

早慶戦へのマッカーサーの祝辞

そして、最も強力なバックアップとしては、東京六大学リーグ戦の中でも取り分け伝統のある早慶戦に際してマッカーサー自身が祝辞を送っている事例が見られる。すなわち、『ベースボール・マガジン』一九四九年八月号に採録された次のようなコメントである。[12]

人間の人格を築く精神的価値のより大なる源泉は大学対抗運動競技部門以外には見出し得ない。そのような競技の中でもっとも特色あるものは日米両国民が深く広い関心を持つ競技、すなわち野球である。

野球は個人の耐久力と団体行動規律を涵養し、また政治的経済的、社会的自由の発展にとって必須の集団や人類の間における競争意識を鼓舞するものである。さかのぼって一九〇三年早慶両大学がその伝統的野球の定期戦試合を初めて行ったころ、私はウェスト・ポイントの米陸軍士官学校の野球チームの一員であった。それ以来ずっと私はこの偉大な競技である野球の熱心な支援者となった。今なお生存しているこれ等チームの選手達も、また私と同様であると信ずる。そして子供のころより日本人の間で野球が行われる熱心さと彼等の先輩によって表明された競技に対する異常な関心を見るとき、国家の再建に関係ある重大問題を、日本の全国民が解決するに役立つ偉大な道徳の力を、私は野球の中に見出す。往年の野球選手の一人、そして現在愛好家の一人として、私はここに早慶両大学の選手諸君に衷心より激励を送る。願わくばより強きチームに幸あらんことを

このマッカーサーのコメントは、〝スポーツを通じての民主化〟というGHQ／SCAPの確固たる方針が存在したことの何よりの証左として理解することが出来るであろう。野球界の復興とはすなわち日本国の復興に他ならず、日本を復興させるというアメリカの対日占領政策の目標とは、すなわち日米野球に象徴されていたような戦前の友好的な日米関係を再構築することだったのである。

注

（1）日本が一九四〇年の東京オリンピックを返上した直後に東京のイギリス大使館が本国宛に送った『日本政治日誌』に言及されている荒木文相の発言による。坂上康博『にっぽん野球の系譜学』青弓社ライブラリー15、二〇〇一年、一七一～一七二頁。オリジナル出典はイギリス公文書館所蔵史料＝Japanese Political Diary, September 8, 1938（FO371/22189/22248）。

（2）新居格「スポーツと民主主義」（『スポーツ』創刊号、一九四六年六月、體育日本社）、六～七頁。

（3）CIEスタッフの所属部署の変遷を示す基礎資料である「戦後教育改革資料2」によれば、彼は一九四六年一月より教育担当、同年九月より教育課、一九四七年七月より同体育教育班、と部局の整備に伴って所属がよりクリアーになっているが、基本的にはずっと体育教育を担当し、一九四七年末まではCIEに在籍していたようである。

（4）連合軍総司令部民間教育情報部ジョン・ノーヴィル少佐「日本スポーツ發展の爲に」（『スポーツ』創刊号、一九四六年六月、體育日本社）、九頁。

（5）「運動競技の民主々義に及ぼす影響」（『オールスポーツ』創刊号、一九四六年十月、オールスポーツ社）五頁。

（6）Sayuri Guthrie-Shimizu, *Transpacific Field of Dreams: How Baseball Linked the United States and Japan in Peace and War* (University of North Carolina Press, 2012), p. 202 and p.235.

（7）広瀬謙三「再建日本野球　東西対抗野球戦記」（『野球界』、一九四六年一月＝三十六巻一号、博文館）四～五頁。

（8）坂口安吾「日本野球はプロに非ず」（『ベースボール・マガジン』一九四八年八月＝三巻八号、恒文社）一六

〜一七頁。

（9）時野谷ゆりの論文「新資料と解題」（坂口安吾研究会編『坂口安吾論集Ⅱ　安吾からの挑戦状』ゆまに書房、二〇〇四年刊）において紹介されたことがある。

（10）福湯豊「スポーツを愛される天皇陛下と三笠宮」（『野球少年』一九四七年十月特大号、尚文館）二〜三頁。

（11）波多野勝『日米野球史／メジャーを追いかけた70年』ＰＨＰ新書、二〇〇一年、一九六頁。

（12）「マ元帥早慶戦に祝辞」（『ベースボール・マガジン』一九四九年八月＝四巻一〇号、恒文社）四八頁。

第2章　占領下日本のスポーツ改革

1　改革を迫られた武道

スポーツを通じての民主化の実現というGHQ／SCAPの対日スポーツ政策がベースボールを前面に押し出して推し進められた一方で、戦時中の国家神道との親和性、軍国主義教育への迎合性が危険視された日本古来の武道は非軍国主義化のための厳しい統制を余儀なくされた。剣道・柔道・弓道、そして相撲などが生き残っていくためには、それが武士道精神などと結びついた精神力を養うためのものではなく、あくまでもスポーツであるという側面を強調していくより道はなかった。

その点、早くからプロフェッショナル・スポーツという側面が強かった相撲のほうが、アマチュアが自己の鍛錬のために行なう他の武道よりも〝スポーツ化〟という方向性を示しやすかったはずだろう。

戦後に異なる道を選択した柔道と剣道

プロとアマの違いとはようは〝興行〟が成り立ちうるかどうかだが、〝スポーツ化〟の方向性とは「するスポーツ」から「見るスポーツ」への変化、つまり国際競技化を目指すことによって競技人口を増やしてスポーツ・イヴェント化していくか否かということである。等しく苦境に立たされた柔道と剣道はその点で戦後、まったく異なる道を選択することになった。

剣道・柔道・弓道を問わず、武道はGHQ／SCAPの方針で学校教育の現場からは排除された。これらが復活を許されるのは弓道の一九五〇年七月が最初で、同年十月に柔道も復活したものの、極東委員会から「教育機関から排除すべき古典的スポーツ」と名指しされ、武士道との直接的連続性を認識されていた剣道だけは占領終結後の一九五三年四月まで復活されることはなかった。

とは言え、それら武道が占領期間中にまったく行なわれていなかったか、というとそうではない。大人が明確な自分の意志で健康増進のために行なうスポーツであれば実は問題は無かった。実際のところ各地の警察署で日本人に混じって剣道や柔道の稽古に精を出すGHQ／SCAPスタッフやその家族たちの姿が新聞で報じられることも珍しくはなかった。ただし、同じ警察署でも都道府県によって武道への取り組みには温度差があり、地域を管轄する地方軍政部に対する気兼ねで自粛し続けていたところもあれば、早くから署内対抗柔剣道大会を実施して、来賓にGHQ／SCAP関係者を招くような地域もあった。

メリーランド大学所蔵の、占領下日本で刊行された雑誌・新聞・図書の検閲資料であるゴードン・W・プランゲ文庫に含まれている警察関係雑誌を調べてみると、そういった全国各地での警察署内対抗柔剣道大会の様子を伺うことができる。しかしながら、それらから浮かび上がって来ることは、警察武道を新たに民主的なスポーツに生まれ変わらせようというような気概ではなく、むしろ新たな為政者としてのGHQ／SCAPに媚びへつらいながら、戦時中と何ら変わらぬ精神主義で敗戦の難局を乗り切ろうというようなものが多い。

たとえば、長崎県警察部警察課に設置された長崎県警民協会で発行されていた雑誌『警鼓』の一九四六年十二月発行の再刊第一号に、松田生という警察関係者が記したレポートが掲載されている。これは、県下の警察・消防官の対署柔道大会の様子を記したもので、久しぶりの柔道に心躍らせる筆者の高揚感を良く伝える文章だが、同時に、日本再建のために必要なのは〝只不撓不屈の精神あるのみ〟で、警察官こそが〝不撓不屈の精神の指南者であり、垂範者でなければ絶対にいけない〟と強調するなど、〝スポーツ化〟という方向性とは程遠い[1]。

同様に、愛媛県庁警察課発行の雑誌『かゞりび』[2]に掲載された警察学校の教官の筆によると思われる論考もまた、次のような精神論を繰り広げている。

「警察官が常に警察武道に依り身心を鍛錬して是れを体得すれば自信が持てる、自信有る警察官は毅然たる態度をして居る、毅然たる警察官にこそ人民の信頼がある」とGHQ民間情報部のエングル氏が云われた。まったく御説の通りで国民は警察官を真に信頼する処に始めて各自が夫々正業に精勤することができるし又一面、国家に対する感謝の念と、之れに因る愛国の熱情が自ずと沸いて来て、正しい、明るい健全なる国民となるのであると思う。

それで真に国民の信頼を得る自信有り毅然たる警察官となる為めの警察武道の修業は単なる勝負技術のみに拘泥してはならない

GHQ／SCAP担当官の言葉をあたかも錦の御旗のごとく引用し、警察武道の重要性を訴えている上記の文章では、このあとさらに中央警察学校長の言葉を引用しているのだが、そこで民主的な警察制度の中で平和国家再建を果たしていくより所として、〝神技一如の境地〟を挙げているあたりに、当時の警察武道関係者の本音がうかがえる。

スポーツとしての柔道を目指した講道館

一方で、同じく柔道であっても、柔道界の本家本流たる講道館は、より大胆な改革を志向していたように見受けられる。講道館は雑誌『柔道』を発行していたが、その一九四八年十二月号の巻頭言で、嘉納履正《かのうりせい》館長は柔道が「新しき時代にスポーツとして大衆化」していかなくてはならない、との認識を明確に述べている。(3) そして、同じ雑誌に掲載された二つのエッセイが、この嘉納館長の方針を受けてそれぞれに柔道界の進むべき将来への見取り図を示している。

その一つ、森脇一郎によるエッセイ「スポーツとしての柔道」では、古い伝統に固執することなくスポーツとして進化していくべきである、と宣言している。また、精神教育でもある武道が一般のスポーツの上位に位置するといった考えを戒め、フェアプレイ精神に支えられたデモクラティックなスポーツであるべきとの論が、デューイなどを引用しつつ展開されており、戦後柔道のメインストリーム的立場にあった講道館柔道の国際感覚がよく表れている。(4)

一方、国際競技化推進の旗振り役であった岡部平太の書いた「柔道の将来」というエッセイの示す未来の柔道のイメージは、当時の言説としてはより荒唐無稽なものと受け取られたかもしれない。講道館の門弟であった岡部は、戦時中は満州体育協会理事長なども務めているが、後には一九六四年の東京オリンピック陸上競技強化コーチを務めるなどスポーツ界全般で活躍した人物である。

その青写真は次のようなものである。(5)

柔道の進み行きの打開策としての考え方から一つこだわりなくレスリングと柔道の試合を世界的公開試合にして見たら何うかと考え既に幾人かの人には話して見た。即ちそれには柔道を先づ日本独特の稽古衣をやめて洋服の形にする。

ルールはレスリングの要求を出来るだけ多く入れる。

若し直接アメリカとやれないなら暫らく日本のレッスラー例えば風間君等と協定して国内でやって見る。

この試合は必ず成立しプロ試合としても興味満点だと信ずる次第である

岡部による斬新な案は、まさしく「するスポーツ」から「見るスポーツ」へと脱皮していく将来像を示して見せたものである。今日の我々は日本の柔道界が実際に戦後どのような道を進んでいったのかをよく知っている。それは岡部が七十三年前に提案していた通りのカラー柔道着が採用されたことに象徴されるように「柔道」から「ＪＵＤＯ」へと変貌を遂げ、最早日本は世界の「ＪＵＤＯ」の中では主役ですらなくなってきている。

二〇〇〇年のシドニー・オリンピック一〇〇キロ超級決勝で、フランスのダビド・ドゥイエ選手の「内股」に対して日本の篠原信一選手が仕掛けた「内股すかし」が認められずにドゥイエ選手に「有効」が与えられ、結果的に篠原選手が金メダルを逃したいわゆる「誤審問題」なども、突き詰めて考えれば占領期に日本柔道界が選んだ方向性からすれば当然の帰結であったともいえるだろう。

一方の剣道については、次章においてより詳しく見ていくことにしたいが、基本的にはＧＨＱ／Ｓ

ＣＡＰによって弓道や柔道よりもずっと厳しく活動を制限され、また柔道における講道館のように剣道界のメインストリームの立場にあった者たちが〝スポーツ化〟による生き残りを強力に推し進めることもなかった。

すなわち、剣道界において柔道界の講道館・嘉納治五郎と同様の立場にあった修道学院の高野佐三郎は、終戦の前年に強制疎開(6)によって道場を取り壊され、本拠地を失っていたことで求心力をも失っていた。結局、高野佐三郎は剣道復活の日を見ることなく一九五〇年に亡くなっている。

だが、剣道界は、結果的には国際スポーツ化されて「見るスポーツ」へと変貌し、そのためにルールや見た目が改革されていくという道を選択せずに済んだとも言える。全日本剣道連盟は今でもオリンピック種目化には反対の立場をとっているし、世界中に愛好者がいるにも拘わらず「剣道」はあくまでも日本の「剣道」のまま今日まで至っているのである。

2　大相撲の興行改革

相撲界の戦後は、まず不滅の六十九連勝の記録を打ち立てた大横綱・双葉山定次の引退によって始まった。双葉山は、現役中から「双葉山道場」を主宰する「二枚鑑札」（＝現役力士と親方の兼任）によって弟子を指導してきたのだが、自身が記した引退の弁の中で、角界ならではの部屋制度の大事さについて、〝師匠あるひは先輩が弟子なり後進なりを訓練し養成してゆく方法として（中略）部屋制度以上のものはないと信じます〟と語っている。だが同時に、双葉山はこの師匠と弟子との関係について、もしそれが誤った形で運用されれば〝たちまちひびがはいって資本家と労働者みたいなざらざらした関係になってしまふ〟と警鐘を鳴らしている。(7)

相撲界は、その部屋制度に代表されるような前近代的な仕組みがGHQ／SCAPに問題視され、存続が危ぶまれるのではないかという悲観的な観測もあったのだが、結果的には今日まで生き残った。現在ではその国際化にともなってプロレスと何ら変わらない格闘技と考えて憚らない者が力士の中にすら出てくるようになったとはいえ、基本的には以前と変わらぬ部屋制度というものが存続している。

だが、双葉山が引退して時津風親方となってから六十二年を経た二〇〇七年、奇しくもその時津風部屋において新弟子が度をすぎた「可愛がり」（＝いじめ）によって死亡し、制裁を加えたとして親方や兄弟子数人が逮捕される前代未聞のスキャンダルが角界を襲い、以後、国技大相撲はその構造改革を迫られつつ今日まで試行錯誤している。

双葉山の宗教スキャンダルと相撲協会改革

もっとも、引退後の双葉山自身、その後弟子育成の本業よりも一時新興宗教の璽宇教《じうきょう》に入信し、一九四七年一月に金沢で教祖の璽光尊《じこうそん》こと長岡良子とともに逮捕される事件を起こしたことが良く知られている。敗戦直後にはさまざまな新興宗教が生まれては世間を騒がせたが、大横綱だった双葉山が教祖に指先だけでひっくり返されるパフォーマンスを見せて布教活動に一役買い、さらには教祖と共に逮捕されたというこの事件は最大級のスキャンダルに違いなかったはずだ。だが、再び相撲協会に戻った双葉山がこのスキャンダルゆえにメインストリームから外されることはなく、占領終結後の一九五七年には協会理事長に就任し、年寄り・行事らの六十五歳定年制、部屋別総当り制、茶屋制度廃止などの改革にリーダーシップを発揮することになる。

こうした相撲興行の改革はある意味、時津風理事長時代にほぼ完成したともいえるが、その改革への試み自体は終戦と共に始まっている。空襲のために満足に興行が出来なかった一九四五年には、六月に屋根を失った旧・両国国技館で七日制の非公開場所が実施されただけで終戦となったが、十一月に占領下として初めての十日間興行が行なわれた。その興行は多分に占領軍に対するスポーツとしての相撲のアピールという意味合いがあったため、あっけなく勝負がつくのでは「見るスポーツ」として観客の満足が得られないとの理由で土俵サイズが直径一五尺（約4.55メートル＝内径）から一六尺（約4.8メートル）へと拡張され、また仕切り制限時間もそれまでの七分から五分へと短縮して行なわれた。しかし、食糧難で栄養不足がちであった力士たちは、一六尺では体力的に無理である、と一五尺への復帰を主張し、翌一九四六年からは元に戻されている。

財団法人大日本相撲協会発行の雑誌『相撲』一九四六年三月号誌上に採録された「相撲界危局克服新動向策案座談会」では、相撲が生き残っていくためにどのような改革を実施していくべきであるかについて大日本相撲協会の当時の首脳たちと新聞各社の相撲担当記者らによって徹底的な議論が交わされている。具体的には、年三場所制の導入、一場所一五日制の復活、東西制（現在のような番付上と支度部屋の違いだけの東西制でなく、場所ごとの優勝の行方が東西で争われる制度）と総当り制（現在の部屋別ではなく、一門別の総当り制）の是非などの諸改革がこの座談会で検討されている。(8)

その結果、一九四七年六月の場所からはそれまでの「成績が同点の場合は番付上位者が優勝」という制度を改めて、新たに優勝決定戦制度が導入され、また十一月の場所からはそれまでの東西制が廃止されて系統別の総当り制が実施されるとともに、殊勲・敢闘・技能の三賞制度が導入されるなど、「見るスポーツ」としての相撲への興味を増加させるべくやつぎばやに新機軸が打ち出されていった。なお年三場所制は一九四九年の一月場所から実施され、また一場所一五日制もこの年の五月場所から復活している。また、さかのぼって一九四六年十一月場所には新たに大蔵省・勧業銀行・相撲協会の協賛で「相撲くじ」が導入されているが、これは不評だったためにこの場所限りで廃止されている。

メモリアル・ホールと大相撲の露天興行

だが、こうした徹底的な改革を実施する前提として、相撲興行そのものが実施出来なければ話にならない。敗戦の三ヵ月後に行なわれた進駐軍慰問目的の十日間興行の甲斐もなく、両国国技館は翌一九四六年にGHQ／SCAPに接収され、六月にはアイススケート場兼多目的興行施設として内部に巨大シャンデリアが取り付けられた「メモリアル・ホール」に改修されてしまった。このため夏場所開催は断念され、大阪阿倍野の仮設相撲場や九段の靖国神社境内での臨時興行で急場をしのぎ、十一月にようやくメモリアル・ホールでの十三日間の興行が許可されたものの、翌一九四七年六月から一九四八年五月までの三場所では明治神宮外苑（現在の神宮第二球場の場所）での晴天日のみ実施の露天興行を余儀なくされている。

相撲興行の場所の確保の問題は相撲協会にとっては死活問題だったわけだが、相撲協会としてはとにかく何事もGHQ／SCAP次第ということもあり、アメリカ生まれの力士（十両昇進を期に日本に帰化）として英語が堪能だった豊錦嘉一郎を協会のための通訳にしてGHQ／SCAP関係者その他を接待するなど理解を得るべく務めたものの、結局は蔵前に新たな国技館を建設する道を選択した。

ちなみに、この当時の相撲協会の正式な名称は財団法人大日本相撲協会だったが、協会が発行していた雑誌『相撲』の奥付を見ると、〝大日本〟が大政翼賛的な響きであるとGHQに思われることを避けるためか、正式名称はそのままに、しばらくの間は財団法人日本大相撲協会と名乗っていたようである。後に一九五八年一月に現在の名称である財団法人日本相撲協会に変わっている。

占領期の相撲界では、こうした苦難の時期にあって、かつ双葉山に続いて横綱安芸ノ海節男が一九四六年十一月のメモリアル・ホールでの場所後に引退するなど時代の変わり目でもあった。だが、新しい時代には新しいヒーローが誕生する。すなわち、長らく大関の地位を務めてきた前田山英五郎が一九四七年十一月場所より戦後初の横綱（第三九代横綱）として登場し、後に第四一代横綱となる新鋭千代の山雅信や力道山光浩らも次代を担う若手として台頭しつつあった。一九四九年一月には東富士欽壹が第四〇代横綱に昇進している。

だが、激動の時代の新たなヒーローたちは、いずれも激動の人生を歩むことになる。横綱昇進の免許状は後鳥羽天皇の時代に全権を託されて以降、ずっと吉田司家《よしだつかさけ》が司ってきたのだが、前田山は、その吉田司家から史上初めて横綱昇進の〝条件〟として「別に粗暴の振舞ある節は、この免許を取り消す」という但し書き付きの横綱免許状を与えられた。前田山の名前は、第7章で扱うサンフランシスコ・シールズの来日を機に再び新聞紙上を賑やかすこととなる。そして角界の人気者となっていた力道山もまた、一九五〇年には親方との確執により自ら髷を切り、角界と絶縁してプロレスの王者として君臨していく。横綱東富士もまた、柔道界の無敵の王者だった木村政彦と同様に一九五四年には角界を離れて力道山の後を追うことになる。

3　プロ野球における二大リーグ制への模索

野球界でも、興行改革への試行錯誤が行なわれつつあった。その際たるものが当時の日本野球連盟（一九三九年に日本職業野球連盟から改称）とは別にもう一つのプロ野球リーグを興した国民野球連盟の試みである。日本プロ野球創設にも関わった三宅大輔は、『ベースボール・マガジン』に寄せたエッセイの中で、アメリカのカリフォルニア州に複数のリーグが存在することを引き合いに出しつつ、同州より人口の多い日本に新たなリーグが誕生することは理に叶っている、と歓迎意見を述べている。(9) 実際、三宅はこの後、国民野球リーグの大塚アスレチックスの監督を務めることになる。

短命に終わった国民野球リーグ

国民野球リーグの誕生は、もともとは自動車部品製造業から運動具製造に乗り出していた宇高勲《うたかいさお》がプロ野球球団を持とうして日本野球連盟に申請したのだが断られ、連盟会長の鈴木龍二から、それならばいっそのこと、別のリーグを作ってはどうかと勧められたのが発端だといわれている。宇高は、日本野球連盟所属チームから選手を引き抜くなどのあつれきを起こしつつ結成した宇高レッドソックス、同様に日本野球連盟に加入申請して断られた東京カブスを前身に持つグリーンバーグの2チームによって自らが会長として国民野球連盟を一九四七年三月に旗揚げした。

ちなみに、グリーンバーグというチーム名は、アメリカのメジャーリーグ・ベースボールにおいて一九三〇年にユダヤ人として初めてメジャーリーグのスーパースターとなったハンク・グリーンバーグ（Henry Benjamin "Hank" Greenberg）にちなんで名づけられたチーム名だと言われている[10]。

だが、そのグリーンバーグはすぐにオーナーが本業に行き詰まり茨城県結城市の建築資材販売業者に身売りして結城ブレーブスとなった。この宇高レッドソックスと結城ブレーブスの2チームと、さらに千葉県松戸市で洋傘製造業を営んでいた大塚幸之助による大塚アスレチックス、大阪でサイダーを作っていた唐崎産業による唐崎クラウンが加わり、計4チームによるリーグ戦が一九四七年六月（夏季リーグ戦）、および十月（秋季リーグ戦）に開催された。

当時の野球雑誌では国民野球リーグの記事はさほど大きく取り上げられることはなく、スター選手がいないこともあって観客の入りも芳しくなかった。そうこうしている内に旗振り役の宇高勲は税務調査が発端で球団経営を断念せざるを得なくなり、熊谷組に身売りして熊谷レッドソックスとなった。連盟代表を受け継いだ大塚幸之助は資金の尽きた唐崎の面倒も見つつ国民野球リーグの存続を試みたものの、結局は日本野球連盟から経営に行き詰った金星スターズの支援を要請されたことを機に一九四八年二月にアスレチックスをスターズと合併させ、国民野球リーグはその誕生から僅か一年で消滅した。

アメリカのメジャーリーグに倣った二大リーグ制を念頭において理想高くスタートした国民野球リーグは、こうして歴史の闇の中へと埋没していくことになったのだが、二大リーグ制への移行という考え方自体は、占領下日本で野球に関する政策の全権をダグラス・マッカーサー元帥から委任されていたウィリアム・F・マーカットのかねてよりの主張でもあった。一九四九年四月になると、マーカットの意を受けた読売新聞社長・正力松太郎がいわゆる〝正力声明〟として〝将来四球団を増加して六・六制による二大リーグの対立を実現したい〟とぶち上げたこと[11]をきっかけに、サンフランシスコ・シールズ来日と前後して日本のプロ野球界の根底を揺さぶっていくことになる。

4 科学的スポーツとしての拳闘

戦後日本を代表する作詞家として時代を駆け抜け、二〇〇七年八月に世を去った阿久悠《あくゆう》の、小説家としての代表作に、直木賞候補にもなった『瀬戸内少年野球団』がある。この物語に、少年時代の阿久悠自身をモデルにした主人公の親友として、バラケツというあだ名のガキ大将の少年が登場する。バラケツとは不良とかやくざ者という意味で、敗戦によって海軍大将になる夢を失ったいま、本物のやくざ者になることが一番男らしいと思っている。大ヒットした映画版には続編が作られ、『瀬戸内

少年野球団　青春編　最後の楽園』というタイトルで一九八七年に公開された。その、青年期のバラケツこそが、占領期から昭和三〇年代に掛けての日本国内でのボクシング熱を象徴するキャラクターとして設定されていた。

「父ちゃん闇屋、兄ちゃん詐欺師、姉ちゃんパン助ときたら何ぞ天下でも狙わんことにはな」とうそぶくバラケツが目標にしていたのが、日本人として初めて世界チャンピオンになった白井義男だった。もっとも、「わいは白井義男になるんや！」と意気込んでいたバラケツのデビュー戦は、呆気ないKO負けで終わったのだが。

確かに、白井義男は戦後日本の復興を体現していたはずだし、バラケツだけではなく、敗戦によって自信を失っていたすべての日本人に希望を与えた一人であったことは間違いない。だが、戦後日本の拳闘界にいきなり白井義男が登場したわけではもちろんない。

拳闘から新時代の呼称としてのボクシングへ

拳闘の試合が日本で初めて行われたのは結構古く、一九二二年のことだったという。既にアメリカで拳闘を学んで帰国していた渡辺勇次郎が道場を創設しており、グローブをはめた二人の男がロープを張ったリングの上で戦う拳闘の試合の様子は、一九一五年製作、一九一六年公開の『チャップリンの拳闘』などの活動写真を通じて広く一般にも知られていた。

初期の拳闘興行は、流れ者の白系ロシア人などをにわか仕立てで拳闘家にさせ、柔道家と戦わせるというような見世物が多かったともいうが、昭和初期になると後発の弱小新聞から東京朝日新聞や東京日日新聞に匹敵する主読紙へと脱皮するためにさまざまなスポーツ・イヴェントを仕掛けて販売部数拡大の起爆剤としていた読売新聞社が、大掛かりな国際試合を主催するなどして拳闘のメインストリーム化の流れを作った。

中でも、一九三三年の日仏対抗戦では、来日させる「欧州の最高権威たる仏国三大選手」と対戦する日本代表を決める選抜戦をまず主催するという念の入れようが功を奏し、大衆の話題をさらった。この選抜戦に勝ち残り、唯一、フランスの選手を破って一躍国民的な知名度を獲得したのが、後述するピストン堀口こと、堀口恒男である。

だが、戦後の拳闘界は、大正時代に逆戻りしたような見世物的な興行から再出発した。一九四六年六月に創設された日本拳闘株式会社は、読売新聞社とともに一九四七年九月十九日、二十日の二日間、メモリアル・ホールにおいて日本ボクシング二十五周年記念祭として王者決定戦興行を主催した。この、歴とした日本拳闘界のメインストリーム興行は、しかし階級の異なるライト級王者とバンタム級王者を戦わせる、といういかにも苦し紛れのイヴェントであったという[12]。戦争によってそれだけ選手層も薄くなったか、あるいはまた階級が関係なくなるほど、個々の選手のウェイトを左右する栄養状態が悪かったということだったのかもしれない。

もっと末端の、地方都市での拳闘興行に至っては、ポスターで宣伝された選手とは異なる替え玉の出場が横行するようなひどい状態だったことが、当時のボクシング関係雑誌の投書欄からうかがえる。(13)

近頃の地方興行のダラシなさは如何だ、番組の変更は平気でやる、プログラムに名の出ている選手の代りに替玉がヌケヌケと登場する、いったいファンを何と思っているのか、拳闘試合ではなく見世物だよ、芝居のつもりで拳闘をやるんなら止めてくれ、選手をダシに使い自分の懐だけが新円で暖まればホクソ笑んでいるような人間はサッサと拳闘界から退いてくれ、君達のように金儲け第一主義を振りかざす人間が純真な選手を毒し拳闘界を悪と因襲と情実の温床にして了ふんだ、拳闘界からあらゆるボスを一掃せよ、明るいスポーツ日本を打ち建てるために是非断行せねばならぬ眼目の一つであろう

スポーツとしての拳闘界の発展のためには、先ずはコミッション・システムを整備し、公明正大で、統制の取れた組織の構築が必須であるという認識を多くの関係者が共有していたであろうことは容易に想像がつく。GHQ／SCAPのスタッフの中にも、ボクシング雑誌に投稿してその点を提唱している者がいる。(14)

私は健全なる今後の日本の拳闘界発展を願う意味に於いて、また最近の拳闘界の情勢を見て止まれぬ

気持ちからして意見を申し上げたい。

日本も早急に紐育のボクシングコミッションの如き有力なる団体を拳闘界に作る必要がありはしないか。謂わば拳闘に対して絶対の力を持つ神聖なる団体即ち拳闘界に於ける審議会の如きものであってこれの前には審判員も選手も絶対服従であり、この権威ある団体の忌避に会った選手は将来起つ能はざる致命傷を受けたに等しい存在となるだけにその団体の構成委員も国でも一流人物即ち警視総監級の人物を以て組織するようにする。つまり正式に名実共に力のある様な組織である。（中略）今後の日本拳闘界に与える言葉は、ただ「浄化」あるのみだと思う

拳闘を、ただの野蛮な殴り合いやいかがわしい見世物としてではなく、スポーツとして発展させたいという思いは日本拳闘界にかかわる者たちの共通した意識だったようで、同じ趣旨の文章がこの当時の拳闘専門誌に散見される。拳闘には、当然ながらアマチュアとプロがあるが、プロの拳闘界の統合組織として一九四六年に設立された日本拳闘協会は、八百長はもとより、怪しげな興行を根絶するために草試合にまで監視委員を派遣するなど努力していたという。(15)

占領下では、進駐軍の慰問試合なども頻繁に行われたようだが、戦前からの日本拳闘界関係者は、占領軍の進駐にともなって柔道や剣道などは厳しい制限を加えられていたから、今こそ拳闘を広めるチャンスだ、ととらえていた向きもあったようだ。占領下の日本で雨後のタケノコのごとく次々と創

刊、復刊されていた雑誌の中には拳闘専門誌も多数あるが、その中の一つ『拳闘ガゼット』の編集長だった郡司信夫は「これからはボクシングの時代だ」と確信していたという。ちなみに、戦前の日本では拳闘という呼称が一般的だったが、占領軍と接する機会が増えるにつれて、呼び名もボクシングへと次第に変わっていったようである。戦前から続く『拳闘ガゼット』も、一九四七年からは『ボクシング・ガゼット』と改題している。

無謀だったピストン堀口のカムバック

さて、こうして拳闘界が復興し、ボクシングとしてより幅広いファン層にその魅力をアピールしていくためには、何よりもスターの存在が必要であった。その大衆の熱望するスターとして、占領下日本のリングに立った者こそが一九三三年のプロ・デビュー以来、引き分け五を挟んで四七連勝という、今日なお破られていない不滅の記録を打ち立てていたピストン堀口である。

終戦後の一九四六年二月、日本拳闘界の復興が遅々として進まない中で、ピストン堀口は引退声明を発表していた。それはちょうどピストン堀口と同時期に不滅の六九連勝の記録を打ち立てた大横綱、双葉山定次が終戦とともに引退したのと同じころだった。当時三十一歳だったピストン堀口は、年齢的にも下り坂であることは疑う余地がなかったし、本人も今後はプロモーターとして、やはりボクシングの道に進んだ四人の弟たちをアシストしていく決意を固めていたはずだった。

だが、ピストン堀口自身がGHQ／SCAPと折衝して、接収されていた日比谷公会堂の使用を許可された試合で、弟の堀口宏が試合中に耳を負傷し、その次に予定されていた試合に出場できない事態となった。興行に穴を開けるわけにも行かずに急きょ引退宣言を撤回したピストン堀口は、この年の五月にカムバックすることになったのである。

ピストン堀口といえば、防御などは一切せずに、ただ打って、打って、打ちまくるその「ピストン戦法」で知られるが、その彼のカムバックに対する世間の注目が高かったことは当然だろう。彼が再び活躍することを、ファンや日本拳闘界関係者たちだけでなく、ピストン堀口自身も期待したに違いない。

だが、ほどなく、このカムバックがあまりに無謀なことであったことが明らかになった。

ピストン堀口の評伝を書いた山崎光夫が、取材の過程で神奈川県茅ヶ崎市に現存するピストン堀口道場の協力を得て発掘した「日記帳」の戦後のものに、このカムバックについてのピストン堀口自身による反省の弁が載っている。それは一九四八年一月一日、カムバックから二年近くを経た時点での記述である。(16)

思へば過ぎ来し五ヶ年間まつたく無意義な月日を送つてしまつた。拳闘家としての技術の停止と言ふよりも退歩の一途をたどる五ヶ年間だつた。大東亜戦争と言ふ大きな障害のために一時は死をすら覚悟し、本当に拳闘に精進しやうなぞと言ふ気持ちには、あの当時の日本国民の一人としてとてもなれなかつたのだ。それから思ひもかけぬ敗戦、米軍の進駐、あまりにも予期しなかつた出来事のために、自分の拳闘家としての本分を忘れ、あれを、これをとあせつてゐるうちにたうたう大事な時を消費してしまひ日本の拳闘家としては終戦後最初に再建の名乗りをあげることが出来たが、それにしてもすつかり立ちおくれてしまつたのだ。それから二十一、二十二と、二ヶ年間、稽古一ツせずに、たゞ十五年の選手生活の経験だけにものを言はせて、試合に出ると言ふまつたく無謀な選手生活を続けて、終戦後二ヶ年間にはや敗戦を七回も記録してしまつた。

戦前は無敵を誇ったピストン堀口だが、カムバックしてからの成績は「拳聖」とまで呼ばれた戦前の偉業に泥を塗るものでしかなかった。その戦いぶりについても、体力に物を言わせてひたすら攻めるばかりで、防御をまったく無視していること、月に一〇回も試合に出ると言うような試合過多の様子が「非科学的」であるという批判にさらされることになった。

結果的には、カムバック後にも一九四八年三月には日本ミドル級王座を獲得するなどしたものの、ピストン堀口は通算成績としては一七六戦一三八勝（八二KO）二四敗一四分と勝率を大きく下げ、一九五〇年四月に現役を引退した。そして、その僅か半年後に、彼は深夜に東海道線の線路を歩いていて列車にはねられて、その三六歳の生涯を終えている。

科学的トレーニングで頂点を掴んだ白井義男

白井義男は、ちょうどそんなピストン堀口の退場と入れ替わる形で登場した。

戦時中の一九四三年にプロ・デビューを果たしていた白井義男は、しかしながら海軍に招集され整備士として過酷な労働を強いられたために腰を痛めた。終戦後は拳闘界に復帰していたものの、腰の後遺症もあってパッとせず、銀座の木挽町に設けられていた拳闘会館という練習場で練習しつつ、悶々とした日々を過ごしていた。そんな白井義男の練習をたまたま見ていて魅せられたのがアルビン・R・カーン博士という人物である。

カーン博士はGHQ／SCAPの天然資源局に勤務していた民間人で、魚介類の研究をする理学博士だったが、一九四八年七月のその日、一目惚れした白井に専属コーチもマネージャーもいないことを通訳を通じて知ると、自らこの無名のボクサーの専属コーチになろうと提案し、云わば押しかけ女房のような形で白井を丸の内にあった自分の宿舎に居候させて面倒を見始めた。

実は、カーン博士自身はボクシング経験があるわけではなく、イリノイ大学で教えていた頃にテニス部のコーチをした経験があるだけの、ただの素人ボクシング愛好家に過ぎなかった。だが、既に八回戦のボクサーであった白井にいちから基礎練習を反復させ、体調管理、栄養管理を徹底的に行い、コーチング理論をきちんと踏まえて徹底的な指導を施した。——すなわち、「科学的トレーニング」である。

二人三脚でのトレーニングの成果は如実に現れ、一九四九年一月には全日本フライ級王座に挑戦し、見事に王者・花田陽一郎に五回KO勝ちして王座を獲得した。当時の日本人には雲の上のような存在だったGHQ／SCAP勤務のアメリカ人に才能を見出されて、生活の面倒をすべて見てもらった上でチャンピオンになった白井義男のシンデレラ・ストーリーは日本国中で評判となり、新たな時代のヒーローとしてもてはやされることになった。

新チャンピオン誕生から一ヶ月そこそこの三月初旬に行われた『オールスポーツ』誌第一五号収録の座談会では、もっぱらカーン博士式のコンディション調整法に話題が集中し、旧来の「堀口式」ボクシングと、アメリカ仕込みの「白井式」ボクシングに大別されていくであろう、という予測が行われている。(17) また、カーン博士自身による手記でも、白井の持つ天性の才能というのがその防御の完璧さにあり、かつ相手の攻撃をブロックした時に、直ちに攻撃できるポジションを取れる点にあると分析されている。(18)

白井義男を褒めたたえるそれらの言説は、いかに彼が理に適った「科学的」なスポーツ力学に基づいた戦いをしているか、そしてそれを最大限に引き出す「科学的」なトレーニングやコンディショニングを行っているか、という点に集約されていたと言ってよい。

〝拳聖〟ピストン堀口の「ピストン戦法」と比較したときの、このあまりにも対照的な評価は、そのまま占領下の日本人のメンタリティを如実に示しているとは言えないだろうか。つまり、物資が欠乏しようがどうなろうが精神力で勝つと言い聞かせて、結果的に敗戦国となった日本が、自分たちを打ち負かした国、アメリカをお手本とし、その「科学的」な態度をこそ学ぼうとしていたわけである。この占領時代の日本人の精神は、日本拳闘界にその名を残した二人のボクサーの光と影としてそのまま照射されているように思えるのである。

サンフランシスコ講和条約が発効し、名実ともに日本占領が終了した一九五二年四月二十八日からちょうど三週間後の五月十九日、白井義男はアメリカのサルバドール・ダド・マリノとの世界フライ級王座決定戦に一五回判定勝ちで勝利を掴み、日本人ボクサーとして史上初めて世界チャンピオンに輝いたのである。

注

(1) 松田生「対署武道大会」(『警鼓』第二四巻第二一号(再刊第一号)、一九四六年十二月、長崎県警民協会)二十三〜二十四頁。
(2) 阿達文男「明るい平和日本の再建と警察武道」(『かゞりび』第五号、一九四八年五月、愛媛県庁警察課)六十八〜七十頁。
(3) 嘉納履正「開拓すべき柔道の二方面」(『柔道』第一九巻第一二号、一九四八年十二月、講道館)一頁。
(4) 森脇一郎「スポーツとしての柔道」(『柔道』第二〇巻第一号、一九四八年十二月、講道館)十七〜十九頁。
(5) 岡部平太「柔道の将来」(『柔道』第二〇巻第五号、一九四九年四月、講道館)八〜九頁。

（6）アメリカ軍の空襲によって町全体が延焼するのを防ぐために、適当な間隔で建物と建物の間に空き地を作り、消火しやすいようにする必要があった。このため、政府に指定された建物は強制的に取り壊されることとなり、これを建物の強制疎開と呼んだ。

（7）双葉山定次「新発足にあたって」（『相撲』第一一巻第四・五・六・七号（新年号／創刊十周年記念　本場所待望号）、一九四六年七月、大日本相撲協会）八〜九頁。

（8）植村陸郎、相馬基、原三郎、山口幸一、春日野剛史、藤島秀光、佐渡嶽高一郎、彦山光三「相撲界危局克服新動向策案座談会」（『相撲』第一一巻第二・三号、一九四六年三月、大日本相撲協会）二六〜四七頁。

（9）三宅大輔「野球を科学せよ！」（『ベースボール・マガジン』第二巻第四号、一九四七年五月、恒文社）九〜一二頁。

（10）ユダヤ人のメジャーリーガーとしてはグリーンバーグ以前にもたとえば *The Catcher Was a Spy: The Mysterious Life of Moe Berg* で有名なモー・バーグ（Moe Berg）がいるが、グリーンバーグの場合は一九三八年のシーズン五八本塁打が、一九二七年のベーブ・ルースのシーズン記録（六〇本塁打）から一九六一年のロジャー・マリス（Roger Maris）による新記録（六一本塁打）までの間の最高記録だったことからも判るように、明らかに〝スーパースター〟だった。

（11）藤ヶ谷史朗「日本野球リーグ解体の悲歌　二大リーグの誕生する迄」（『野球ニュース』四一号、一九四九年十二月、野球ニュース社）一二〜一五頁。

（12）浅間千代彦「ボクシング随想」（『ボクシングダイヂェスト』創刊号、一九四七年十二月、ボクシングダイヂェスト社）六頁。

（13）松岡生「ボスの一掃」（「ファンの声」欄）（『拳闘ファン』二巻二号、一九四六年十二月、拳闘ファン社）一四頁。

（14）フランク・ビー・ハギンス「日本拳闘界に与ふ」（『拳闘ガゼット』二二巻五号、一九四六年十月、拳闘ガゼット社）三頁。

（15）「日本のボクシングは儲かるか⁉」（『ボクシング　月刊拳闘』一〇巻二号、一九四八年二月、拳闘社）八頁。

（16）山崎光夫『ラッシュの王者　拳聖・ピストン堀口伝』（文藝春秋、一九九四年）二一〇～二一一頁。

（17）「BOXING・チャンピオン白井義雄を囲んで　座談会」（『オールスポーツ』第一五号、一九四九年六月、オールスポーツ社）一八～一九頁。なお、白井の名前の表記は正しくは「義男」だが、この座談会も含めて当時の記事には「義雄」との誤植のものが多い。

（18）アール・カーン（中村金雄）「ニューチャンピオン白井義雄を語る：カーン博士の手記」（『読売スポーツ』二巻四号、一九四九年四月、読売新聞社）四二～四六頁。

第3章 武士道の延長としての剣道への弾圧

1 スポーツにおける民主化促進阻害要素の排除

占領下日本において、GHQ／SCAPは――より正確に言えばアメリカ合衆国は、日本という国との関係を戦前をも上回るほどの友好的なものとして再構築し、政治的にもイデオロギー的にもアメリカを絶対的に支持するであろう東洋における優等生的な同盟国として日本を国際社会に復帰させようと計画し、日本人再教育政策を実施した。そして、そのための有効なツールの一つが映画という極めて影響力の大きいメディア（特に厳選されたアメリカ映画）だった。

そして、同じ目的を達成するために利用されたのが、日米親善の歴史に繋がる〝良いイメージ〟を備えていたベースボールというツールだったのではないか、というのが本書にて取り組むGHQ／S

CAPによる占領期の対日スポーツ政策研究の出発点としての問題意識である。

そのベースボールの積極的利用という側面についてはこのあとの第4章以降で考察していくが、それらの政策が言わば民主化促進／日本人再教育のためのポジティヴな政策だったと定義するならば、逆にその裏には、民主化促進／日本人再教育を阻害する要素を徹底的に排除するネガティヴな側面が少なからずあったのではないかと考えられる。本章では、この点について、剣道を軸に考察していく。

占領期は〝剣道冬の時代〟という言説

映画においては、〝徹底的な排除〟の対象となったのは『忠臣蔵』を代表とする仇討ち物語など、封建的価値観に基づいているとみなされていたものだった。そういった、占領初期における時代劇への行き過ぎた警戒感は、一般には〝チャンバラ禁止〟政策として記憶されている。一方スポーツの分野においては、日米親善の象徴としてベースボールが盛んに奨励されたのと対を成す形で、国家神道と結びつき、戦時期の日本人の精神構造に悪しき影響を与えたものとしての武道が厳しく規制を受けたことがしばしば引き合いに出される。

通常、武道全体が否定された中でも、GHQ／SCAPは特に剣道を厳しく排除したと言われている。占領期の対日スポーツ政策に関する論考のうち、剣道に対する規制を精査したものは多いとはいえない。戦時中に武道組織全般を束ね、GHQ／SCAPによって解散させられた大日本武徳会に代わって戦後新たに組織された全日本剣道連盟、あるいは日本武道学会や剣道雑誌など現代剣道のメインストリーム的立場からの戦後剣道史についての考察の類は多数あるものの、それらは、たいていは占領期のことを〝剣道が弾圧された冬の時代〟ととらえる歴史観に基づいていることは言うまでもない。中立的な視点で実証的に占領期の剣道を巡る状況を考察した論考は実は数えるほどしか見当たらない。

本章では、坂上康博や山本礼子といった研究者による、近年の研究成果によるところが大きいが、スポーツという分野においても、対日映画政策と同様にポジティヴ/ネガティヴの両面的な枠組みに基づいた政策が実際に行われたと言えるかどうかを確認することが目的である。そのためには、武道に対する、とりわけ剣道に対するGHQの厳しい規制と呼べるような事実が実際に存在したのかについての検証を重ねる必要性はまだまだある。

2 武士道の延長としての剣道

映画において時代劇が徹底的に禁止されたのと同様に、スポーツにおいて剣道が厳しく統制されたととりあえず仮定するとして、まずはその二つの対象(武士道の視覚的表現としてのチャンバラ映画/武士道の精神的後継者にあたる剣道）が同じ文脈において占領政策遂行上好ましからざるものとみなされたのかどうかを確認しなければならない。

〝チャンバラ禁止〟と剣道への弾圧

まず〝チャンバラ映画〟についてだが、これは筆者のこれまでの研究や平野共余子の先行研究などにより、必要以上に好ましからざるものと見做されてきたことが明らかにされている。かいつまんでその流れを整理するならば、およそ次のようなこととなる。

GHQ／SCAPの占領政策が実施されるのに先立って、アメリカ国務省では戦後に占領政策を実施することが想定される地域の諸問題に関して事前に実務レヴェルの検討を進めていた。その中で、日本のマス・メディアに関する議論は極東地域委員会で準備され、後にPWC—288シリーズと呼ばれることになる文書「日本：占領：公衆情報と表現の媒体」の作成過程で審議された。後のGHQ／SCAPによる〝チャンバラ禁止〟政策の萌芽は一九四四年七月七日付の第二草案に登場している。すなわち、この文書中に「ここ二〜三〇〇年における日常生活を描いた映画・演劇作品についてはほとんど問題ないと思われるので、速やかに審査をするべきである」という記述があり、これは裏を返せば「封建時代の武士という特権階級の価値観を描いた時代劇には問題がある」という考え方がその背景にあったと考えられる。(1)

GHQ／SCAPによる占領政策が実際に始まった後に、日本の映画会社各社が、これは〝チャンバラ禁止〟なのだと解釈した指示というのは、一九四五年十一月に民間情報教育局（CIE）の映画担当責任者だったデイヴィッド・W・コンデが発した一三項目からなる「製作を禁止すべき映画の内容」の通達である。この一三項目には直接的に〝時代劇禁止〟の文言はないのだが、「仇討ちに関するもの」「封建的忠誠心または生命の軽視を好ましいこと、また名誉あることとしたもの」といった項目が含まれており、これによって日本の映画会社各社は当分の間時代劇製作を見合わせざるを得なくなった。(2)

また、この通達を直接の根拠としているわけではないものの、民間検閲部（CCD）内のプレス・映画・放送課（PPB）によって実施された検閲においても、仇討ちや封建的忠誠心を代表するコンテンツと思われていた〝忠臣蔵もの〟、およびその外伝ものなどがすべて厳しく禁止された。(3)また、時代劇であるというだけで実際には侍を茶化したコメディに過ぎない戦前製作の『エノケンの鞍馬天狗』（東宝、一九三九）に対してすら、PPBが上映許可を出したことに対してCIEからクレームが付くような混乱した事態が起きているのである。(4)

こういった、今日的な視点からすると滑稽にすら思えるGHQ／SCAPの時代劇への行き過ぎた警戒心の根底にあったのは、敵を殺す道具として極めて高い殺傷能力を持ち、時として名誉を守るためには自分自身の腹に突き立てることもある〝日本刀〟に対する西欧人の恐怖感だろう。

王貞治の真剣での素振り

日本刀の刃《やいば》の意味するところに関して言えば、相手（敵）の生命を奪うことのできる武器を持つということよりも、自分自身の生命を危険にさらすことへの決意こそを示している。日本語で、刃のついた日本刀のことを「真剣」と呼ぶが、この漢字のもう一つの意味は言うまでもなく「seriousness」ということである。

たとえば、日本プロ野球界のホームラン王である王貞治は、野球のバットの代わりに日本刀で素振りする練習をしていたことで知られている。これは、バットよりも重たいものを用いることによって負荷をかけ、腰の動きやダウンスウィングを身につける練習法だと説明することもできるが、どんな投手に対しても〝真剣に〟対峙しようとする王貞治選手の強固な意志を象徴していたともいえる。

戦時中の一九四三年の時点で敵国日本について知る目的で特集記事を掲載したアメリカの『LIFE』誌は、〝忠臣蔵もの〟について分析することで日本人の封建的忠誠心を理解しようとした。(5) 前述のコンデによる「製作を禁止すべき映画の内容」一三項目などについても、こうした日本についての事前リサーチに基づいた〝武士道〟観に裏付けられていたものに違いないと思えるのである。そう理解すれば日本刀とその運用の仕方に密接に関わる〝チャンバラ映画〟が過度に警戒された理由はわからなくもない。

では、武士道からその精神だけを受け継ぎ、実際には日本刀を用いることはなく竹刀というその代用品で修行を行なう剣道はＧＨＱ／ＳＣＡＰからどう認識されていたのだろうか。時代劇と剣道が同じ文脈において占領政策遂行上好ましからざるものとみなされたのかどうかとは、つまり、剣道を武士道の延長として位置づけ、これに対して目を光らせようという明確な意思があったのか否か、という点がポイントとなる。

3 占領期における武道政策の流れ

映画において時代劇が厳しく制限されたように、剣道が全面的に禁止されたと本当に言えるのかどうか、他の武道への対応も含めて、占領下日本で行なわれた武道政策の客観的な流れを山本礼子の先行研究等を参照しつつ整理してみたい。

占領下日本で行われた武道に関する政策及び一九五三年までに日本の剣道界で起きた主な出来事を時系列的に整理してみるとおよそ次のような流れとなっている。

一九四五年十一月六日　文部省、学校剣道の全面禁止

一九四五年十二月二十六日　文部省、すべての武道具の処分を通達

一九四六年十月三十一日　大日本武徳会が自主解散宣言

一九四六年十一月九日　ＧＨＱ（ＧＳ）の命令に基づく内務省令で大日本武徳会の解散・財産没収

一九四六年十二月十三日　文部省、ＣＩＥの要請により剣道のデモンストレーション実施（於、日比谷公会堂）

一九四七年三月二十七日　極東委員会が剣道を〝教育機関から排除すべき古典的スポーツ〟と規定

一九四八年五月二十三日　東京関東配電道場でフェンシング及び近県剣道懇親大会を開催

一九四九年五月　文部省、復活の許可を求めるため再度武道のデモンストレーション実施

一九四九年九月　東京剣道倶楽部結成

一九四九年十月三十日　第一回全国剣道競技選手権大会開催（於、東京原宿の東鉄道場）

一九五〇年三月五日　全日本剣道競技連盟結成（間もなく全日本撓競技連盟と改称）

一九五〇年七月　文部省、弓道復活を通達

一九五〇年十月　文部省、柔道復活を通達

一九五〇年十月二十九日　第一回全日本撓《しない》競技大会開催（於、名古屋電鉄本社講堂）

一九五一年五月四日　第一回全国選抜しない競技優勝大会（於、日比谷公会堂）
一九五二年四月十日　文部省、中学校以上の体育教材に「しない競技」採用を認める
一九五二年八月十八日　全日本剣道大会開催（於、栃木県日光市）
一九五二年十月十四日　全日本剣道連盟結成
一九五三年四月　文部省、剣道復活を通達
一九五三年五月四〜五日　全日本剣道連盟第一回京都大会開催
一九五三年十一月六日　全国警察官剣道大会開催（於、警視庁体育館）
一九五三年十一月八日　第一回全日本剣道選手権大会開催（於、東京・蔵前国技館）
一九五四年三月　全日本剣道連盟に全日本撓競技連盟が吸収合併

まず、ここで通達を発しているのがすべて文部省となっているのは、例外的に直接指導・統制を実施することとなった映画を含むマス・メディアのケースとは違い、GHQ／SCAPによる対日占領政策の基本的枠組みとしては間接統治方式が採用されていたことによる。ただし、そのことはすべてのケースでGHQ／SCAP側の指示に基づいて通達がなされたことを意味しているわけではない。たとえば一九四五年中に発せられたはじめの二つの通達については、実際にはGHQ／SCAPの意向を忖度《そんたく》した文部省の自主的判断によるものであることが判っている。(6)

また、一九四五年十一月六日の通達については、それが〝学校剣道の全面禁止〟である点に注意をする必要がある。すなわち、それは剣道全体に対する禁止措置ではない、ということである。剣道には、占領期当時、大きく分けて三つのカテゴリーが存在していたし、それは現在も基本的に変わらない。すなわち、①学校剣道、②道場剣道、③警察剣道、である。ここでは、この中の学校剣道のみが対象とされたということでしかない。

剣道が他の武道と比較したときに一番強く警戒されていたことはその解禁までに要した時間が一番長いことからも間違いない。――特に、弓道や柔道より一年半以上も後になって解禁されることになった時点ですら、剣道という言葉を用いることを避けて「撓《しな》競技」という耳慣れない言葉に置き換えていることが、文部省のＧＨＱに対する気兼ねを余すところなく伝えていると言えそうだ(7)。

撓《しない》競技への言い替え

ちなみに、ＣＩＥでは「撓《しな》競技」のことを「Shinai Game」と訳していたが、全日本撓競技連盟は違った訳し方をする戦略をとった。連盟の代表であり、衆議院議員、片山内閣の閣僚も務めた笹森順造からＣＩＥに宛てた一九五〇年三月二十九日付の手紙によれば、連盟はこれをよりソフトで楽しいゲームのような響きのある「Plaint Staff Play」と訳しているのである(8)。

確かに、こうして客観的な事実関係を整理してみれば、弓道・柔道がいったんは学校教育の現場から排除されたもののやがて許可されたのに対して、剣道のみ占領の最後まで禁止が解かれなかったという事実が浮かび上がる。だが、それはあくまでも学校剣道に限った話なのである。実際のところ、この略年譜からは、剣道という言葉を用いることは避けているものの、「撓《しな》い競技」という名称を用いることで剣道を存続させようとする動きが綿々と繋がっていたことが読み取れる。GHQ／SCAPの政策として剣道全体がタブー視されていたのかどうかは、やはり「道場剣道」や「警察剣道」への対応を見てみないと判断はつかない。

4　学校剣道の禁止と大日本武徳会への解散命令

前節で列挙した時系列的な出来事のうち、占領下におけるGHQ／SCAPの対日武道政策として重要なのは、やはり一九四六年における十一月九日の「大日本武徳会の解散・財産没収」ということになる。なぜなら、一九四五年中に発せられた「学校剣道の全面禁止」と「すべての武道具の処分」の通達が、あくまでもGHQ／SCAPの意向を先読みした文部省側の対応であったのに対して、「大日本武徳会の解散・財産没収」はGHQ／SCAP側の強権発動的な形で実施された指令だからである。すなわち、自らが「自主解散宣言」を行うことで幕を引こうとしていた大日本武徳会に対してG

HQ／SCAPはこれを認めず、より厳しい処分としての「解散・財産没収」を命じたわけである。

占領政策開始前の武道政策の検討

アメリカ国務省における占領政策開始前の実務レヴェルでの検討段階で、武道に関して取り上げたのは山本礼子によれば二度であったという。その最初は極東地域委員会で準備され、後にPWC-113シリーズとなる文書「政党及び政治団体」で、内容的には大日本武徳会を国家主義的団体と位置づけ、他のすべての団体と共に軍政部が国家主義的団体であるかどうかを調査した後に排除を決定すべきである、とされている。(9)

二度目の機会は一九四五年十月のこと。国務・陸軍・海軍三省調整委員会（SWNCC）の極東小委員会に設置された極東諮問委員会で討議される可能性のある文書として、オーストラリアが自国政府の見解として提出した一九四五年十月作成の文書「日本人の再教育――非公式準備ノート」においてである。この文書の中で、思想統制の解除や教育勅語の扱い、あるいは教科書の問題などの項目と共に記載されている「武道禁止」の項目としては、柔道及び剣道のような古典的スポーツは、武士道を再現することのないよう指導されるべきであること、そしてまた、体育は精神教育と切り離して行なわれなければならない、と述べられている。(10)

SWNCCで討議された議題の多くは、実際には日本占領政策の開始に間に合わず、公式なルートでGHQ／SCAP側に指令として伝えられることはなかったのだが、民間情報教育局（CIE）に人材を送り込む形でGHQ／SCAPの現場との間にパイプを構築していた国務省ルートを通じて、占領下での実際の政策に影響を与え得たことがわかっている。その意味で、上記のオーストラリア政府の公式見解に見られるような武道の位置づけ、すなわち「柔道や剣道は武士道と直接繋がる伝統的な日本の精神教育という側面を担っている」という理解が、CIEにおいても武道に対する認識の根底にあったと見ることはあながち飛躍しすぎの見方とは言えないのである。

また、極東諮問委員会は後の極東委員会（FEC）の前身だったわけであり、占領開始後の一九四七年三月二十七日にFECが剣道を名指しして〝教育機関から排除すべきである古典的スポーツ〟と規定したこと（それは剣道のみが柔道・弓道よりも遅くまで解禁されなかった判断の根拠の一つにもなった）も、元を質せば上記のオーストラリア政府の見解に辿り着くのではないだろうか。

こうした、スポーツでありながらも国家主義的な精神教育と結びついたものとしてGHQ／SCAP側に受け止められた武道の、その国家主義的な精神教育との結びつきという枠組みの要にある組織とみなされていたのが、すなわち大日本武徳会ということになる。

大日本武徳会の解散・財産没収

歴史をさかのぼって見れば、大日本武徳会は必ずしも最初から国家主義的な精神教育と結びついていたわけではない。一八九五年（明治二十八年）にできた大日本武徳会は、しかしながら第二次世界大戦中の一九四一年（昭和十六年）に国家統制の道具として利用される形に改組（あるいは改悪）され、会長は内閣総理大臣が務めることになり、また陸・海軍大臣も要職につく形の国家主義的団体に変貌したという経緯を持っている。つまり、アメリカの国務省が戦後の占領政策の立案を行なっていた時期にあっては、大日本武徳会のトップは東條英機だったということになる。

少なくとも終戦時においては、大日本武徳会がGHQ／SCAPから大政翼賛会などと同様の国家主義的団体と認識されたとしても反論の余地のないところだろう。こうした点を考えてみると、一九四五年十月三十一日付で大日本武徳会が自主解散宣言したにもかかわらず、GHQ／SCAP（厳密に言えばその中の組織の一つである民政局）がその自発的解散を認めずに解散命令を出した、という事実も、必ずしも剣道（武道）に対する厳しい弾圧・統制だったとは言えない。

解散命令による解散と自主的解散とで決定的に違うのは、その財産の没収の有無という部分だけではなく、むしろ組織の中心的立場にいた人たちに対して公職追放措置を講じることが出来るか否か、という点だったはずだ。その意味では、GHQ／SCAPによる「大日本武徳会の解散・財産没収」という政策は、むしろ剣道やその他の武道を押し込めていた国家主義的なフレームをGHQ／SCAPが取り払ってくれたというプラスの評価すらし得る出来事だったとは言えないだろうか。

もちろん、既に「学校剣道の全面禁止」という措置がとられていた上に、武道の総本山であった大日本武徳会が強制解散させられたことにより、道場剣道や警察剣道にも逆風が吹いたことは間違いないだろう。しかしながら、学校剣道の場合は教育の現場で強制的に国家主義的な精神教育と結びつく形で剣道を教えることのみが禁止の対象となった（より厳密に言えば学校教育の現場においてはクラブ活動としての練習も禁止されていた）わけであり、また国家主義と武道とを結び付けていた枠組みとしての大日本武徳会が否定されただけで、実は個人が自主的に剣道の練習をすること自体は、少なくともこの一九四六年末の時点ではGHQ／SCAPはまったく禁止していないのである。

その点は、刀を持った主人公が登場するだけで無条件に禁止すべきであると考えるスタッフが現場に存在した、映画における〝チャンバラ禁止〟の状況とはまったく異なると言って良いだろう。

5 「道場剣道」と「警察剣道」への対応

〝個人が自主的に剣道の練習をすること〟とは、具体的には「道場剣道」と「警察剣道」ということになる。これらについてはお構いなし、というGHQ／SCAPの態度は公的にも表明されている。すなわち、山本によれば、CIE初代局長であったカーミット・R・ダイク大佐（後に准将）は一九四五年十一月一日に、柔道・剣道はすべての学校教育から排除するが、学校外の活動については禁止措置をとらないこと、および個人的、非公式なスポーツ活動には干渉しないという基準を表明しており、[11] また『星条旗新聞』紙上でも同様の趣旨の発言をしているのである。[12]

警察や道場での稽古の継続

こういったGHQ／SCAPの態度を根拠としつつ、剣道愛好家たちは占領下にあっても道場や警察において細々と稽古を続けたということになろうか。――もっとも、プランゲ文庫所蔵の警察関係雑誌に頻出する武道（剣道）関係記事（そのほとんどは県下警察官による柔剣道大会の記事）により、実際には同じ警察でも地域によりかなり差があったことは明らかである。具体的には、占領期新聞・雑誌情報データベース（現、20世紀メディア情報データベース）によって〝剣道〟、〝武道〟をキーワードとして検索してヒットしたすべての記事を調査したところ、下記の略年譜に示す事項が確認できた。[13]

一九四六年五月六・七日　警視庁（東京）警察官方面対抗武道試合（於、警察練習所演舞場）
一九四六年六月二十九日　長崎県下警察消防官対署柔道大会（於、玉園山下武徳殿）
一九四六年九月十三日　京都府山科警察署武道試合（於、山科警察署道場）
一九四六年十月十六日　佐賀県下警察官柔剣道大会（終戦後初の大会）
一九四六年十月二十七日　長野県下各署部対抗柔道大会

一九四六年十一月一日　神奈川県警察消防官武道大会（於、横浜市南区中村町消防練習所）
※一九四六年十二月四日　広島県各地方別柔道剣道競技大会
※一九四六年十二月七日　広島県中央柔道剣道競技大会
一九四七年一月十一〜三十一日　神奈川県下各警察消防署寒稽古および武道始
※一九四七年八月四日　神奈川県下第四ブロック柔道大会（予選）（於、鎌倉警察署）
一九四七年八月十三日　神奈川県下部署対抗選抜柔道大会（於、消防練習所道場）
一九四八年五月　第一回茨城県警察柔剣道大会
一九四八年九月八〜十一日　警視庁署課隊対抗柔剣道大会（於、宮内府濟寧館）
一九四八年十月十七日　栃木県修道会主宰にて剣道（稽古）開催（於、日光精銅所道場）
※一九四八年十月二十七日　山口県下警察官秋季柔剣道大会（於、旧武徳殿）
一九四八年十一月十一日　第一回六大都市警察官柔道大会（於、宮内府濟寧館）
一九四八年十二月一日　第二回茨城県警察柔剣道大会（於、茨城県警察学校体育場）
一九四九年三月　群馬県警察柔剣道競技大会（中絶していた剣道がスポーツとして復活）
一九四九年五月二十六日　鹿児島県新生剣道同好会発足
一九四九年九月一日　兵庫県下警察職員剣道大会（於、国警第二警察学校道場）

この略年譜からわかることは、たとえば東京の警視庁では一九四六年五月から一九四八年九月までの間、柔剣道大会が恒例行事として頻繁に行われているのに対して、茨城県警では一九四八年五月になって初めて、また群馬県警では一九四九年三月、兵庫県警では同年九月になってようやく剣道大会開催に至っている。また、唯一「道場剣道」に関する記事として検索結果があった栃木県修道会のケースでも一九四八年十月になってようやく「同地進駐軍の好意により」許可されたとの記述があり、関東近県にあってもその管轄の地方軍政部によって東京とは随分温度差があったことがうかがえる。[14]

剣道・柔道を学ぶ占領軍スタッフ

ところで、こういった全国各都道府県警察での剣道・柔道大会にはしばしばGHQ/SCAP関係者が来賓として招かれており、実際にGHQ/SCAPスタッフで剣道や柔道を習い始める者も少なくはなかったとも言われている。たとえば、三菱財閥の親睦団体として一九一四年以来の長い歴史を持つ三菱養和会（当初は三菱倶楽部。一九四〇年に改称）の丸の内本社ビルにあった道場に対して、GHQ/SCAPの特別サーヴィス・オフィスから毎週三回柔道と弓道の練習のため借りたいとの申し入れがあり、一九四五年十二月十三日より師範も出て柔道の手ほどきから教授することになったという記事が、三菱養和会の機関紙『養和会誌』第一七四号に出ている。[15] 警察での柔剣道大会の来賓としてGHQ/SCAP関係者が招かれた実例としては、上記略年譜の※印を付けたものの記事の中に具体的な記述がある。

たとえば、広島県各地方別柔道剣道競技大会の記事では「敗戦後永らく虚脱状態にあった柔道剣道も連合国側の理解と警察部長殿の計画力により十二月四月（ママ）には各方面別に地方競技大会が開催された。（中略）中でも、廣署の如きは進駐軍の観覧もあり、ジャズ入りで新時代の柔剣道の行方を暗示する様であった」との記載があり[16]、同県中央柔道剣道競技大会については「大会の開会式が始まり警察部長殿の挨拶に次いで、タムソン中佐が来賓代表として祝辞を述べられ、愈々手に汗を握るあまたの試合が展開された」と記されている[17]。

また、山口県下警察官秋季柔剣道大会に関しては「午前九時三十分全員集合、音楽隊の吹奏に合せて山口県警察歌合唱に続いて警察隊長の挨拶あって愈々試合開始、この頃より占領軍一般観衆多数入場大会気分いやが上にも揚り各試合とも熱戦手に汗を握る好試合を展開し……」との記載がある[18]。

このように、地域によって明らかな温度差を持ちつつも、全体としてはCCDによる雑誌検閲が実施されていた一九四九年秋頃までの段階においては「警察剣道」にしろ、「道場剣道」にしろ、国家主義的な精神教育からは脱皮し、西洋におけるフェンシングのように新たなスポーツとして生まれ変わったことを強調しつつ、剣道（および柔道）が日本各地で行なわれていたことは明らかであろう。もちろん、地方軍政部によっては、CIEの意向などはお構いなしに、一般人の剣道具の焼却を命じたり、所有者を処罰したりといった混乱もあったようだが、それがGHQ／SCAPによる剣道に対する組織的な弾圧であったと解釈することは明らかな誤りである。

6 処分される剣道具の野球用具への転用

次に、GHQ／SCAPの対日スポーツ政策のポジティヴな側面として積極的に後押しされていたベースボールと、ネガティヴな側面として少なくとも学校教育の現場からは徹底的に排除された剣道との間に、意外な接点があった事実について指摘しておきたい。

それは、一九四五年十二月二十六日の文部省通達によって処分されることになった剣道の防具が、不足がちなベースボールの用具に改造されていたことを示す、以下の二つの記事である。

面金のキャッチャー・マスクへの改造

一つ目は東京の体育日本社という出版社から一九四六年六月一日に発行された雑誌『スポーツ』創刊号における、CIE所属のジョン・ノーヴィル少佐による寄稿文「日本スポーツ發展の爲に」という記事の冒頭部分で、次のような件である。(19)

日本に於ける運動具の不足と破損のひどい状態とは民主々義の促進にとっては重大なるハンディキャップである。このハンディキャップを征服する爲には、自分は喜んで運道具の製造に努力し、運道具製造業とも面談してゐる。例へば従来の剣道用はプレイグラウンドベースボール用に又多くの軍隊用の諸用具は運道具に改造されてゐる状況である

ジョン・W・ノーヴィル少佐は、初期のCIEにおいて一貫して体育教育を担当していた人物で、少なくとも一九四七年末まではそのポジションにあったことが確認できる。[20] ノーヴィルは大日本武徳会の解散に際しても、何とかこれを阻止しようと動いていた文部省との折衝の窓口を務めた人物であり、山本礼子に拠れば、ノーヴィルはその折に、外見では平和的様相を示していても、個人個人が戦闘的精神を脱却できるかが問題なのである。このような姿勢が改善されるならば、武道そのものに害はないと思われるが、武道においても軍事的痕跡を排除する努力が必要である、と述べたとされる。[21]

結局のところノーヴィルは大日本武徳会の自発的解散に同意したものの、民政局がこれに横槍を入れて一九四六年十一月九日の強制的な解散・財産没収となったわけである。ノーヴィルはまた、地方司令官の解釈は多様であるから剣道愛好者の活動が認められるかどうかは軍政部次第である、という趣旨の発言をしており、[22] 剣道に対して特に厳しい態度で接していたわけではないことがうかがえる。

この文章だけでは、それがCIEによるサゼスチョンとして行なわれた施策であったのかどうかは

わからないものの、ベースボールの普及というポジティヴな政策と学校教育の現場からの武道の排除というネガティヴな政策の両面に直接関わっていた人物による、禁止された剣道の防具のベースボール用具への改造についての言及は、それだけで象徴的な意味を持っているようにも感じられる。

二つ目の記事は、これまで見てきたスポーツ関係や警察関係雑誌ではなく、『主婦の友』一九四七年新年号（主婦の友社、一九四七年一月一日発行）における、主婦の内職例として紹介された「剣道具のほどきで月収三百圓前後」という記事である。[23]

この剣道具は、戦争中、婦人會や女學生の手で多量に生産されたものですが、敗戦と同時に運動用具として更生することになったさうです。面や胴や小手などを、布や革や金具といふ風に、バラバラにほどく仕事で、ただ生地を損めないやうに丁寧にほどけばよいのですから、誰にでも簡単にできます。

この記事は、大阪での主婦の内職例として紹介されたもので、発注元は北区の北市民館とされている。この記事でも、それがCIEの指示によって文部省などに働きかけがあり、その結果として各地の公的組織によって没収された剣道具の解体作業が行なわれた、という確証まで得られない。したがって、剣道具の野球用具への転用がGHQ／SCAPの政策として実施されたことであったのかどうかは、今後の更なるGHQ／SCAP文書の分析を待たねばならない。

スポーツ用具の歴史についての共同研究プロジェクトで『剣道用具の世界とその歴史』という論文を書いた坂上康博によれば、日本で野球が行なわれるようになった最初期の明治時代には、剣道の面金（めんがね）がキャッチャー・マスクに転用されていたという。[24] しかし、占領期において、学校剣道において禁止され没収された剣道具が野球用具に転用されたという事実は、少なくとも野球史や剣道史についての文献などではまったく出てこない。

7 「剣道への厳しい弾圧」という幻想

ところで、プランゲ文庫に所蔵されている警察雑誌等の検閲資料は、CCDが雑誌検閲を実施していた一九四九年末までのものしか含まれていない。その期間において全国の警察で剣道が（地域による温度差はあったにしろ）続けられてきたことは既に見てきたとおりである。

警察剣道の訓練中止

ところが、実は剣道史の文献をひもとくと、その後警察における剣道は一時停滞していたことをうかがわせる事実が記されている。これは第五節の略年譜からわざと省いておいたものなのだが、中村民雄の『剣道辞典――技術と文化の歴史』の記述によれば、具体的には通達として次のようなものが発せられたとされているのである。(25)

一九四九年十一月十日　警察剣道の訓練中止通達（務発第五五号）
一九五三年五月十一日　警察剣道訓練の実施通達（務発第一〇三号）

終戦からこの方、学校教育の場からは剣道を追放し、国家主義と武道とを結び付けていた総本山・大日本武徳会に解散命令を出したGHQ／SCAPだが、個人が自らの自由意志によって剣道の稽古をすることに対しては何らおとがめなし、という立場を採ってきた。そのGHQ／SCAPが終戦後四年以上を経過した時点で急に剣道に対する見解を改めて警察剣道を禁止した、ということの意味をどう理解すればよいのだろうか。

上記のような疑問があるにもかかわらず、一九四九年になって警察剣道が中止されたのは事実である。しかしながら、警視庁警務部教養課編による『武道九十年史』によれば、その時期は十一月ではなく五月二十一日と記されている。同書によれば、その経緯とは次のようなことだったとされる。(26)

昭和21年5月20日ごろかと思う。日ははっきりしないが、予備隊（今の機動隊の前身）中央区隊で柔剣道大会を挙行する準備を進めた。その際総司令部のプリアム大佐やエンゲル氏等警察担当関係者も招待して、警察官の訓練の模様と合わせて日本の国技の紹介をも兼ねようという考えで、なんの他意もなく総司令部に足を運んで、いんぎんに招待状を提出したところ、

「まだ剣道をやっているか、けしからん。剣道なんかさっさとやめてしまえ」

と頭から大渇を食ってしまった。のんびり日なたぼっこをしているところへ、脳天から冷や水三斗をいきなり浴びせられたようなもので、晴天のへきれき以上の驚きだった。急遽、柔剣道大会を中止したことはもちろんであるが、各区隊への剣道中止の指示を出した。このことはひとり予備隊だけにとどまるものではなく、警視庁の剣道それ自体も含まれる性質のものだったので、ついにここに竹刀を袋に納める仕儀になったというわけである。

『武道九十年史』ではまた、この「警視庁で剣道中止」決定を報じた、東京日日新聞の五月二十二日の記事を紹介している。[27]

警視庁では終戦来、総司令部黙認のまま体育課目の一つとして剣道を続けてきたが、21日剣道廃止が本極りになった。廃止の理由は軍国主義的な武道であると決定されたことによるが、戦後、剣道を続けている警察は全国で東京ほか一、二県に止まりその存続可否は早くから論議されていたもので、今回の

措置で警視庁の剣道師範及び体育係百名は、逮捕術と警棒術に転向、また体育課目にボクシングの採用を研究されている。なお柔道は従来より一層奨励する。

こうして、警察剣道もまた占領開始から三年九ヶ月目にして禁止され、その復活は占領終結後の一九五三年五月まで待たなければならなくなった。剣道が禁止されたので代わりにボクシングを、という考え方は、前章で見てきた日本のボクシング界側の思惑とも一致していて興味深いが、もっと興味深いことは、警察における剣道訓練の当時の責任者であった教養課長、吉田太吉郎がその後総司令部に足を運んで改めて見解を正したところ、警察の構内での剣道の稽古は禁止だが、たとえ警察官であっても、その人が一民間人の立場で警察の外において剣道を行うことに関しては差し支えない、との言質を得たという事実である。

占領期は本当に〝剣道冬の時代〟だったのか?

剣道のメインストリームの立場での戦後剣道史の類では、「学校剣道の禁止」や「大日本武徳会への解散命令」に加えて、この「警察剣道禁止」を根拠として占領期を単純にGHQ／SCAPによる剣道の弾圧時代と位置づけている記述が多い。だが、この「警察剣道禁止」の一件をよく吟味してみれば、単純に「占領期は剣道にとって冬の時代であった」とひとくくりにして論じてしまうのはあまりにも感情的な議論の仕方であることは明らかだろう。それは、押し付けられた憲法なのだから破棄して堂々と軍隊を持てばよい、という議論と同じで、危険ですらある。

確かに、総司令部の警察担当関係者にとっては日本の警察組織の側がこれまで「黙認」されていたことを「公認」されていると勘違いしていただけのことであり、そもそも占領開始時点からずっと禁止すべきものであった、と主張することも可能であろう。しかし、既に見てきたように、たとえばCIEの初代局長カーミット・R・ダイク大佐やCIEで一貫して体育教育を担当していたジョン・W・ノーヴィル少佐は必ずしも剣道に対して否定的な態度はとっておらず、むしろ学校教育の現場で強制的に教えることとさえ禁じれば、個人が主体的に行うスポーツとしての武道は差し支えないという態度だった。確かなのは地域ごとの軍政部によって温度差があったのと同じように、GHQ／SCAPの内部にも剣道を行うことの是非に対して温度差があったということであり、GHQ／SCAPが組織として剣道を弾圧したということではないのである。

警察剣道が一九四九年五月から一九五三年五月までの四年間禁止されたということは、裏を返せば占領時代の前半はまったく禁止されていなかったということであり、ちょっとしたボタンの掛け違いがなければ、剣道のメインストリームの立場での戦後剣道史においても道場剣道と同様に警察剣道も占領期間を通じて許された、と肯定的に書かれていた可能性もあったということではないだろうか。

現に、実際には一九四九年五月以降も地域によっては、警察においてでさえも自分たちの行っていることが健全なスポーツであり、心身鍛錬のために役に立つ「新生剣道」であることを強調することで、剣道が続けられていたことを示す記事が、前述のプランゲ文庫所蔵雑誌の中に存在している。その記事をいくつか確認しておきたい。

新生剣道の強調による生き残りへの模索

たとえば一九四九年九月一日に兵庫県下警察職員剣道大会が行なわれたことを示す雑誌『あゆみ』の記事では、「終戦と共に輝しい歴史とかずかずの思い出を残して終末をとげたかと思われた警察剣道も、この度進駐軍当局の深い御理解によって満四か年ぶりにその性格を一新し、再出発をすることになった」という点が強調されている。[28]

また同年五月二十六日の鹿児島県新生剣道同好会発足を伝える雑誌『鹿児島県教育委員会月報』でも、〝スポーツとしての新生剣道を創造〟して、それまで紋付羽織や白足袋でなければならないとされていた審判の服装を改めて、神を祭って敬礼させるような仕来りを見直し、禁じられている学校またはその付属施設での実施は一切慎み、〝あくまで個人の立場において、スポーツとして、眞に社會体育の一つとして正しい道を進み發展する〟ように努力するべきであると強調されている。[29]

さらに、『週刊朝日』一九四九年五月二十九日号の「ロータリー」と題されたコラム欄に、この時期の剣道の状況についてかなり詳しく分析した記事があるので紹介したい。[30]

警察関係を中心として剣道が各地で行われるようになって来た。東京、千葉、茨城、福島、関西では大阪、京都、山口などで半ば公認の形となっている。剣道が当初考えられていたほど野蛮な暴力的なものではなく、このごろはスポーツ的に修正されつゝあること、礼儀正しくスポーツの中では床しいものである、というような点が対外的に認められつゝあるせいらしい。

終戦後に柔道は許されたが、剣道は禁止されたのはあの刀が殺伐で（近代戦ではほんのお笑いなのだが）いかにも人殺し武器という印象を興えたこと、また武徳会の地方支部長がすべて府縣知事の兼任で多分に政治團体化していたという理由による。その武徳会は二十年十一月八日解散、役員はすべて追放となり（中略）

学校では柔、剣道共にまだ禁止。一昨年四月の日本教育制度に関する極東委員会の指令に「剣道のような精神教育を助長する古典的スポーツはみな廃止せねばならぬ」と特に指摘された。民間にも「従来の形態、内容の剣道を積極的に指導、奨励しないように」という通達が文部省体育局から二十一年八月に出ており、剣道はまだ全面的には認められていない。

たゞ、このごろは時代に合わせて〝スポーツとしての剣道〟という方向に改革も行われている。乱暴な行為や足がらみを禁止したり、騒々しい気合いもやめ、審判も三人の合議制となり、タッチの程度で一本とし、六米に七米のコートを設けるといった案配。

これらの記事における極めて似通った記述からは、〝スポーツとしての新生剣道〟こそが剣道生き残りの唯一の道であるという認識が剣道界において構築されていたであろう状況を感じ取ることが出来る。そして、一九四九年五月の警察剣道禁止の通達とは、つまり旧来のスタイルでの剣道のことを指しているのであり、〝スポーツとしての新生剣道〟については問題ない、と解釈していた地域も存在していた、と考えるのもあながち的外れとは言えないのではないだろうか。

ともあれ、文部省による「撓競技《しない》」復活通達の年である一九五二年十月には大日本武徳会に代わる新たな剣道の全国的組織としての全日本剣道連盟が結成され、また翌一九五三年には学校教育の現場でも剣道が復活し、以後今日に至るまで剣道は発展し続けてきたわけである。

最後に、本章で何が明らかになったのかという点を整理するならば、まずは映画において時代劇が徹底的に禁止されたのと同様に、スポーツにおいて剣道が厳しく統制されたという仮定がある種の幻想に過ぎないことが確認できたと言える。――すなわち、一般に剣道史においては占領期が「剣道への厳しい弾圧」の時期として語られる傾向があるものの、それはGHQによる組織的な政策というよりも地域ごとの軍政部の判断に任されていたことに起因しており、対日スポーツ政策を取り仕切っていたCIEとしては剣道を国家主義的な精神教育から切り離し、発展させていけるかどうかは偏に剣道愛好者の姿勢に掛かっているというスタンスを貫いていたことがわかった。

また、「剣道具の野球用具への転用」が行なわれたという事実は、GHQの行なったポジティヴ／

ネガティヴ両面の対日スポーツ政策を象徴していた事例として再確認されたと言えるだろう。

注

（1）谷川建司『アメリカ映画と占領政策』（京都大学学術出版会、二〇〇二年）、二五～三四頁。
（2）同、一九七～二〇四頁。
（3）谷川「『忠臣蔵』を通じてみる、占領した者とされた者のメンタリティ」（『文学』二〇〇三年九、十月号）、三九～四二頁。
（4）Memorandum for Record: Motion Pictures Section of CI&E policy on sword fighting scene in pictures（Memo by WYM), 2 March 1948, Box 8579, Folder 26 "Movie Films（Censorship）1948" File.
（5）"The 47 Ronin" The Most Popular Play In Japan Reveals The Bloodthirsty Character Of Our Enemy, LIFE November 1, 1943.
（6）山本礼子『米国対日占領政策と武道教育／大日本武徳会の興亡』（日本図書センター、二〇〇四年）、二六～二九頁。
（7）筆者の出身高校は東京都立駒場高等学校というところであり、筆者は剣道部OBでもあるのだが、二〇〇三年は剣道部創立五〇周年の節目の年であった。同校では、一九五三年四月の文部省による剣道復活の通達とともに正課体育の授業に剣道が取り入れられ、同時に剣道部が創設されている。そして、同校剣道部初代OBである張富士夫（元トヨタ自動車名誉会長、現同社相談役）によれば、やはり最初は「剣道部」とは名乗れず、「しない競技同好会」という呼称であったという。

（8） Letter from Junzo Sasamori, the representative of Shinai Kyougi Association to CIE, dated March 29, 1950, Box 5725, 'Shinai Game' Folder, Education Division, Physical Education & Youth Affairs Branch Topical File 1945-51, CIE, GHQ/SCAP, RG331, NARA.

（9） 山本、一四〜一五頁。

（10） ＳＷＮＣＣ文書。No.458。国立国会図書館憲政資料室所収。

（11） 山本、二十九頁。

（12） "The Stars and Stripes", November 17, 1945, p.4.

（13） 占領期新聞・雑誌情報データベース（http://www.prangedb.jp/）の検索結果（現・20世紀メディア情報データベース／20thdb.jp/）。

（14） 「〝よみがえった剣道〟フェンシング規則を加味」、福島県連合青年会編集・福島民報社発行『青年ふくしま』一九四八年十二月号、一二頁。プランゲ文庫。国立国会図書館憲政資料室所収。

（15） 「進駐軍が武道稽古」、三菱養和会発行『養和会誌』第一七四号、三二頁。プランゲ文庫。国立国会図書館憲政資料室所収。

（16） 大木明「柔道剣道競技大会記」、警察協会広島支部発行『いづみ』、第二号（一九四七年二月号）、三九頁。プランゲ文庫。国立国会図書館憲政資料室所収。

（17） 同上。

（18） 田原生「秋季柔剣道大会記」、山口県警察部発行『防長警友』一九四九年新年号、二六頁。プランゲ文庫。国立国会図書館憲政資料室所収。

（19） ジョン・ノーヴィル少佐「日本スポーツ發展の爲に」、体育日本社発行、『スポーツ』創刊号（一九四六年六月一日発行)、八頁。プランゲ文庫。国立国会図書館憲政資料室所収。
(20) 戦後教育改革資料2「連合国軍最高司令官総司令部　民間情報教育局の人事と機構」(昭和五十六年度～昭和五十八年度　文部省科学研究費補助金総合研究(A)「連合国軍の対日教育政策に関する調査研究」報告書/代表研究者　佐藤秀夫)、国立教育研究所、一九八四年、によってその在職期間が確認できる。
(21) 山本、三五～三七頁。
(22) 山本、四一頁。
(23) 桑原きみ「剣道具のほどきで月収三百圓前後」(「内職増収の実験/東京・大阪」)、『主婦の友』一九四七年新年号(主婦の友社、一九四七年一月一日発行)、九七頁。プランゲ文庫。国立国会図書館憲政資料室所収。
(24) 坂上康博「剣道用具の世界とその歴史――ひとつの研究序説として」(『スポーツ用具史研究の現状と課題』水野スポーツ振興会一九九九年度研究助成金研究成果報告書、二〇〇〇年)、六二頁。
(25) 中村民雄『剣道辞典――技術と文化の歴史』(島津書房、一九九四年)、二七〇頁。
(26) 『武道九十年史』(警視庁警務部教養課、一九六五年)、二〇五～二〇六頁。
(27) 東京日日新聞、一九六五年五月二十二日。
(28) 「行事日誌:縣下警察職員剣道大会」、神戸市警察局発行、『あゆみ』一九四九年十月号、七九頁。プランゲ文庫。国立国会図書館憲政資料室所収。
(29) 「鹿児島県新生剣道同好会に望む」、鹿児島縣教育委員会発行、『鹿児島縣教育委員会月報』創刊号(一九四九年)、二〇頁。プランゲ文庫。国立国会図書館憲政資料室所収。
(30) 「剣道」、『週刊朝日』の一九四九年五月二十九日号、一九頁「ロータリー」。プランゲ文庫。国立国会図書館憲政資料室所収。

第4章 CIE映画を通じてのスポーツ普及

1 アメリカの対日映画政策のコンテンツとしてのスポーツ

本章では、占領下の日本で敗戦国民たる日本人を民主化していく、あるいはGHQ／SCAP自身や国務省・陸軍省など対日占領政策案を立案してきたワシントンDCの政策立案者たちが用いていた当時の言葉で言えば日本人を〝再方向付け〟し、〝再教育〟していくための重要なツールと位置づけられていたもののうち、映画というメディアに注目し、この映画というメディアが、スポーツを通じた、とりわけ〝ベースボールを通じての民主化促進〟という本研究のテーマである政策をいかに補完していたのかを明らかにしていく。

具体的には、映画というメディアを器ととらえたときに、そこに載せられるコンテンツとして、べースボールがどのように位置づけられていたのかを見ていくことになる。

しかしながら、占領下の日本で行われた対日映画政策というのも、実はさまざまな異なるレヴェル、異なるフォーマットに応じた多様なものであり、ここでそのすべての側面を網羅することは無理がある。映画にはまずその内容面から(1)劇映画、(2)ニュース映画、(3)ドキュメンタリー映画、(4)PR映画、というような種別があり、また上映する際の形態の違いによって(A)劇場用映画、(B)非劇場用映画、の違いもある。他にも、素材の違いによって(a)白黒映画、(b)カラー映画（当時の言葉で言えば総天然色映画）、あるいはまた(c)35MMフィルム、(d)16MMフィルム、(e)8MMフィルム、のような違いも存在する。

さまざまな映画フォーマットでのベースボールの利用

ベースボールやその他のスポーツが映画のコンテンツとして登場してくるのは、おそらくはそういったさまざまなレヴェル、さまざまなフォーマットのすべてにおいてであると考えられる。たとえば、セントラル・モーション・ピクチュア・エクスチェンジ（CMPE）が配給していたハリウッド製の劇映画の中には『鉄腕ジム』（一九四二／一九四七年七月公開）、『打撃王』（一九四二／一九四九年三月公開）、『甦る熱球』（一九四九／一九四九年十月公開）、『ベーブ・ルース物語』（一九四八／一九五〇年十月公開）のようなベースボール伝記物映画、あるいは『歓呼の球場』（一九四九／一九五〇年四月公開）、『春の珍事』（一九四九／一九五〇年四月公開）のようなベースボールに題材をとったフィクション映画が数多く含まれている。(1)

あるいはまた、第7章にて扱うことになるサンフランシスコ・シールズの来日という一大イヴェントに際しては、日本のドキュメンタリー映画製作会社であるZMプロダクションが当該チームの映像素材を集めてドキュメンタリー映画を作っているし、[2] またCMPEを通じて劇場に配給されていたニュース映画である「ユナイテッド・ニュース」においても、アメリカのメジャーリーグ・ベースボールの練習風景に関するニュースなどが頻繁に取り上げられていた。

それらは、全体として日本の観客に対してスポーツを行うプロのアスリートたちの姿を視覚的なイメージとして提供し、スポーツを通じて養われる健全な精神と肉体、そして不屈の闘志、スポーツマンシップといった望ましいイメージを浸透させていくことに繋がっていたと考えられる。

だが、ここでは、それら数多くの映画の中でも、最もはっきりとGHQ／SCAPの対日映画政策という側面を色濃く持っていた、CIE映画に焦点を絞って考察していくこととしたい。なぜなら、実際にスポーツを行うことの奨励やプロのスポーツを観戦することを通じて知らず知らずのうちにアメリカ的な価値観に親しんでいくように方向付けるという政策を補完するものとして、映画というメディアによるスポーツ映像の提供があるのだと考えたときに、直接プロのスポーツを観戦したり整った環境でスポーツを行なったりする機会に接するチャンスの少ない人たちを対象として作られた映画のほうが、より効果が高いと考えられるからである。

すなわち、CIE映画というのは、移動式映写設備としてのシカゴのナショナル・カンパニー社製の組み立て式映写機材、通称ナトコ（NATCO）によって映画を送り届けるという活動だったわけだが、その担っていた役割の中心的なターゲットというのは、常設の映画館のない山間・漁村部などの、言わば情報過疎地域なのであり、常設の映画館がないような地域というのは、当然ながらプロのスポーツを観戦する機会もまたほとんどないような地域ということになる。

以下、まずはCIE映画全体の概要を述べた上で、その中におけるベースボール（スポーツ）の占めていた割合、そしてそれらがどのように日本人に受容されていたのかについて考察していく。

2 CIE映画の概要

CIE（民間情報教育局）とは、GHQ／SCAPの中で日本人の民主化促進のための政策をメディアや教育を通じて実施していくという、企業でいえば宣伝部の役割を担っていた組織である。そのCIEの中で、情報課の映画演劇班の下に位置する教育映画ユニットが窓口となり、日本全国の各都道府県に設置したフィルム・ライブラリーにNATCOの移動式映写機とセットの形で供給することで全国展開していた教育用の短編映画のことをCIE映画と呼ぶ。

CIEの機構は占領の時期によってかなり変化しており、教育映画ユニットとなる以前には教育映画エクスチェンジとしてＣＭＰＥ同様の独立した組織だったこともある。

占領開始時には事前に戦時情報局（ＯＷＩ）が用意していた九作品がＣＭＰＥによって映画館で劇映画の前座のような形で上映される形式であったが、占領期間中を通じてその作品リスト[3]が増強され、さらには日本の記録映画製作会社に製作させた作品をＣＩＥが買い取って組み入れるなどをしていった結果、最終的には四〇〇本を超える作品をライブラリーとして維持するまでになった。

ＣＩＥ映画が実際にＮＡＴＣＯの移動式映写機によって全国津々浦々にて上映されるようになったのは一九四八年二月以降のことである。ＮＡＴＣＯの映写機で上映されるのは16ＭＭの素材であったが、ほかに一九四八年五月からは東宝、松竹、大映の三系統の映画館でも無料上映されることになり、こちらは35ＭＭの素材が用意されている。[4]

ＣＩＥ映画は、占領終結とともにアメリカ大使館管轄のＵＳＩＳ映画として引き継がれ、それまでのＣＩＥ映画番号もそのままＵＳＩＳ映画番号として継承されることになった。また、これに伴って従来用いられていたＣＩＥ映画の先付け（映画の冒頭に提示されるマーク）が、従来のＣＩＥまたは陸軍省のものから、新たにＵＳＩＥのマークへと差し替えられることになった。[5]

以上は日本におけるＣＩＥ映画の概要ということになるが、これは何も対日映画政策だけのためにアメリカが用意した映画素材というわけではなく、アメリカの対外文化外交政策全体として行なわれていた映画政策の一部である。そして、アメリカの対外文化外交政策全体の流れの中で日本占領期の

CIE映画を位置づけると、また違った側面が見えてくるのである。

だが、アメリカの対外文化外交政策全体の中でのベースボールやスポーツに題材をとった映画の展開、その中での日本でのCIE映画の展開の整理については本章の最後の節にて取り上げることとし、まずは占領下日本で上映されたCIE映画の中でベースボールやスポーツに関するものがどのようなものであったか、またそれを日本人観客がどのように受容したのかについて、具体的な資料を紹介しつつ概要を見ていくこととしたい。

3　CIE映画においてスポーツの占めていた位置

日本で占領期間中に上映されたCIE映画、および占領終結後にアメリカ大使館管轄のUSIS映画として引き継がれた作品群の総数を正確に明示することは実は意外と難しい。

占領期間中に公開されたCIE映画の本数

これまでに、教育制度史研究の立場から地方におけるCIE映画上映状況を精査した阿部彰の先駆的な研究[6]、あるいは、その後の筆者を含む社会学・映画史の観点からの研究[7]を踏まえて土屋由香がまとめたＣＩＥ映画の包括的研究[8]が公表されており、それらによりＣＩＥ映画として占領期間中に公開された作品が約四〇〇本強であることはわかっている。また、ＵＳＩＳ映画になって以降だとＣＩＥから引き継いだ四〇〇本に加えて一九五八年までに少なくとももう二二〇本（計六二〇タイトル）が存在していたことは間違いない。

その根拠となっているのは、『ＵＳＩＳ映画目録一九五三』、および『ＵＳＩＳ映画目録一九五九』という二冊のカタログである。これらは、個々の私企業の映画会社であれば通常「ストック・リスト」と呼んでいるものにあたる。映画会社であれ、ＣＩＥ映画をＵＳＩＳ映画として引き継いだアメリカ大使館のような組織であれ、映画の配給・上映を業務とする組織や会社である以上、ストック・リストは必ず定期的に作成するものである。それはすなわち、それが発行された時点での上映可能な作品の一覧表であり、いわばビジネスのための在庫一覧である[9]。

当然ながら、ストック・リストには新たに製作された、あるいは買い付けた作品が随時加わっていくわけだが、同時に上映できる権利の期限が切れてしまった作品や、物理的にフィルムが痛んでしまい上映不能になってしまったものはリストから外されることになる。したがって、一九五三年版と一九五九年版のカタログによってわかることは、ＣＩＥ映画として上映が始まった一九四六年三月から一九五九年一月までの大まかな状況でしかなく、またＣＩＥ映画時代の作品で一九五三年版リストから外れているものについては日本側の資料に依拠した阿部の先行研究や、米国立公文書館のＧＨＱ／

SCAP文書などを調査した谷川、土屋などによる研究の結果わかった情報を付加することで推察したに過ぎない。

ともあれ、CIE映画時代の一番から四〇六番まで、USISになってからは切り良く五〇一番から始まって六〇五番まで（ただし五二〇番台から五五〇番台には、たとえば五二〇番のほかに五二〇―S番のように末尾にSの記号が付されたタイトルが二三本確認されており、五二〇番と五二〇―S番は別の作品である）、その後は一桁増えた五七〇一番台になって五七五〇番まで、さらに五八〇一番に飛んで五九一〇番まであり、合計すると前述の通り約六二〇タイトルということになる。

もちろん、それは数字が大幅に飛んでいる場合は年度変わりによって切りの良い数字に飛んだのであろう（たとえば一九五七年になってから加わったものが五七〇一ではじまる）とか、途中で櫛の歯が抜けたように一つだけ欠番があるような場合には契約の関係で上映権が切れてリストから除外されたのであろう、といった推測に基づいている。

議論を進めるために、ここでは仮にこの六二〇タイトルという数字を分母とし、その中でベースボールに関する題材が扱われているもの、もっと広くスポーツ全般について少しでも扱っているものがどの程度あったかを確認することにしたい。

ベースボール／スポーツを扱ったCIE映画

表4-1は、この六二〇作品の中で、作品のタイトルそのものや、二冊の『USIS映画目録』における個々の作品の短い解説によってその内容がベースボールに関するものであることがわかる作品（部分的に扱われているケースを含む）、およびベースボール以外のスポーツに関して扱っている作品（同じく、部分的に扱われているケースを含む）をそれぞれ一覧表の形にまとめたものであり、本数はそれぞれ一五本、三〇本（合計で四五本）である。

表には、CIE映画番号、日本語タイトル、一九五三年版・一九五九年版それぞれの目録への掲載の有無（△印は目録にはあるものの、どちらかの年度でスポーツとはカテゴライズされていないケース）、日本での公開日、を記載した。また、一二番『野球の打撃・投球指導』は先行研究によってそのタイトルが判っており、明らかにベースボールに関するものであることがわかるため、一九五三年版のカタログ時点で既にリストから外されているものの、一覧には加えた。

二冊の『USIS映画目録』はそれぞれにジャンルごとの索引が付されている。この表の中で「S」の印のつけているもの、すなわちベースボール以外のスポーツ全般について扱っているものについては、この『USIS映画目録』の索引で「スポーツ」とカテゴライズされているものを一覧にしたということとなのだが、これも実は一九五三年版と一九五九年版とでは微妙に異なる箇所があり、どちらか片方だけでもスポーツと分類されているものは含めることにした。

表 4-1 ● CIE 映画（USIS 映画）の中で野球（B）またはスポーツ（S）に関する作品一覧

#	タイトル（日本語）	53 版	59 版	種別	公開日
12	野球の打撃・投球指導	×	×	B	5/26/48
14	野球をやろう	○	○	B	2/15/48
113	打撃王	○	○	B	5/6/49
125	アメリカのトピックス*	○	○	B	6/24/49
129	スポーツ・レヴュー*	○	○	B	8/26/49
140	スポーツ黄金時代	○	×	B	2/24/50
182	テレヴィジョン教室*	○	○	B	5/19/50
206	少年野球リーグ*	○	○	B	7/14/50
305	1949 年ワールド・シリーズ*	○	○	B	5/4/51
340	1950 年ワールド・シリーズ	○	×	B	9/21/51
536-S	東京巨人軍渡米遠征記	×	○	B	8/7/53
549-S	三球人に学ぶ	×	○	B	8/2/54
551	野球時代	×	○	B	3/26/54
592	野球親善使節―ニューヨーク・ヤンキーズ―	×	○	B	3/28/56
5909	カージナルス日本の旅	×	○	B	1/??/59
16	白銀の祭典	○	○	S	3/5/48
132	休暇のスポーツ*	○	○	S	9/30/49
154	アメリカ点描*	○	○	S	12/2/49
174	アメリカ展望*	○	○	S	4/21/50
213	スクェア・ダンスを踊ろう*	△	○	S	7/21/50
295	アメリカ短信	○	○	S	4/20/51
298	アメリカ寸描	○	○	S	7/13/51
301	アメリカ雑記*	○	○	S	8/10/51
302	アメリカだより（USIS フイルム・スケッチ第 37 号）*	○	△	S	9/7/51
320	アメリカだより（USIS フイルム・スケッチ第 38 号）	○	○	S	4/25/52
321	アメリカだより（USIS フイルム・スケッチ第 39 号）	○	△	S	5/23/52
335	アメリカだより（USIS フイルム・スケッチ第 40 号）*	○	○	S	6/20/52
336	アメリカだより（USIS フイルム・スケッチ第 41 号）*	○	○	S	7/18/52

338	アメリカだより（USIS フイルム・スケッチ第 43 号）*	○	○	S	9/19/52
509	ハイキング・コース	○	△	S	2/20/53
535-S	ボストンの栄光	×	○	S	8/12/53
542-S	スクリーン・マガジン第 4 集	×	○	S	10/30/53
543-S	スクリーン・マガジン第 5 集	×	○	S	11/17/53
599	スクリーン・マガジン第 8 集	×	○	S	6/5/55
5701	スクリーン・マガジン第 9 集	×	○	S	7/16/56
5704	スクリーン・マガジン第 10 集	×	○	S	8/30/56
5724	アワ・タイムズ 4-25	×	○	S	2/17/57
5728	アワ・タイムズ 6-27	×	○	S	3/6/57
5739	アワ・タイムズ 8-20	×	○	S	5/22/57
5740	アワ・タイムズ 9-31	×	○	S	6/4/57
5747	アワ・タイムズ 12-34	×	○	S	7/16/57
5802	アワ・タイムズ 13-35	×	○	S	8/10/57
5821	スクリーン・マガジン第 11 集	×	○	S	6/19/58
5819	テニスのアルシア・ギブソン	×	○	S	4/4/58
5822	スクリーン・マガジン第 12 集	×	○	S	6/24/58

たとえば比較的初期の作品で二一三番『スクエア・ダンスを踊ろう』という作品は一九五九年版でのみスポーツに入れられている作品である。確かに、スクェア・ダンスはスポーツといえばスポーツに入るかもしれないが微妙なところであろう。ただし、この作品の場合も、次節で扱うことになる一都三県におけるCIE映画上映記録の分析の対象となった一九五〇年の時点で上映データがあるため、どちらか片方のリストでスポーツとカテゴライズされていれば自動的にスポーツとする、というルールを適用している。

表4－2●一九五九年版『USIS映画目録』の内容別分類索引

1）アイゼンハワー 9 本
2）運輸・交通（鉄道・船舶等を含む）19 本
※3）科学・工業（電力・発明・ダム・建築等を含む）52 本
4）気象 5 本
※5）教育・学校（各種養成機関・特殊施設・学生・留学生・英語・討議等を含む）77 本
6）共産主義 20 本
※7）共同社会（社会生活・公共事業・社会施設・協同組合等を含む）59 本
※8）芸術（演劇・美術・音楽・映画・写真等を含む）62 本
9）原子力 20 本
10）航空 10 本
※11）国際関係（国際親善・国際協力・平和活動等を含む）97 本
◎12）国際連合 35 本
◎13）児童向 37 本
14）宗教 7 本
15）新聞・放送・通信（郵便・電信・電話・テレビ等を含む）15 本
16）スポーツ 39 本（182 番を加えた。1953 年版のみのものを加えると 45 本）
17）政治・行政（選挙・警察・消防・警備隊・法律・議事等を含む）27 本
◎18）青少年活動 38 本
※19）地誌（都市・名所史蹟・風俗・風習等を含む）65 本
20）図書館・博物館（図書・美術館を含む）21 本
21）伝記（著名人の言行・作品等を含む）31 本
※21）日本（日本に関係した映画・国内製作映画等を含む）91 本
※23）農・林・漁業（農山漁村生活・牧畜等を含む）53 本
24）婦人向 20 本
◎25）保険・医学 40 本
※26）民主主義（自由主義を含む）56 本
27）歴史 15 本
28）レクリエーション 38 本
◎29）労働関係（労働者の生活・工場・労働組合活動等を含む）40 本
◎30）色彩映画 40 本

六二〇作品中四五作品、あるいはベースボールだけに限った場合は六二〇作品中一五作品というのは、パーセンテージでいえばそれぞれ七．三%、二．四%に過ぎない。だが、CIE／USIS映画で扱われていたのは政治・経済から宗教・歴史・地誌・科学までそれこそありとあらゆるジャンルなわけであり、その意味ではスポーツの比重はむしろ大きいとさえ言えるのではないだろうか。

ちなみに、一九五九年版の『USIS映画目録』での内容別分類索引では表4-2で示した三〇項目に分類されていて、本数はそれぞれ上記の通りである。同一作品の中に複数の要素が含まれている場合は各項目に重複した形で加えられている。[10] また、一八二番『テレヴィジョン教室』はここでは(15)新聞・放送・通信とカテゴライズされているが、その内容面においてはテレビ中継される花形ソフトとしてベースボールが取り上げられているので、(16)でもカウントすることとした。なお、(1)から(30)までの番号は便宜上付けたものである。

以上の三〇項目のうち、冒頭に※印を付した九つの分野はスポーツよりも本数の多い（五〇本以上のもの）カテゴリーである。また、◎印のものはスポーツとほとんど差が無いもの（三五〜四〇本）である。日本人を再教育・再方向付けしていく上でありとあらゆる分野の情報を伝達していくツールとして用いられたCIE／USIS映画において、スポーツはここに挙げた他の様々な分野の中で、少なくとも国際連合、青少年活動、農・林・漁業、保険・医学、労働関係などと同等なくらいに重要視されていた、と捉えることもできるわけである。

4　一九五〇年における一都三県のCIE映画上映記録分析

次に、CIE／USIS映画の中でベースボール、あるいはスポーツに関連した題材の作品が実際のところどの程度の回数上映される機会を持ち、また何名くらいの人が見ていたのかについて、具体的なイメージを掴むためにサンプル調査をしてみた結果について紹介したい。

ベースボール／スポーツを扱ったCIE映画を見た人の数

CIE映画の日本全国での上映の規模を示すデータとして、土屋由香はGHQ／SCAP文書の中から、各都道府県が提出したデータをもとにCIEが分析した一九五一年七月までの観客動員統計を紹介している。[11]その文書によれば、その時点までに三三〇作品が上映されており、総計で九億四五〇五万三〇〇七名がそれらの作品を鑑賞した、とされる。一九五〇年当時の日本の人口約八三〇〇万人と比較してみれば、単純計算では赤ん坊から高齢者まですべての日本人が一人一〇作品以上のCIE映画を鑑賞したことになる。だが、このデータでは、CIE映画上映の実態的なイメージはなかなか掴みにくい。そこで、GHQ／SCAP文書の中から改めて各都道府県のマンスリー・レポートを探して、ある一年間でベースボールやスポーツに関する個々の作品が何回くらい上映されて、何名の人が鑑賞したのかをまとめてみた。

具体的には、東京、茨城、新潟、そして福島の一都三県を対象として、一九五〇年の一年間の資料を分析した。[12]対象となる作品としては、ベースボールに関する作品が一二番『野球の打撃・投球指導』、一一四番『野球をやろう』、一二三番『打撃王』、一二五番『アメリカのトピックス』、一二九番『スポーツ・レヴュー』、一四〇番『スポーツ黄金時代』、一八二番『テレヴィジョン教室』、二〇六番『少年野球リーグ』の計八作品、その他のスポーツに関するものとしては一六番『白銀の祭典』、一三二番『休暇のスポーツ』、一五四番『アメリカ点描』、一七四番『アメリカ展望』、二一三番『スクェア・ダンスを踊ろう』の計五作品があった。

個々の作品の内容について、『USIS映画目録』での記述を元に、そして東京大学情報学環のCIE・USIS映画検索データベースおよびその他の映像アーカイヴスにて当該作品を鑑賞可能な場合は実際の映像を鑑賞した上で、その内容に即して簡単に紹介しておく。

ベースボール関連CIE映画八作品の概要

まず、ベースボール関連CIE映画八作品についてだが、一二番『野球の打撃・投球指導』は鑑賞できるフィルムやヴィデオが存在しておらず、また二冊の『USIS映画目録』においても期限切れ等の理由でリストから外されているため、詳しい内容についてはわからない。だが、おそらくはそのタイトルが内容の全てを表わしていると想像できる。

一四番『野球をやろう』と一一三番『打撃王』は、ともにメジャーリーグのボストン・レッドソックスとの提携によって製作された作品である。前者は当時のレッドソックス監督のジョー・クローニンが子供のチームにベースボールの指導をする、というもの。後者はレッドソックスの強打者テッド・ウィリアムズによるバッティングの講義（ティー・バッティングによって、内角、外角などボールのポジション別の打ち方を解説）、そして戦争から帰還してメジャーリーグに復帰した直後の彼がMVPに選ばれた一九四六年のシーズンのレッドソックスの試合ぶりに焦点を当てたものである。

ちなみに、後者は原題では *The Swing King* だが、邦題では『打撃王』となっている。この日本語のタイトルはCIEの外郭団体でもあったCMPEが占領期間中に配給したハリウッド製劇映画の中にも『打撃王』のタイトルのものがあるが、そちらはニューヨーク・ヤンキースのルー・ゲーリッグの生涯を、その夫婦愛、不屈の精神力で二一三〇試合連続出場記録を打ち立てたゲーリッグの栄光と、不治の病に冒されて引退するまでに焦点を当てて描いたものである。こちらは一九四九年三月に公開されているから、その二ヵ月後の五月に公開されたCIE映画版の『打撃王』は、劇映画版のヒットにあやかってつけられたタイトルであることが推察される。

一二五番『アメリカのトピックス』は二つのパートからなり、一がニューヨーク市立図書館の紹介、二がワールド・シリーズとそれに熱狂する観衆、となっている。ただしCIE・USIS映画検索データベースの元となった桐生市のフィルムは二が欠落しており、映像での内容確認は出来ない。公開が一九四九年六月なので、一九四八年にクリーヴランド・インディアンズとボストン・ブレーブスの間で行われた第四五回ワールド・シリーズ、またはその前年の一九四七年にニューヨーク・ヤンキースとブルックリン・ドジャーズの間で行われた第四四回ワールド・シリーズの映像であることが考えられる。ただし、CIE映画として完成させるためのアダプテーション（日本語のダビングや日本語のタイトル字幕などを加えて日本人向けに上映できる状態になること）に要するであろう時間を考慮すると、実際には一九四七年のワールド・シリーズの映像である可能性が高いと思われる。CIE映画ではこの後には三〇五番『一九四九年ワールド・シリーズ』、三四〇番『一九五〇年ワールド・シリーズ』が製作されているが、それはこの一二五番『アメリカのトピックス』の評判が良かったからかもしれない。

一二九番『スポーツ・レヴュー』は四つのパートからなっており、それぞれ一「ピローグ・レース」浅底の細長いくりぬき舟ピローグの競争、二「人気の焦点・ボーリング」アメリカで今一番人気のある室内遊戯としてのボーリング、三「優勝馬」様々な芸当をするように特殊訓練をした馬の紹介、四「女の野球」アメリカの女子職業野球団、となっている。このうちの四「女の野球」の部分は、ここではグランド・ラピッズ・チックスの選手たちの練習風景、および後にハリウッド製劇映画『プリティ・リーグ』（一九九二年）として描かれたロックフォード・ピーチズとの間の試合の様子が記録されている。ちなみに、日本でも日本女子野球連盟が設立されて一九五〇年から一九五一年にかけてリーグ戦が行われるなどしたが、それを推進した興行主たちにヒントを与えたものの一つがまさしくこのCIE映画『スポーツ・レヴュー』であったのではないだろうか。

一四〇番『スポーツ黄金時代』は一九五三年版の『USIS映画目録』で「現代アメリカのスポーツ総まくり」とだけ記されている。具体的な内容についてはこれだけでは見当がつかないが、後述するように福島県のCIE映画上映報告書（一九五〇年六月〜十一月）にこの作品に対する上映会主催者側の感想が記されており、そこから推察するに女子野球を含むアメリカの最新スポーツの技術を解説するような内容だったと思われる。

一八二番『テレヴィジョン教室』は、アメリカ国内においては一九五〇年代に入って急速に普及が進みつつあったテレヴィジョン放送の仕組みや、その技術的な側面について解説したもので、ニューヨーク大学の学生たちによるテレビ・ドラマ制作の実例などを紹介しているのだが、冒頭の3分ほどに、最もテレビ放送に適し、かつ視聴者にも人気のあるコンテンツとしてベースボール中継を挙げ、その様子を紹介している。

少年野球リーグの理想と目的

二〇六番『少年野球リーグ』は、非営利の活動として素人の大人たちによって始められた少年野球リーグ（八歳から一二歳の少年が対象のリトル・リーグ）が、多くの人々の賛同を得て立派なリーグとして全米で展開されるまでを紹介している。この年の全国大会決勝はフロリダとロックへイヴン（ペンシルヴェニア）との間で戦われ、地元のロックへイヴンが六対五でチャンピオンに輝いた。他に前半ではクーパーズタウンの野球殿堂博物館の紹介も詳しく行われている。なお、この作品はアメリカン・リーグとナショナル・リーグが賛助としてクレジットされている。また作品そのものは一九四八年に亡くなったベーブ・ルースを追悼するべく、〝野球の「ベーブ」ジョージ・ハーマン・ルースに捧ぐ〟となっており、ルースのニューヨーク・ヤンキース時代の打撃映像なども使われている。

冒頭のテロップにおける説明は次のようなものとなっている。

少年野球リーグは、アメリカの方々の市町村にある、利益を目的としないアマチュア少年野球ティームから成り立つものです。参加者は八つから十二までの少年で、球場は普通の大きさの三分の二、ルールは普通の野球と多少違うが、ユニフォームも道具も同じであります。本部はペンシルヴェニア州のウィリアムスポート市にあり、各地方・州・全国という順に試合をします。少年野球リーグは、適当な統率と補導の下に、創立者カール・ストックの理想と目的を目標に進んでいます。その理想と目的は、少年にスポーツマンシップと共同精神とを教え、心身ともに健全な明日の公民を作り出すことなのです。

この最後の文章に記された「理想と目的」の発想は、第1章で紹介した前橋軍政本部勤務のあるG

HQ／SCAPスタッフによる雑誌『オールスポーツ』創刊号への寄稿文によく似ている。[13] それは、ベースボールというスポーツが、チームワーク（共同精神）を学ぶのにとてもよいものであり、またその精神を身につけることこそが民主主義精神の精髄を理解することに繫がる、という考え方である。すなわち、地方軍政部勤務の者だろうが、CIEの体育教育担当者だろうが、あるいはCIE映画の担当者だろうが、ベースボールというスポーツに対して期待している効能について、ここでは少しもブレがないのである。

スポーツ関連CIE映画五本の概要

次に、ベースボールを除いたスポーツ関連CIE映画五本の内容について述べる。まず一六番『白銀の祭典』だが、これはダートマス大学の冬のカーニバルなど、スキー、スケートをはじめとする様々なウィンター・スポーツに興ずる学生たちを描いたものである。

一三二番『休暇のスポーツ』は、アメリカで最も愛好されているスポーツとしての釣りを描いた一「釣の解禁日」、毎年春にニューヨークのグランド・セントラル・パレスで開催されるスポーツ用品の見本市での、アザラシや軽業師たちのショー、そして誰でも参加できるカヌー倒しや丸太回しの競争なども行われる年中行事を描いた二「スポーツマン・ショウ」、そしてフロリダで行われている水上スキーの妙技を高速度カメラで撮影した三「水上スポーツ」の三つのパートからなっている。

一五四番『アメリカ点描』は「USISフィルム・スケッチ第一九号」という副題を持っている。内容は一「シカゴからロスアンゼルスへ～超特急四〇時間の旅～」、二「プラスチックの肺～小児麻痺患者に科学が贈る福音～」、スポーツとしての犬ぞり、ボブスレーのようなそり競技、そしてスキーを楽しむ人々を描いた三「冬山へ～ウィンタースポーツに栄えるアイダホ州サン・ヴァレー」の三つのパートからなっている。

一七四番『アメリカ展望』はアメリカで行われている外国スポーツの色々を描いた一「アメリカに於ける外来のスポーツ」、ニューヨーク市の有名なセントラルパークの展望を描いた二「セントラルパーク」の二つのパートからなる。一「アメリカに於ける外来のスポーツ」ではアイルランド・ハーリング（グランド・ホッケーの一種）、クリケット、ボッチェ（ゲートボール）、ソコール体操（チェコスロヴァキアで発達した平行棒競技）、フェンシング、ゲール式フットボール（サッカー）といった比較的マイナーな競技を紹介している。

二一三番『スクェア・ダンスを踊ろう』は日本の東京映研株式会社が製作した（改訂版製作は理研映画株式会社）ものである。その内容はタイトルの通りで、ハイスピード・カメラで基本動作の実演を捕えたスクェア・ダンス入門といったものである。

以上のベースボール関連の八作品、スポーツ関連五作品について一九五〇年の一年間における上映回数、観客動員数をそれぞれまとめてみたのが、表4-3、表4-4である。

表4－3●野球関連 CIE 映画　一都三県月別上映回数・動員数一覧（1950年1月～12月）①

#	タイトル（公開日）	1月	2月	3月	4月	5月	6月	7月	8月	9月	10月	11月	12月	計
12 野球の打撃投球指導	東京（上映回数）	0	7	8	0	0	0	0	0	0	0	0	0	15
	〃（動員数）	0	2140	1600	0	0	0	0	0	0	0	0	0	3740
	茨城（上映回数）	0	0	0	0	0	0	0	0	0	0	0	N/A	0
	〃（動員数）	0	0	0	0	0	0	0	0	0	0	0	N/A	0
	新潟（上映回数）	0	0	0	0	0	0	0	0	0	0	0	0	0
	〃（動員数）	0	0	0	0	0	0	0	0	0	0	0	0	0
	福島（上映回数）	0	0	N/A	0	0	0	0	0	0	0	0	N/A	0
	〃（動員数）	0	0	N/A	0	0	0	0	0	0	0	0	N/A	0
	小計（上映回数）	0	7	8	0	0	0	0	0	0	0	0	0	15
	〃（動員数）	0	2140	1600	0	0	0	0	0	0	0	0	0	3740
14 野球をやろう	東京（上映回数）	29	21	45	24	36	0	0	40	19	18	35	13	280
	〃（動員数）	7270	9040	14414	7245	22123	0	0	42587	19225	10083	21100	3040	156127
	茨城（上映回数）	3	1	21	32	80	1	0	6	0	27	25	N/A	196
	〃（動員数）	1400	700	18100	9450	20364	500	0	3100	0	12500	12000	N/A	78114
	新潟（上映回数）	22	15	19	28	20	0	0	22	6	16	3	34	185
	〃（動員数）	12885	2894	6253	9601	7230	0	0	7310	2350	4320	2230	16530	71603
	福島（上映回数）	15	5	N/A	3	7	0	0	0	6	0	2	N/A	38
	〃（動員数）	3304	1617	N/A	550	766	0	0	0	2850	0	4870	N/A	13957
	小計（上映回数）	69	42	85	87	143	1	0	68	31	61	65	47	699
	〃（動員数）	24859	14251	38767	26846	50483	500	0	52997	24425	26903	40200	19570	319801

113 打撃王	東京（上映回数）	0	0	0	44	31	27	17	36	23	6	16	16	216
	〃　（動員数）	0	0	0	19652	9930	27705	4035	28815	29314	1310	5780	5460	132001
	茨城（上映回数）	6	4	0	30	40	9	20	5	0	23	20	N/A	157
	〃　（動員数）	3000	1200	0	24000	21800	2952	6260	1600	0	13140	11000	N/A	84952
	新潟（上映回数）	38	3	3	0	19	22	15	23	1	5	20	12	161
	〃　（動員数）	16810	3830	780	0	9537	6780	4221	15390	260	2350	6595	3660	70213
	福島（上映回数）	17	6	N/A	0	0	12	4	9	38	0	8	N/A	94
	〃　（動員数）	7668	1670	N/A	0	0	5945	1830	3322	15430	0	2840	N/A	38705
	小計（上映回数）	61	13	3	74	90	70	56	73	62	34	64	28	628
	〃　（動員数）	27478	6700	780	43652	41267	43382	16346	49127	45004	16800	26215	9120	325871
125 アメリカのトピックス	東京（上映回数）	0	0	0	0	0	0	0	2	17	1	0	0	20
	〃　（動員数）	0	0	0	0	0	0	0	1600	13460	70	0	0	15130
	茨城（上映回数）	0	0	0	0	0	0	0	0	19	25	5	N/A	49
	〃　（動員数）	0	0	0	0	0	0	0	0	9365	6626	2100	N/A	18091
	新潟（上映回数）	0	0	0	0	0	0	0	8	26	1	12	20	67
	〃　（動員数）	0	0	0	0	0	0	0	7080	7482	674	4650	4315	24201
	福島（上映回数）	0	5	N/A	28	0	0	4	0	20	0	0	N/A	57
	〃　（動員数）	0	1770	N/A	7921	0	0	950	0	7680	0	0	N/A	18321
	小計（上映回数）	0	5	0	28	0	0	4	10	82	27	17	20	193
	〃　（動員数）	0	1770	0	7921	0	0	950	8680	37987	7370	6750	4315	75743
4 作品合計（上映回数）		130	67	96	189	233	71	60	151	175	122	146	95	1535
〃　（動員数）		52337	24861	41147	78419	91750	43882	17296	110804	107416	51073	73165	33005	725155

表 4 - 3 ●野球関連 CIE 映画　一都三県月別上映回数・動員数一覧（1950 年 1 月～ 12 月）②

#	タイトル（公開日）	1月	2月	3月	4月	5月	6月	7月	8月	9月	10月	11月	12月	計
129 スポーツ・レヴュー	東京（上映回数）	42	28	0	49	29	28	15	45	12	18	21	25	312
	〃（動員数）	13031	9965	0	20290	17990	27932	15000	49590	4490	3995	10300	8300	180883
	茨城（上映回数）	17	0	0	0	24	32	16	0	0	20	5	N/A	114
	〃（動員数）	2200	0	0	0	8480	8710	8300	0	0	8240	3700	N/A	39630
	新潟（上映回数）	49	9	1	8	21	21	2	0	1	3	18	3	136
	〃（動員数）	17852	2070	600	1857	6324	14280	550	0	450	1290	4270	1250	50793
	福島（上映回数）	49	36	N/A	0	5	0	8	12	6	0	7	N/A	123
	〃（動員数）	16787	17690	N/A	0	2545	0	4950	1810	5400	0	1452	N/A	50634
	小計（上映回数）	157	73	1	57	79	81	41	57	19	41	51	28	685
	〃（動員数）	49870	29725	600	22147	35339	50922	28800	51400	10340	13525	19722	9550	321940
140 スポーツ黄金時代	東京（上映回数）	N/A	0	34	78	81	51	18	23	9	22	24	15	355
	〃（動員数）	N/A	0	10238	26013	35266	16295	11344	29665	6730	6185	11360	3585	156681
	茨城（上映回数）	N/A	N/A	21	23	20	12	39	8	0	48	57	N/A	228
	〃（動員数）	N/A	N/A	11100	15350	12620	7600	13600	5100	0	24330	12231	N/A	101931
	新潟（上映回数）	N/A	N/A	14	47	62	39	54	0	6	51	43	20	336
	〃（動員数）	N/A	N/A	3405	14710	24292	13940	18175	0	1923	16071	15345	3570	111431
	福島（上映回数）	N/A	N/A	N/A	29	13	13	16	8	0	0	0	N/A	79
	〃（動員数）	N/A	N/A	N/A	7689	2465	3610	5450	1364	0	0	0	N/A	20578
	小計（上映回数）	N/A	0	69	177	176	115	127	39	15	121	124	35	998
	〃（動員数）	N/A	0	24743	63762	74643	41445	48569	36129	8653	46586	38936	7155	390621

182 テレヴィジョン教室	東京（上映回数）	N/A	N/A	N/A	N/A	0	13	11	46	54	56	28	0	208
	〃 （動員数）	N/A	N/A	N/A	N/A	0	5150	10660	51085	39630	30970	14820	0	152315
	茨城（上映回数）	N/A	N/A	N/A	N/A	N/A	6	39	27	25	38	0	N/A	135
	〃 （動員数）	N/A	N/A	N/A	N/A	N/A	1650	17230	7450	12000	15381	0	N/A	53711
	新潟（上映回数）	N/A	N/A	N/A	N/A	N/A	0	14	38	37	29	3	4	125
	〃 （動員数）	N/A	N/A	N/A	N/A	N/A	0	8077	13590	10163	8147	780	760	41517
	福島（上映回数）	N/A	N/A	N/A	N/A	N/A	2	2	9	5	3	0	N/A	21
	〃 （動員数）	N/A	N/A	N/A	N/A	N/A	1275	1800	1183	847	1500	0	N/A	6605
	小計（上映回数）	N/A	N/A	N/A	N/A	0	21	66	120	121	126	31	4	489
	〃 （動員数）	N/A	N/A	N/A	N/A	0	8075	37767	73308	62640	55998	15600	760	254148
206 少年野球リーグ	東京（上映回数）	N/A	N/A	N/A	N/A	N/A	N/A	0	48	34	25	60	43	210
	〃 （動員数）	N/A	N/A	N/A	N/A	N/A	N/A	0	40585	17735	9350	34600	11985	114255
	茨城（上映回数）	N/A	N/A	N/A	N/A	N/A	N/A	N/A	35	60	0	11	N/A	106
	〃 （動員数）	N/A	N/A	N/A	N/A	N/A	N/A	N/A	14800	19700	0	5670	N/A	40170
	新潟（上映回数）	N/A	N/A	N/A	N/A	N/A	N/A	N/A	21	49	44	25	23	162
	〃 （動員数）	N/A	N/A	N/A	N/A	N/A	N/A	N/A	11365	15765	9560	7016	5831	49537
	福島（上映回数）	N/A	N/A	N/A	N/A	N/A	N/A	N/A	14	23	0	24	N/A	61
	〃 （動員数）	N/A	N/A	N/A	N/A	N/A	N/A	N/A	8366	11173	0	12757	N/A	32296
	小計（上映回数）	N/A	N/A	N/A	N/A	N/A	N/A	0	118	166	69	120	66	539
	〃 （動員数）	N/A	N/A	N/A	N/A	N/A	N/A	0	75116	64373	18910	60043	17816	236258
4 作品合計	（上映回数）	157	73	70	234	255	217	234	334	321	357	326	133	2711
	〃 （動員数）	49870	29725	25343	85909	109982	100442	115136	235953	146006	135019	134301	35281	1202967
8 作品合計	（上映回数）	287	140	166	423	488	288	294	485	496	479	472	228	4246
	〃 （動員数）	102207	54586	66490	164328	201732	144324	132432	346757	253422	186092	207466	68286	1928122

表 4 - 4 ●スポーツ関連 CIE 映画　一都三県月別上映回数・動員数一覧（1950 年 1 月～ 1950 年12 月）

#	タイトル（公開日）	1 月	2 月	3 月	4 月	5 月	6 月	7 月	8 月	9 月	10 月	11 月	12 月	計
16 白銀の祭典	東京（上映回数）	25	44	8	5	20	16	2	16	26	12	26	8	208
	〃（動員数）	5836	13982	2900	3000	10025	13910	950	15750	7187	3750	8970	1310	87570
	茨城（上映回数）	24	2	4	0	19	3	6	20	20	39	28	N/A	165
	〃（動員数）	16950	??48	2000	0	6200	1577	2100	5803	10150	12300	12560	N/A	69688＋α
	新潟（上映回数）	1	0	0	0	0	0	0	0	0	0	0	0	1
	〃（動員数）	280	0	0	0	0	0	0	0	0	0	0	0	280
	福島（上映回数）	12	9	N/A	0	2	0	0	0	1	0	0	N/A	24
	〃（動員数）	2789	2041	N/A	0	580	0	0	0	130	0	0	N/A	5540
	小計（上映回数）	62	55	12	5	41	19	8	36	47	51	54	8	398
	〃（動員数）	25855	16071＋α	4900	3000	16805	15487	3050	21553	17467	16050	21530	1310	163078＋α
132 休暇のスポーツ	東京（上映回数）	33	51	45	0	21	42	11	33	29	23	23	21	332
	〃（動員数）	11398	12465	17696	0	25640	46038	4550	35550	31570	11480	13465	7690	217542
	茨城（上映回数）	16	13	15	0	0	6	24	20	21	75	75	N/A	265
	〃（動員数）	10000	10400	9100	0	0	3100	8650	7700	9600	28335	29440	N/A	116325
	新潟（上映回数）	25	57	41	12	0	0	26	29	19	7	16	0	232
	〃（動員数）	8224	22490	12275	2680	0	0	4552	15985	8600	2298	4070	0	81174
	福島（上映回数）	26	14	N/A	0	4	0	1	26	11	0	12	N/A	94
	〃（動員数）	8889	3610	N/A	0	2020	0	50	7542	10600	0	12970	N/A	45681
	小計（上映回数）	100	135	101	12	25	48	62	108	70	105	126	21	913
	〃（動員数）	38511	48965	39071	2680	27660	49138	17802	66777	60370	42113	59945	7690	460722

154アメリカ点描	東京（上映回数）	22	55	43	48	36	0	0	11	1	0	7	0	223
	〃　（動員数）	8072	21002	13285	15670	15630	0	0	11050	700	0	2480	0	87889
	茨城（上映回数）	23	22	25	2	0	0	0	3	5	23	20	N/A	123
	〃　（動員数）	14700	10370	10980	650	0	0	0	1100	2100	13140	11000	N/A	64040
	新潟（上映回数）	19	44	19	32	33	0	1	4	1	0	17	6	176
	〃　（動員数）	8660	19690	4140	15775	8506	0	60	900	90	0	3055	2300	63176
	福島（上映回数）	8	43	N/A	24	8	0	0	4	10	3	0	N/A	100
	〃　（動員数）	1963	8943	N/A	10590	1772	0	0	1524	3165	700	0	N/A	28657
	小計（上映回数）	72	164	87	106	77	0	1	22	17	26	44	6	622
	〃　（動員数）	33395	60005	28405	42685	25908	0	60	14574	6055	13840	16535	2300	243762
174アメリカ展望	東京（上映回数）	N/A	N/A	N/A	0	22	47	25	20	29	0	0	11	154
	〃　（動員数）	N/A	N/A	N/A	0	7084	20345	19955	13340	19850	0	0	4130	84704
	茨城（上映回数）	N/A	N/A	N/A	N/A	5	35	32	21	40	0	7	N/A	140
	〃　（動員数）	N/A	N/A	N/A	N/A	1860	9556	13790	8975	22208	0	2630	N/A	59019
	新潟（上映回数）	N/A	N/A	N/A	N/A	5	0	35	55	27	19	11	22	174
	〃　（動員数）	N/A	N/A	N/A	N/A	805	0	12285	13760	9728	5147	2532	5231	49488
	福島（上映回数）	N/A	N/A	N/A	N/A	0	2	38	12	18	10	1	N/A	133
	〃　（動員数）	N/A	N/A	N/A	N/A	0	70	8391	1670	10010	2603	600	N/A	23344
	小計（上映回数）	N/A	N/A	N/A	0	32	84	130	108	114	29	19	33	549
	〃　（動員数）	N/A	N/A	N/A	0	9749	29971	100451	37745	61796	7750	5762	9361	262585

213 スクエアダンスを踊ろう	東京（上映回数）	N/A	N/A	N/A	N/A	N/A	N/A	0	45	20	34	63	43	205
	〃（動員数）	N/A	N/A	N/A	N/A	N/A	N/A	0	46520	7719	18970	22861	15259	111329
	茨城（上映回数）	N/A	N/A	N/A	N/A	N/A	N/A	N/A	54	27	0	30	N/A	111
	〃（動員数）	N/A	N/A	N/A	N/A	N/A	N/A	N/A	22250	12970	0	14750	N/A	49970
	新潟（上映回数）	N/A	N/A	N/A	N/A	N/A	N/A	N/A	22	34	0	49	40	145
	〃（動員数）	N/A	N/A	N/A	N/A	N/A	N/A	N/A	11638	13674	0	13313	10747	49372
	福島（上映回数）	N/A	N/A	N/A	N/A	N/A	N/A	N/A	35	23	16	17	N/A	91
	〃（動員数）	N/A	N/A	N/A	N/A	N/A	N/A	N/A	14884	11365	4222	11574	N/A	42045
	小計（上映回数）	N/A	N/A	N/A	N/A	N/A	N/A	0	156	104	50	159	83	552
	〃（動員数）	N/A	N/A	N/A	N/A	N/A	N/A	0	95292	45728	23192	62498	26006	252716
5 作品合計	（上映回数）	234	354	200	123	175	151	201	430	352	261	402	151	3034
	〃（動員数）	97761	125041＋α	72376	48365	80122	94596	121363	235941	191416	102945	166270	46667	1382863＋α

ちなみに、なぜ一九五〇年という年の、東京、茨城、新潟、そして福島の一都三県を選んだのかについては、二〇〇八〜二〇〇九年度に米国立公文書館にて行った調査において、筆者が見つけたボックスの中にたまたま一九五〇年の各都道府県のマンスリー・レポートが収められたフォルダーがあったということと、当時の四六都道府県のすべてを分析する物理的な余裕が無いためサンプル的にいくつかの県のみをピックアップすることにし、ざっと見たところ資料の抜けが少なく（都道府県別にきちんと整理された状態でボックスに収まっていたわけではなく、全国をいくつかのブロックに分けたフォルダーの中にごちゃ混ぜの状態で各県のレポートが入っていた）ほぼ一年分のデータが揃っていた都道府県の中から、筆者にとって比較的馴染みのある東日本のいくつかの場所をピックアップしたということである。特に、福島県の場合はマンスリー・レポートに加えて一九五〇年六月から十一月にかけての教育映画報告書（上映機会ごとの概要、感想などを記したもの）が別のボックスに含まれていたため、比較分析しやすいと考えたことによる。

アダプテーション作業と公開月

表4-3、表4-4の中でN／Aとして示されている箇所について説明しておきたい。N／AはNot AvailableまたはNot Applicableであり、それぞれのケースがある。まず、その月のデータが存在しないという場合（Not Available）である。これは具体的には福島県の三月と十二月、茨城県の十二月のこと

である。次に、その月の時点でまだ当該作品が上映される可能性が無い場合（Not Applicable）である。すなわち、表4-1で示したように個々の作品には公開日というデータがあり、それは当該作品へのアダプテーションを終えて最初に上映された年月日である。当然ながらその年月日以前の月は当該作品が上映可能性のあるリストの中に入っていない。

東京の場合にはアダプテーション作業そのものを行っていた場所である可能性が極めて高く、全国に先駆けて公開日の月に上映される可能性もあると考えてその月のみN／Aとはしなかった。具体的には二〇六番『少年野球リーグ』の七月（十四日公開）、一四〇番『スポーツ黄金時代』の二月（二十四日公開）、一七四番『アメリカ展望』の四月（二十一日公開）、一八二番『テレヴィジョン教室』の五月（十九日公開）、二一三番『スクェア・ダンスを踊ろう』の七月（二十一日公開）のケースである。ただし、実際にはいずれのケースも上映回数は0回であった。また、唯一、一六番『白銀の祭典』の茨城県での二月の動員数のみ、マンスリー・レポート上の数字の下二桁以外が不鮮明で？？四八名とした。スポーツ関連CIE映画の総計の数字に＋αと記されているのはそのためである。

このように、多少のデータの不備はあるものの、東日本の一都三県における一年間のデータの合計としてまとめたときに、動員数が多かった順に並べるとそれぞれの作品の上映回数・動員数は以下の表4-5のようになる。

これら諸作品の上映回数・動員数からどのようなことが読み取れるだろうか。

表 4 - 5 ●一九五〇年の一都三県におけるベースボール関連／スポーツ関連 CIE 映画上映回数および動員数一覧

ベースボール関連 CIE 映画
140 番『スポーツ黄金時代』：998 回／ 390,621 名（ただし 10 ヶ月のみ）
113 番『打撃王』：628 回／ 325,871 名
129 番『スポーツ・レヴュー』：685 回／ 321,940 名
14 番『野球をやろう』：699 回／ 319,801 名
182 番『テレヴィジョン教室』：489 回／ 254,148 名（ただし 7 ヶ月のみ）
206 番『少年野球リーグ』：539 回／ 236,258 名（ただし 5 ヶ月のみ）
125 番『アメリカのトピックス』：193 回／ 75,743 名
12 番『野球の打撃・投球指導』：15 回／ 3,740 名
スポーツ関連 CIE 映画
132 番『休暇のスポーツ』：913 回／ 460,722 名
174 番『アメリカ展望』：549 回／ 262,585 名（ただし 8 ヶ月のみ）
213 番『スクェア・ダンスを踊ろう』：552 回／ 252,716 名（ただし 5 ヶ月のみ）
154 番『アメリカ点描』：622 回／ 243,762 名
16 番『白銀の祭典』：398 回／ 163,078 名＋α

第二節で述べたようにCIE映画とはそもそも常設の映画館のない山間部、漁村部といった場所での出張上映によって被占領国民に対して必要な情報を送り届けるためのメディアとして活躍することが期待されていたものである。東京・茨城・新潟・福島というと同じ東日本で距離的にはそれほど離れてはいないが、もちろんまだ新幹線も何もない占領期のことであるし、今の感覚と比べると考えられないくらいに遠く離れた異なる環境の地域であったろう。新潟や福島などは豪雪地帯もあって県内には映画館過疎地域も少なくなかったと思われる。ただし、もちろん東京のような映画興行の中心地も含んでのデータであるから、これらのサンプルは実はそれほどCIE映画の上映がアクティヴに行われてはい

なかった場所での上映である可能性も否定は出来ないし、このサンプルが日本全国の平均的な数値を表している保証はまったくない。

一都三県のCIE映画上映記録から何が読み取れるか

一二番『野球の打撃・投球指導』ついては、二月、三月の東京で僅かな上映のこん跡が見られるものの、おそらく期限切れによって使用不能となった（あるいは既に期限切れであったものを東京が誤って上映してしまった）と思われる。

そこで、一二番『野球の打撃・投球指導』を除外して考えてみると、一都三県を合計するとすべての作品で最低でも二〇〇回近く、最高だと一〇〇〇回近くの上映機会があったことになる。それが平均的な数値である保証はないものの、この数字からは当時の四六都道府県すべての規模で考えたときにその十倍以上の数字を想像しうることになり、それが決して小さなムーヴメントではないという事実が実感として感じ取れる。

動員数でいえば、一都三県で最低でも七万五千名、最高だと四十六万名もの動員が記録されているわけだし、一九五〇年の一年間に一都三県で上映されたスポーツに関するCIE映画のうち一二番『野球の打撃・投球指導』を除く一一作品すべてを合計すると三三〇万七千人以上もの観客が見ていたということになる（一作品平均だと一都三県で二七万五千名強の動員になる）。

また、アダプテーション作業を終えて上映可能となった新作であれば当然、以前から使っている旧作と比べて上映機会が多いことが予想されるわけだが、確かに新作に当たる一四〇番『スポーツ黄金時代』、一七四番『アメリカ展望』、一八二番『テレヴィジョン教室』、二〇六番『少年野球リーグ』、二一三番『スクェア・ダンスを踊ろう』はその登場月以降コンスタントに上映機会が設けられている。

しかしながら、それ以外の作品についても、たとえば一二五番『アメリカのトピックス』は福島では二月、四月、七月、九月と飛び飛びながらコンスタントに上映されているのに東京・茨城・新潟ではいずれも七月までは一回も上映が無く八月からはコンスタントに上映されており、また東京での一一三番『打撃王』の上映は三月までは一回も無いのに四月に四四回、それ以降もコンスタントに上映されているなど、ある作品がある時期に集中的に使用される傾向が見て取れる。

基本的には、すべての都道府県にすべての作品のフィルムが公開日以降ストックとして常備されていたはずなので、ある作品がある時期に集中的に使用される背景としては、様々なジャンルから構成される数本の作品がセットとして県内各地で順繰りに上映され、それが一回りすると別のセットでの上映に切り替わる、といった仕組みが採用されていたことが推察できる。

あるいはまた、全国の各都道府県に新作のCIE映画のプリントがくまなく配備されるためには、現像所をフル稼働してでもなお数ヶ月単位の期間が必要とされ、そのため同じ新作といえども都道府県単位では使用開始可能時期が異なっていた可能性もある。

もちろん、それとは別に個々の作品の内容から鑑みて上映に適した時期が特定されるであろうケースも存在する。たとえば一六番『白銀の祭典』や一五四番『アメリカ点描』はウィンター・スポーツに関する内容だから、当然ながら冬場のほうが上映機会そのものが多いことが想像できる。

5 福島県におけるCIE映画上映報告書

次に、前節で取り上げた一都三県の中で、福島県を例にとり、実際のCIE映画の上映がどのような形で行なわれ、またその観客のレスポンスが如何なるものであったのかを検討していく。まずは、この一九五〇年六月から十一月にかけてのCIE映画上映報告書（途中に日時が大きく飛んでいる箇所があるので、半年分のすべての報告書が揃っているわけではないと思われる）から、上映日、場所、市町村名、観客数、上映作品の一覧表を表4-6としてにまとめてみた。

報告書は正確には「教育映画報告書」というタイトルで、A5サイズほどの粗悪な仙花紙《せんかし》に謄写版《とうしゃばん》で印刷したと思われる用紙に手書きで記されており、主催は日本文化協会福島県支部、あて先は日本語では連合軍総司令部民間情報局、英語では教育映画エクスチェンジ、I・B・ミラー大尉あてと、より具体的なあて先がどちらもはじめから印刷されている。(14)

表 4－6 ●福島県教育映画報告書（1950 年 6 月～ 11 月）
※日本文化協会福島県支部より総司令部民間情報教育局（ミラー大尉）宛

日付	場所	町	観覧者数	上映タイトル	同時上映タイトル
6/19/50	万福寺内広場	若松市大町	1000 名	スポーツ・レヴュー	パナマ運河、火の用心
6/20/50	湯本小中学校及PTA 会	北会津郡東山村	1000 名	〃	〃
6/21/50	一箕村小中学校	北会津郡一箕村	800 名	〃	〃
6/22/50	阿弥陀町広場	若松市阿弥陀町	2000 名	〃	〃
6/23/50	長野小学校校庭	南会津郡田島町長野	1000 名	〃	〃
6/24/50	小塩村民宅の庭	南会津郡荒海村小塩	250 名	〃	〃
6/25/50	瀧ノ原小学校	南会津郡荒海村字瀧ノ原	500 名	〃	〃
6/26/50	江川村小中学校	南会津郡江川村	800 名	〃	〃
6/27/50	旭田小中学校	南会津郡楢原町字旭田	800 名	〃	〃
6/28/50	川原町小中学校	若松市川原町	1500 名	〃	〃
6/29/50	門田村小中学校	北会津郡門田村	1000 名	〃	〃
6/30/50	喜多方町教育委員会 広場	耶麻郡喜多方町	500 名	〃	〃
7/3/50	行仁小学校	若松市行仁町	1600 名	〃	〃
7/4/50	荒海村小中学校	南会津郡荒海村	1000 名	〃	〃
7/5/50	千里村小中学校	耶麻郡千里村	1000 名	〃	〃
7/6/50	東山村大巣子小中学校	北会津郡東山村大巣子	1000 名	〃	〃
7/7/50	東山村東山温神社境内	北会津郡東山村	1500 名	〃	〃
7/9/50	竹田病院	若松市栄町	300 名	〃	〃
7/10/50	自動車会社広場	若松市西栄町一丁目	1000 名	〃	〃
7/11/50	楢原小中学校	南会津郡楢原町	800 名	〃	〃
7/13/50	大戸村大戸小中学校	北会津郡大戸村	1000 名	〃	〃
7/15/50	楢原町大内青年会 大内小学校校庭	南会津郡楢原町	1500 名	〃	〃
			小計 21850 名	スポーツ・レヴュー	
8/18/50	広場	南会津郡舘岩村字能猪戸	村民一般者 600 名	スポーツ黄金時代	北アイルランド

8/19/50	舘岩村小学校	南会津郡舘岩村	生徒並びに父兄 1200 名	〃	〃
8/20/50	伊南村小学校	南会津郡伊南村	村民一般者 約 1000 名	〃	〃
8/21/50	大川村小学校	南会津郡大川村	生徒・PTA 約 1500 名	〃	〃
8/22/50	新田村広場	南会津郡大宮村字新田	一般村民 300 名	〃	〃
8/23/50	大宮鉱内娯楽場	南会津郡大宮村字 大宮鉱山	一般鉱民 300 名	〃	〃
8/24/50	大宮小学校	南会津郡大宮村	生徒約 800 名	〃	〃
8/25/50	泉田小学校	南会津郡富田村字泉田	生徒並一般 約 1000 名	〃	〃
8/26/50	片貝小学校	南会津郡富田村字片貝	生徒一般者 約 700 名	〃	〃
8/27/50	朝日村小学校	南会津郡朝日村	一般村民 約 1000 名	〃	〃
8/28/50	明和村小学校	南会津郡明和村	一般村民 約 1000 名	〃	〃
9/1/50	旭村小学校	大沼郡旭村	学童村民一般 約 1500 名	〃	〃
9/2/50	荒井村小学校	大沼郡荒井村	学童村民一般 約 1200 名	〃	〃
9/3/50	宮下小学校	大沼郡宮下町	学童一般町民 約 1500 名	〃	〃
9/4/50	若宮神社境内	大沼郡若宮村	一般村民 約 600 名	〃	〃
9/8/50	満福寺内	若松市馬場名古屋町	町内一般者 約 200 名	〃	〃
9/10/50	当協会事務所内	若松市阿弥陀町	町内一般者 約 100 名	〃	〃
9/12/50	町内広場	若松市西栄町	一般町民 約 300 名	〃	〃
			小計 14800 名	スポーツ黄金時代	
9/20/50	文化協会内	若松市阿弥陀町	約 200 名	休暇のスポーツ	新しい交通、ケア物資、海老の町
9/22/50	喜多方教育組合	耶麻郡喜多方町	学生教員一般 約 2000 名	〃	〃
9/24/50	若松国立病院内	若松市鶴ヶ丘町	役員患者一般 約 250 名	〃	〃
9/25/50	財団法人竹田総合 病院	若松市栄町	役員患者一般 約 3000 名	〃	〃

9/27/50	東山村中小学校	北会津郡東山村	学生一般 約 1500 名	〃	〃
9/28/50	松山村小学校	耶麻郡松山村	学生一般 約 800 名	〃	〃
9/30/50	上三宮村小中学校	耶麻郡上三宮村	学生一般 約 800 名	〃	〃
10/2/50	磐梯村小中学校	耶麻郡磐梯村	学生一般 約 1500 名	〃	〃
10/3/50	大寺青年会広場	耶麻郡磐梯村字大寺	約 600 名	〃	〃
10/4/50	上西連村広場	耶麻郡磐梯村字上西連	約 500 名	〃	〃
10/6/50	坂下公会堂	河沼郡坂下町	約 2000 名	〃	〃
10/7/50	柳津公民館	大沼郡柳津町	約 2000 名	〃	〃
10/9/50	宮下小中学校	大沼郡宮下町	学生一般 約 700 名	〃	〃
10/11/50	神指村小中学校	北会津郡神指村	学生父兄 約 1000 名	〃	〃
10/14/50	西栄町一丁目青年会	若松市西栄町	約 500 名	〃	〃
10/17/50	市役所前広場	若松市栄町	一般市民 約 3000 名	〃	〃
			小計 20350 名	休暇のスポーツ	
10/29/50	上三寄木工作業場広場	北会津郡大戸村字上三寄	村民一般 約 1000 名	少年野球リーグ、スクエアダンスを踊ろう	働く少年の楽園、浮ぶ劇場
10/30/50	倉賀小学校校舎	北会津郡大戸村字倉賀	生徒村民一般 約 700 名	〃	〃
11/3/50	仁王劇場	大沼郡尾岐村字仁王	村民一般 500 名	少年野球リーグ	〃
11/4/50	片門村小学校講堂	河沼郡片門村	青年婦人会員 PTA 約 800 名	少年野球リーグ、スクエアダンスを踊ろう	〃
11/5/50	八幡村小学校	河沼郡八幡村	一般村民 約 700 名	〃	〃
11/6/50	柳津町小学校	河沼郡柳津町	柳津文化会員 PTA 生徒 約 1000 名	〃	〃
11/7/50	坂下町小学校	河沼郡坂下町	生徒 PTA 約 1000 名	〃	〃
11/8/50	新鶴村小学校	大沼郡新鶴村	PTA 生徒 約 850 名	〃	〃

11/9/50	堂島村小学校	河沼郡堂島村	生徒 PTA 約 800 名	〃	〃
11/10/50	高田町小学校	大沼郡高田町	PTA 生徒 約 1000 名	〃	〃
11/11/50	永井野村小学校	大沼郡永井野村	青年婦人会員 PTA 村民一般 約 800 名	〃	〃
11/13/50	江川村公民館	南会津郡江川村	村民一般 約 350 名	〃	〃
11/14/50	楢原村小学校	南会津郡楢原村	生徒 PTA 約 700 名	〃	〃
11/15/50	荒海村小学校	南会津郡荒海村	生徒一般村民 約 1000 名	〃	〃
11/16/50	糸沢分教場校舎	南会津郡荒海村 字糸沢	生徒父兄 約 300 名	〃	〃
11/17/50	桧沢村小学校	南会津郡桧沢村	青年会員一般 村民 約 700 名	〃	〃
11/18/50	舘岩村小学校講 堂	南会津郡舘岩村	村民青年会員 約 800 名	〃	〃
11/19/50	伊南村小学校講 堂	南会津郡伊南村	一般村民 700 名	〃	〃
11/20/50	大川村小学校講 堂	南会津郡大川村	生徒 PTA 役 700 名	〃	〃
11/22/50	永和小中学校講 堂	北会津郡町北村 字永和	生徒及び一般 村民 約 850 名	〃	〃
11/25/50	会津青果株式会 社 倉庫内	若松市西栄町二 丁目	一般町民 約 750 名	〃	〃
			小計 16000 名	少年野球リーグ	
			小計 15500 名	スクエアダンスを踊ろう	
			合計 88500 名	5 作品合計	

福島県CIE映画上映報告書から読み取れるもの

この一覧表によって、どのくらいの規模の上映会をどのような場所で催していたのかについてのイメージをある程度掴むことができる。上映場所としては、小中学校の校庭や町の広場が多いが、場合によっては病院、企業の倉庫、個人の庭などで行われていることもある。上映会の主催はいずれも日本文化協会福島県支部であり、報告書の筆跡はすべて同じであるようにも思えるが定かではない。

他に判ることとして、二本から四本のCIE映画をパッケージングし、だいたい一回の上映行脚に一ヶ月ほどの時間をかけていること、一つのパッケージで県内すべてのエリアを巡回している訳ではなく、南会津郡中心に、とか、耶麻郡中心に、とかパッケージごとにエリアを定めて効率よく巡回し、それをローテーションのように繰り返していることなどが挙げられる。すなわち、ある特定の場所の立場で考えてみれば、CIE映画の上映会が行われるのは数ヶ月に一度の単位であり、たまたまその時のパッケージに含まれている作品のみ鑑賞チャンスがあって、すべてのCIE映画を自動的に見るようなシステムにはなっていなかったということである。

前節でデータを分析した一九五〇年の年間の一覧表（表4-3、表4-4）のうち、福島県のデータと照らし合わせてみるとまた別のことがわかる。それは、福島県教育委員会事務局がとりまとめてCIEに提出していた前節の月別上映報告書には、この日本文化協会福島県支部で実施した上映会のデータは含まれていない、ということである。それは、この日本文化協会福島県支部の教育映画報告書で上映された三本のベースボール関連ＣＩＥ映画（一二九番『スポーツ・レヴュー』、一四〇番『スポーツ黄金時代』、二〇六番『少年野球リーグ』）と二本のスポーツ関連ＣＩＥ映画（一三二番『休暇のスポーツ』、二一三番『スクェア・ダンスを踊ろう』）の上映月のデータが、福島県教育委員会事務局による月別上映報告書では〇回となっていたりすることから明らかである。[15]

客観的に見て、福島県教育委員会のもとに送られてきた新作のＣＩＥ映画は、他の新作または旧作何本かをセットにした形でパッケージにされ、福島県教育委員会自身が直接ハンドリングした上映会で上映されるほかに、パッケージごとに一ヶ月ほどの単位で日本文化協会福島県支部に貸し出され、そちらでも熱心に草の根的な上映活動が繰り広げられていた、とするのが合理的な説明ということになろう。

したがって、前節で検討した数字、すなわち、いったいどの位の人が個々のＣＩＥ映画を実際に見ていたのかについての実際的な数字というものも、さほど精度の高い数字ではないということになる。単純に、この日本文化協会福島県支部での上映記録の数字を足しただけでも合計の上映回数、動員数の数字はずいぶん変わってくるからである。だが、この日本文化協会福島県支部での教育映画報告書が貴重なのは、その感想欄に作品ごとの感想が記されている点である。

CIE映画を見た観客の感想

感想欄に記されている個々の上映機会ごとの感想というのは、上映会当日に耳にした観客の声を後から担当者が適当に報告書として取りまとめたものであろうと推察できるが、表現として似たような記述が多いこともあるので、もしかすると報告書作成担当者が提出先であるGHQ／SCAPにおもねるような形で、「きっとこう書けば政策がうまく行っているように判断され、覚えがめでたくなるだろう」という打算が働いている可能性も否定はできない。それを念頭に置いた上で、感想欄に記された個々の作品に対するコメントの中から、いくつか代表的なものを拾って紹介しておきたい。なお、コメントはなるべく原文に忠実に採録したが、明らかな誤字については修正してある。

（1）『スポーツ・レヴュー』（一二九番）についてのコメント

「スポーツレヴューの中で女の野球の欄は極めて興味深く、投手の独特な投球法の中に教えられても解し得ないものを汲取る事が出来ました。大いに此の投球法のコツを活用したいと思って居ります。基本的動作を高速度撮影したフィルムがありましたなら見せて頂きたいと思ひます」（若松市川原町）

「スポーツレヴューはスポーツ人にとって極めて面白い映画でした。農村僻地に在って、此の様なスポーツを居ながらに見るといふ歓びに明日の希望も明るく、今後も大いにスポーツ映画を見せて頂き度い

と思ひます」（南会津郡荒海村）

「米国のスポーツ映画を見せて頂き、我々寒村一部落の農民青年は今宵非常に楽しい夕を送りました。山又山に囲まれ、何一つ娯楽といふものとてなく、有るは只時折の雑誌、新聞、ラヂオ位にて、映画等一年に一、二回位にて、それも若人、特殊の者のみ、一般農民は未だ生れて以来、トーキー映画を見たるもなく、今回の喜び様は筆舌に書し難く、今後、暫々映画出張を願ひたく、なるべく海・南極・北極の風景、且つ又天然色なれば真に願ってもない幸甚と存じます」（北会津郡東山村大巣子）

（2）『スポーツ黄金時代』（一四〇番）へのコメント

「アメリカスポーツ黄金時代とは題名からして興味をそそりました。最近とみにスポーツが盛となり大変参考になり、ためになりました。女子野球は子供等一同興味を以て楽しく見て居た様でありました」（南会津郡舘岩村）

「先進国のスポーツの片鱗を見て非常に面白く且つためになりました。此の種の映画を又見せて頂き度いと思ひました」（南会津郡大川村）

（3）『休暇のスポーツ』（一三二番）へのコメント

「水上スポーツの神わざの技術の素晴らしさとスリル満点には深く感激致しました。日本では到底見ることの出来ない神技を映画に依って紹介して頂いた事は大変感謝に堪えません。ぜひ今後も此の種の映画を見せて頂きたいものと心から期待して止みません」（耶麻郡喜多方町）

「休暇のスポーツに対し絶大なる驚嘆と讃辞を送ります。殊に水上スポーツの技術とスリルに対してはまさにワンダフルと叫ばずには居られません」（耶麻郡松山町）

（4）『少年野球リーグ』（二〇六番）へのコメント

「少年野球リーグは到底日本には未だ見られざる少年野球団の様子が興味深く先進国として尊敬の念いよいよ深く学ぶ点が多々あるを知りました」（北会津郡大戸村字上三寄）

「野球は特に団結とスポーツ精神を養い、体力を鍛える上からも非常に良いスポーツです。それ故男の子は申す迄もなく野球ファンです。正しい野球のやり方が分り非常にためになる良い映画でした」（河沼郡堂島村）

「子供等は目下野球熱が盛で大変な人気です。それ故少年野球は誠に歓迎すべく興味深い映画でした」

（南会津郡荒海村字糸沢）

「野球こそはスポーツ精神の現れであり団結心を深める点に於ても推奨すべきスポーツである事を各家庭の人々が理解するうえに多なる役目をもたらしました。少年野球リーグはこの意義からも本当に良い映画でした」（南会津郡伊南村）

（5）『スクェア・ダンスを踊ろう』（二一三番）へのコメント

「スクェア・ダンスを踊ろうは楽しく明朗で、音楽につれて一緒に踊りたい様な愉快なダンス映画でした。殊に、川の畔、山々を背景にしてたき火がもえて踊る若人の群、漁村の祭たいこ笛の音に楽しく踊り合う浜の有様が印象的でありました」（北会津郡大戸村字倉賀）

「野や山に楽しく踊るスクエアダンス！　本当に明るいしかも簡単に踊れるダンスなので非常にはやりました。生徒はみんな知って居ります。故、大変興味深く見ました」（大沼郡新鶴村）

これらのコメントからは、報告者が多少GHQ／SCAPの顔色を伺うような立場で書かれたものである可能性を差し引いても、なお当時のCIE映画がどのように受容されていたかについてのニュアンスを感じ取ることができる。また、CIE映画というメディアを通じて、ベースボールを中心とするスポーツがいかに当時の日本人にポジティヴに理解されていたか、また、たとえどんなに田舎の娯楽のない地域であっても子供たちの間でベースボールが熱心に行われていたかについてうかがい知ることができる。

特に注意しなければならないことは、CIE映画の上映会では常に二本から四本の作品が同時に上映されていたことがこのデータから判るが、少なくともこの福島県における半年分の教育映画報告書ではすべての上映機会において必ずベースボール、またはスポーツ関連の映画が最低一本は上映ラインナップに加えられていたという事実である。

このことは、ベースボールやスポーツを題材にとったCIE映画というものが、最も観客の心を掴める題材であることを、上映会主催者側がよく承知していたが故のラインナップであった可能性を示唆する。その意味において、スポーツを通じての日本人再教育・再方向付けというGHQ／SCAPの対日スポーツ政策の一手段としてのCIE映画利用は、情報の送り手としてのCIE（より具体的にはCIE情報課教育映画エクスチェンジ／教育映画ユニット）側の思惑と、受容者としての観客（その仲介者としての日本文化協会福島支部）の反応とがとてもよくマッチしていたことが推察できるのである。

6 アメリカの対外文化外交政策の中での情報・教育映画

本章の第四節、第五節で分析を試みた、一九五〇年の一年間における東日本の一都三県におけるCIE映画上映記録のうちベースボール、およびスポーツに関する作品の上映の実態についてのデータからは、GHQ／SCAPが日本人の再教育・再方向付け政策の有効なツールとしてスポーツを位置づけていて、その一環として映画というメディアのコンテンツとしてもスポーツ、とりわけベースボールが意味を持っていた様子を俯瞰することが出来た。

ここで論じたのは占領下日本におけるCIE映画の事例だけだが、実際にはアメリカ合衆国はこのような情報・教育用映画を用いた対外文化外交政策を世界規模で行っていたわけであり、その全体としての流れの中で何も日本だけが特別に映画というメディアやスポーツという分野を強調されてきたわけではおそらくない。

その証拠に、CIE映画時代にその作品の選定や製作などに中心的役割を果たした国務省内の部局、すなわち国際情報文化関係局（OIC）の国際映画部（IMP）、およびその後継としての国際映画サーヴィス部（IMS）、さらには国務省から対外文化外交政策を引き継いだ合衆国広報・文化交流庁（USIA）の関係文書類を調べてみると、日本でCIE／USIS映画として上映された作品以外にもベースボールに題材をとったものが存在するのである。

それらは、USIA文書の「映画脚本一九四二〜一九六五」資料のタイトル一覧（その多くはCIE／USIS映画の中に組み込まれたものであるが、世界の他の地域を念頭において製作された作品も含む、いわばマスター・リストに当たるものである）から、そのタイトルによって明らかにベースボールを題材としていることが判る作品群である。(16)

具体的な作品名を挙げると、たとえば『ボールプレイヤーズ』（一九五三年）、『ベースボール・トゥデイ』（一九五〇年＝脚本の日付）といった作品の脚本が残されている。

『ボールプレイヤーズ』

『ボールプレイヤーズ』は、CIE映画の最初の九作品となったOWI製作の諸作品の実際の製作者たち、たとえば『米国北西州』（一九四四）、『鋼の町』（一九四四）のウィラード・ヴァン・ダイク監督、『選挙当日』（一九四五）を手掛けたジョン・ハウスマンとニコラス・レイらと同様に、ニューディールの芸術政策の中で農業安定局（FSA）プロジェクトの写真家として活躍したジャック・デラーノが監督した作品である。(17)

ウクライナのキエフに生まれて幼少時にアメリカに移民としてやってきたデラーノはFSAの仕事の一環として一九四一年にはじめてプエルトリコを訪れ、一九四六年以降はプエルトリコに永住している。『ボールプレイヤーズ』はプエルトリコ政府の教育省が製作したものをアメリカのＵＳＩＡが買い取って、オリジナルのスペイン語から英語のダビング版を作って自分たちの対外文化外交政策に役立てようとしたものであると考えられる。その内容は、アメリカで育ったデラーノが演出しているだけあって、日本でＣＩＥ映画として上映されたベースボール関連作品と同様に、ベースボールを通じて民主主義やアメリカ的価値観を自然な形で伝える上で最も効果的な内容に仕上がっている。その内容は次のようなものである。

プエルトリコの貧しい地域で、村の男たちが学校を建設する必要性を論じている。だが、彼らには建設資金はない。モモという男は「自分たちで建てればいいのさ」と主張して皆から「頭がおかしいぞ」と言われるが、自分が子供の頃の経験を語って聞かせる。モモが少年だった頃、地域の家庭は皆貧しかったが、少年たちはみなベースボールに明け暮れていた。ベースボールのルールをよく知らない子供たちに、村のつまはじき者だが元ベースボール選手であったドン・ペペが親切に教えてくれる。

少年たちは自分たちのユニフォームが欲しくてたまらないが、モモの父親は失職し、他の子供たちの家も同様で資金がない。ドン・ペペがアドヴァイスしてくれたお陰で、モモたちは、皆で街の人たちの手伝いをして小遣いを稼ぎ、そのお金を貯めてユニフォームを買えばいい、と気づく。モモたちは小遣い稼ぎに精を出し、貯めたお金をドン・ペペに預ける。だが、ドン・ペペの家とて貧しく、妻のロリータはドン・ペペの就職のために必要だから、とそのお金でスーツを買うことを提案する。ドン・ペペは子供たちのお金を盗むような真似は出来ない、と主張するが、「あとで返せばいいのよ」という妻の言葉についお金を使ってしまう。

その事を知ったモモたちの心は傷つく。良心の呵責に耐えかねたドン・ペペは、何よりも大切にしていたペットのブタを連れて、町中の人々の好奇の目に晒されながら肉屋にブタを売りに行き、その対価として得たお金を子供たちのユニフォーム費用にと渡す。

時が流れ、大人になったモモは、子供の頃に力を合わせてチームのユニフォームを作るという夢を叶えた教訓を、地域の学校建設に生かそうと提案する。……

ここでテーマとなっているのは、スポーツ（ベースボール）を通じて養われるチームワークの精神、ひきょうなことはしないというスポーツマン精神の大切さ、そして貧しくともスポーツを通じて精神的に豊かな暮らしを獲得することが出来る、といったアイディアである。これは、第四節で紹介したCIE映画の二〇六番『少年野球リーグ』の冒頭のテロップで述べられているアイディアともダイレクトに呼応するものである。

『ベースボール・トゥデイ』

『ベースボール・トゥデイ』は、アトラス・フィルム・コーポレーションという製作会社が企画した短編映画と思われ、現存する脚本に一部削除を示唆すると思われる印がつけられていることから、実際にはおそらく部分的に改訂することでUSIAが買い上げてストック作品のリストに加えることにしたものと考えられる。[18]

内容的には、CIE映画として日本で上映された一一三番『打撃王』と非常に良く似たもので、『打撃王』では「最後の四割打者」として有名なボストン・レッドソックスのテッド・ウィリアムズが主人公とされていたのに対して、こちらでは「火の玉投手」として知られる伝説の剛球投手で、第二次世界大戦での四シーズンのキャリアの中断がありながら通算二六六勝を挙げたクリーヴランド・インディアンズのボブ・フェラー投手、そしてこの作品が企画された一九五〇年が現役最後のシーズンとなった、シカゴ・ホワイトソックスの遊撃手で通算二七四九安打を放ったルーク・アップリング選手が高校生らにベースボールの極意を伝授している。また、後半は、具体的な試合のシチュエーションに即して、たとえばこういう場合にはアンパイアはどの位置に立つべきか、とか、こういうケースはインターフェアでアウトとなる、というようなルールの細かな説明がなされている。

ちなみに、脚本に示唆されていた一部削除の箇所というのは、ボブ・フェラーが撮影で使っているウィルソン社のグローヴとボールを宣伝する箇所と、ルーク・アップリングが朝食にゼネラル・ミルズ社の「ウィーティーズ」というシリアルを食べて宣伝する場面である。両社ともに協力としてクレジットされているのでおそらく、アトラス社がこの映画を製作する上での資金提供をしていて、そのために劇中に宣伝を挿入したと思われるが、あまりにも宣伝臭さがにじみ出ているためにUSIAとしてはそのシーンを削除するように求めたということであろう。

『ベースボール・トゥデイ』のラストは、次のようなナレーションで締めくくられている。[19]

野球とは、きらめく動き、壮麗な戦略、偉大なチームワーク、輝かしいスポーツマンシップ、そして勇気あるプレイなどの無限の機会に満ち溢れた偉大な古きゲームである。長きに亘って、何千人もの人々が彼らの命を捧げてきたし、そのファンの数は何百万人にも及ぶ。基本的なルールとその基礎についての知識は、このスポーツの素晴らしき点を認識する上で十分な貢献をもたらしてくれる。われわれの国土全体に無数に存在するダイヤモンドには、この国民的ゲームの偉大な伝統を受け継いでいく未来のチャンピオン候補たちが存在している。彼らは、そのプレイを通じて強く、健康で、幸せなるアメリカに対して貢献するであろう。

こうした「ベースボール賛歌」は、『ボールプレイヤーズ』のコンセプトとも、これまでに紹介してきた他の多くの資料とも相通ずるものである。そのことは、ベースボールを通じての民主化促進、ベースボールを通じてのアメリカ的価値観の浸透といった考え方が、単に占領下日本の対日スポーツ政策の基本ポリシーとして存在していただけでなく、アメリカの対外文化外交政策の全体的な基本方針に則っていたものであった可能性を示唆している。そして、その基本方針は映画以外のメディア

——たとえばラジオなどを用いたり、メジャーリーガーのような実際のアスリートたちを親善大使として派遣するなどの方法も取られていたのである。

注

（1）個々の作品の日本公開日データについては、筈見有弘ほか編『戦後公開アメリカ映画大百科』第一一巻「資料編ＰＡＲＴ２四五〜七八・日本公開全作品事典」、一九七九年、を参照した。

（2）ZM Production "The San Francisco Seals" (Memorandum for record), 1 October 1949, "Relation with CI&E" File, PPB Division Central File, Box-8579, RG331, NARA.

（3）ＣＩＥ映画最初の九作品は以下の通り。

No.1『トスカニーニ』HYMN of the Nations --- Toscanini
No.2『よりよき明日』A Better Tomorrow
No.3『選挙当日』Tuesday in November
No.4『勉学の自由』Freedom to Learn
No.5『米国北西州』Northwest U.S.A.
No.6『電力と農園』Electricity and the Land
No.7『鋼の町』Steel Town
No.8『飛来する疫病』Winged Scourge
No.9『風を防ぐ樹木』Trees to Tame the Wind

ＣＩＥ映画最初の九作品がＯＷＩから国務省へと移管された作品群であることを示す文書は下記の通り。
Report on January to June, 1946, Period, International Motion Picture Division, Office of International Information and Cultural Affairs, Box 164, "Program Report FY 1946" File, Records Relating to International Information Activities 1938-53, State Department Lot File (Public), RG59, NARA.

（4）『時事通信・日刊映画芸能版』一九四八年五月十八日、六八〇頁。

（5）Letter from Dean G. Acheson to Saxton Bradford via Herbert T. Edwards, IMP, March 7, 1952, State Department Central File 1950-54, 511.945, RG59, NARA.
なお、ＵＳＩＡが組織名であるのに対して、プログラム名のほうはＵＳＩＥ（United States International Information and Education Program Service）とされていた。

（6）阿部彰『戦後地方教育制度成立過程の研究』（一九八三年、風間書房）。

（7）谷川建司『アメリカ映画と占領政策』（二〇〇二年、京都大学学術出版会）。中村秀之「占領下米国教育映画についての覚書——『映画教室』誌にみるナトコ（映写機）とＣＩＥ映画の需要について」CineMagaziNet no.6（http://www.hs.h.kyoto-u.ac.jp/CMN6/nakamura.htm）（二〇〇二年）。

（8）土屋由香『親米日本の構築——アメリカの対日情報・教育政策と日本占領』（二〇〇九年、明石書店）。

（9）『ＵＳＩＳ映画目録一九五三（USIS Film Catalog for Japan 1953）』東京・米国大使館映画配給課発行（Prepared by Distribution Section, Motion Picture Branch, American Embassy, Tokyo）、及び『ＵＳＩＳ映画目録一九五九年版』。なお、他の年度のカタログの所在については、身崎とめ子「ＧＨＱ／ＣＩＥ教育映画とその影響——戦後民主主義とダイニング・キッチン」イメージ&ジェンダー研究会『イメージ&ジェンダー』

Vol.7 2007.3を参照のこと。なお、身崎によれば、『ＵＳＩＳ映画目録』にはこの他にも一九五五、一九五七、一九六三、一九六六、一九六九年版があり、そのすべてのタイトルを合計すると確認できただけで一一二九タイトルになるとのことだが、本書では主として日本の占領期に的を絞っていることから一九五九年版までに掲載された計六二〇タイトルまでを対象にすることとし、また一九五三年版と一九五九年版の二冊を確認すれば大まかな傾向は掴めるとの判断により、その間の一九五五、一九五七年版は分析対象からはずした。

（10）『ＵＳＩＳ映画目録一九五九年版』一一三頁の「内容別分類索引」による。

（11）“Democracy and Educational Film Audience Report”（25 July, 1951）, RG331, GHQ/SCAP, CI&E, Box 5088, NARA.

（12）“Monthly Consolidated Report of Showings” Tokyo, Jan-Dec 1950, Ibaraki Prefecture, Feb-Dec 1950, Niigata Prefecture, Jan-Dec 1950, Fukushima Prefecture, Jan-Nov 1950., RG331, GHQ/SCAP, CI&E, Box 5270, NARA.

（13）「運動競技の民主々義に及ぼす影響」（『オールスポーツ』創刊号、一九四六年十月、オールスポーツ社）五頁。

（14）“Educational Film Attendance Report”（From: Nippon Cultural Association, To: Lt. I.B. Miller, Educational Film Exchange, CIE, GHQ, SCAP, APO500）, RG331, GHQ/SCAP, CI&E, Box5269, NARA.

（15）念のため、日本文化協会福島県支部の教育映画報告書でベースボール関連・スポーツ関連作品と同時に上映されている他のＣＩＥ映画についても福島県教育委員会事務局の月別上映報告書と比較してみたが、一二九番『スポーツ・レヴュー』と同時上映された五三番『パナマ運河』、三九番『火の用心』、一四〇番『スポーツ黄金時代』と同時上映された一三〇番『北アイルランド』、二〇六番『少年野球リーグ』および二一三番『スクェア・ダンスを踊ろう』と同時上映された一七二番『働く少年の楽園』、一七六番『浮かぶ劇場』については、いずれも月別上映報告書では上映回数〇回となっている。一三二番『休暇のスポーツ』と同時上映された一四九番『新しい交通』、一二八番『ケア物資の話』、一三四番『海老の町』の三作品については月別上映報告書でも上映記録があるが、それがこの日本文化協会福島県支部による上映機会であるかどうかは不明である。

（16）すべての脚本はアルファベット順に整理され、Movie Script 1942-1965, Records of the U.S. Information Agency, RG306, NARA にBox1～Box59までに収められている。そのタイトル一覧は米国立公文書館（NARA）のFinding Aid として常備されている。なお、USIA文書については、二〇〇八年段階でその所蔵場所が変更された情報がアーキビスト個人やNARAのデータベース上で共有されておらず、資料請求に大きな支障をきたしていた。二〇〇八年時点でのエントリー番号、ロケーションについては下記のデータが正しいものである（今後、再び変更になる可能性を否定するものではない）。Entry1098, Location230/47/17/1-.

（17）"The Ballpla yers" Folder, RG306, USIA, Movie Scripts 1942-1965, Box4, NARA.

（18）"Baseball Today" Folder, RG306, USIA, Movie Scripts 1942-1965, Box4, NARA.

（19）"Baseball Today", ATLAS Film Corporation, January 17, 1950, p.33., "Baseball Today" Folder, RG306, USIA, Movie Scripts 1942-1965, Box4, NARA.

第5章 VOAラジオ番組におけるジャッキー・ロビンソンのイメージの利用

1 背景としてのメジャーリーグ・ベースボールにおける人種の壁の打破

ベースボールはアメリカが日本を民主化し、日本人を再教育・再方向付けしていく上での最適なツールの一つだった。同時にまた、ベースボールはアメリカが世界に対してソヴィエトの社会主義体制よりも自国の民主主義・自由主義的体制のほうが優れているのだと説得的に対話していく際の突破口を切り開く有効なツールの一つでもあった。――本章では、そのベースボールの歴史上、黒人初のメジャーリーガーとして大きな転換点をもたらしたジャッキー・ロビンソン (Jack Roosevelt "Jackie" Robinson) に焦点を当て、アメリカのメジャーなスポーツの間に存在していた人種の壁を打ち破った彼の存在が、いかに文化冷戦時代においてアメリカにとってプラスのイメージとして利用されたか、またそれが占領下の日本においていかに積極的に利用されたかについて論じていく。

20世紀の中ごろまでの時期において、マス・コミュニケーション手段として最も大きな力を持っていたのは映画とラジオというメディアである。前章においては映画の利用を観てきたが、本章では、ラジオの利用について検討していく。具体的には、アメリカの対外文化外交手段の中でも最もよく知られている「アメリカの声」（Voice of America＝VOA）の放送コンテンツの中で、ベースボールやその他のスポーツがいかに用いられ、またその中でも特にジャッキー・ロビンソンのもたらした〝アメリカにおける人種の統合〟の好イメージがいかに有効に利用されていたかについて検証していく。

まずはその前提として、ジャッキー・ロビンソンのキャリアそのものをかいつまんで紹介しておく必要があるだろう。

稀有なアスリートとしてのジャッキー・ロビンソン

一九一九年に生れたジャッキー・ロビンソンは、戦後の一九四七年から一九五六年までの十年間を、ナショナル・リーグの強豪チーム、ブルックリン・ドジャーズ（Brooklyn Dodgers）の俊足巧打の二塁手（初年度は一塁手）として活躍したメジャーリーガーである。そして、何よりもロビンソンは、黒人はニグロ・リーグでしかプレイすることが許されていなかった時代に、初めてメジャーリーグでのプレイを認められた黒人アスリートとして知られている。それゆえに、ジャッキー・ロビンソンといえば、〝黒人初のメジャーリーガー〟と言われることが多いが、一八八四年にモーゼス・フリートウッド・ウォーカーという黒人選手がメジャーリーグでプレイした記録があるため、より厳密に言えば、ロビンソンは20世紀以降の近代メジャーリーグにおいて初めて人種の壁を打ち破ったプレーヤー、ということになる。

スポーツ万能で、UCLAを経てセミ・プロフェッショナルのフットボール・チーム、ホノルル・ベアーズで活躍していた彼がはじめて本格的にベースボールに打ち込むことになったのは、陸軍を名誉除隊したあとの一九四五年四月、ニグロ・リーグのカンザスシティ・モナークス（Kansas City Monarchs）のトライアウトに合格し、月給四〇〇ドルの条件で入団したことによる。[1] その後、ニグロ・リーグのオールスター・ゲームにも出場したロビンソンに注目したのが、ブルックリン・ドジャーズの共同オーナー兼ゼネラル・マネージャーであったブランチ・リッキー（Branch Rickey）で、ロビンソンは一九四五年八月に契約金三五〇〇ドル、月給六〇〇ドルの条件でドジャーズ傘下の3Aクラスの球団、インターナショナル・リーグのモントリオール・ロイヤルズ（Montreal Royals）と契約した。インターナショナル・リーグとしては五十七年ぶりの黒人選手であったロビンソンは、一九四六年のシーズンをロイヤルズの二塁手としてプレイし、打率3割4分9厘（球団新記録）、打点113の二冠王、守備率9割8分5厘で見事MVPに輝くとともに、チームを地区優勝、さらにプレイオフでも優勝に導いた。[2]

翌一九四七年四月のシーズン開幕の直前、ドジャーズはジャッキー・ロビンソンのメジャー昇格を発表し、四月一五日の本拠地エベッツ・フィールドで黒人選手としてはモーゼス・フリートウッド・ウォーカー以来六十三年ぶりのメジャー・デビューを一塁手として果たした。

この、〃人種の壁〃の打破については、ジャッキー・ロビンソンという稀有なアスリートがたまたま現れたために起こったということではなく、むしろ戦後におけるプロフェッショナル・ベースボール発展の方向性についてブランチ・リッキーの持っていたヴィジョンを体現する存在としてロビンソンに白羽の矢が立てられたと理解すべきだと思うし、メジャーリーグ機構そのものもこの方針を支持していたからこその実現だったはずである。実際、オーナー会議ではドジャーズ以外のすべての球団のオーナーがロビンソンのメジャー昇格に反対の立場を取っていたが、当時のコミッショナーであるハッピー・チャンドラーがドジャーズ支持を打ち出したことで潮目が変わったのである。

大事なポイントは、あらかじめ敷かれていた路線であったとしても、ジャッキー・ロビンソンはそれに対して誰もが納得せざるを得ないほどの結果を残すことで反対の声を封印することを成し遂げたということである。この年、相手チームや観客からの嫌がらせや試合ボイコットの示唆などさまざまな試練に耐えたロビンソンは、リーグ・トップの二十九盗塁、打率2割9分7厘、12本塁打などの成績を残し、メジャーリーグ・ベースボール新人王に輝いた(3)。

翌年からは二塁手として活躍を続け、一九四八年のシーズン前にはドジャーズと一万二千五百ドルで契約更改し、一九四九年には打率3割4分2厘、盗塁37、打点127の数字を残してシーズンMVPを獲得、黒人選手として初のメジャーリーグ・オールスター・ゲームの先発二塁手にファン投票で選出され、以後一九五四年まで六年連続で選出された。一九五〇年には、伝記映画『ジャッキー・ロビンソン物語』(*The Jackie Robinson Story*)に自分自身の役で主演し、そのプレイに直に接する機会を持てない多くのベースボール・ファンや一般の人たちに対してもその勇姿に接する機会を与えた。

愛国者としてのジャッキー・ロビンソン

こうしたロビンソンの活躍は、ほかの多くの優れた黒人ベースボール・プレイヤーたちにメジャーリーグでプレイする門戸を開いただけでなく、逆境にあっても努力を続けて成功を掴み取ったアメリカン・ドリームの体現者として白人社会からも賞賛されるに至った。ロビンソンが白人からも支持されるようになった背景としては、同じく黒人の著名なアスリート・俳優であったポール・ロブソンが、「アメリカの黒人は自分たちを差別した国家のために、自分たちに人としての威厳を認めてくれた国(ソ連)を相手に戦かわなくてはならない」と発言したことに関連して、ロビンソンが一九四九年七月に下院の非米活動調査委員会に召喚され、ロブソンの発言を「馬鹿げたものに聞こえる」と反論する愛国的な証言をしたことも関係しているだろう(4)。

ジャッキー・ロビンソンは〝人種の壁〟を打ち破ったヒーローであるだけでなく、陸軍に奉仕し、共産主義よりも自分にチャンスを与えてくれたアメリカ合衆国をより良き国と信じる愛国者であり、アメリカという国自体が、かつては人種差別などの根深い社会的な問題を抱えていたけれども、それを打ち破って国民の統合が図られつつある優れた社会であることをアピールする上で完璧なイメージを体現する存在であったのである。

アメリカ国務省が、占領下日本を含む世界中の国々、そしてそこに暮らす人々に対してソヴィエトよりもアメリカ社会のほうがより良き世界を実現していることをアピールし、アメリカ社会が様々な問題を抱えていたとしても、それを克服できるだけの柔軟性を備えた社会であることを示す上で、このジャッキー・ロビンソンの物語ほど魅力的な素材は他になかったのではないだろうか。

ジャッキー・ロビンソンは、一九七二年に五三歳で亡くなった後、ドジャーズ時代の背番号42がデビュー五〇周年に当たる一九九七年にメジャーリーグ三〇球団すべてにおける永久欠番と定められ、その時点で42番をつけていた現役選手は継続使用を認められたものの、ニューヨーク・ヤンキースのマリアノ・リベラが二〇一三年に引退して後は完全な永久欠番となった。しかしながら、ロビンソンを尊敬してやまない現役選手たちの声を受けて、二〇〇七年以降、毎年の四月一五日だけは、希望するすべての選手が42番をつけてプレイすることが許されるなど現在では伝説的存在となっているが、日本が占領後期にあった一九五〇年当時、既に〝アメリカにおける人種の統合〟の好イメージを体現する存在として〝生きた伝説〟となっていたのである。

そういった前提の上で、VOAやその他の形でのアメリカの対外文化外交政策においてジャッキー・ロビンソンの物語が利用された、と見るべきだろう。

2 VOAの歴史と日本での展開

アメリカ合衆国の海外向けラジオ放送の起源は一九四一年七月にフランクリン・D・ローズヴェルト大統領がウィリアム・J・ドノヴァンを局長として設立した軍の諜報組織としての情報調整局(Office of the Coordinator of Information ＝COI)にある。ドノヴァンはローズヴェルト大統領のコロンビア大学時代の同級生で、政敵であったものの、第一次世界大戦時の武勲などにより国民的人気があったため大統領としても一目置いていて、COI長官に抜擢したのである。ラジオ放送については、具体的にはCOIの下部組織で、ローズヴェルトの友人でもあった劇作家ロバート・シャーウッドが責任者を務めた海外情報課という組織が映画などそれ以外のメディアとともにラジオ放送を用いた対外情報政策をになっていた。この組織では、シャーウッドの人脈を活かす形で、同じく劇作家のソーントン・ワイルダーや、オーソン・ウェルズとともにマーキュリー劇団を率いていた舞台プロデューサーのジョン・ハウスマンといった一流の知識人らが働いていた。

戦時情報局の情報プログラムとしてのＶＯＡ

翌一九四二年六月にローズヴェルトは、戦時の情報プログラム全般を扱う臨時部局として戦時情報局（Office Of War Information ＝ＯＷＩ）を設立、今度はジャーナリストでありラジオ・コメンテーターであったエルマー・デイヴィスを長官とした。一九四三年三月九日の大統領令によってＯＷＩがラテンアメリカ以外の海外におけるアメリカのプロパガンダ政策を取り仕切る組織として定められたことによって、ドノヴァンのＣＯＩは戦略局（Office of Strategic Services ＝ＯＳＳ）へと拡張され、シャーウッドの海外情報課はドノヴァンの指揮下から外れてＯＷＩの海外部門の中心的役割を果たすこととなった。

ＶＯＡ自体は、ＯＷＩ設立に先だって、ドイツ第三帝国に占領されたヨーロッパ向けのニュースプログラムとして一九四二年二月に英国のＢＢＣの送信機を借りて放送開始された。始めはハウスマンらによってニューヨークのスタジオで製作された番組を借り物の送信機で流すだけだったが、その後一九四三年一月までには二三の送信機によって二七言語で放送するまでに拡大され、一九四四年時点では四〇言語以上で何百時間もの番組を供給するまでになっていた⑸。

その後、戦局が終息に近づきいったんは役割を終えたかに思われたＶＯＡだが、終戦とともにＯＷＩが解散となった後は大幅にスタッフの規模を縮小した上で国務省に引き継がれ、二三言語まで減らした形で細々と存続した。やがて、冷戦の進展に伴って再び重要性を増すことになり、一九四八年一月の「スミス＝ムント法」制定、六月のベルリン封鎖といった状況を受けて、ハリー・Ｓ・トルーマン大統領（Harry S. Truman）は一九五〇年四月に「真実のキャンペーン」としてあらゆるメディアを用いてソヴィエトのプロパガンダに対抗していくプログラムを開始した(6)。

そうした中で、VOAは一九五一年には週に四〇〇時間の番組を四五言語で放送するまでに再拡充され、最終的には一九五三年八月の合衆国広報・文化交流庁（United States Information Agency＝USIA）設立とVOAの移管へと進展していった。ちなみに、USIAはビル・クリントン大統領政権時に廃止されてVOAは再び国務省の管轄となっている。また、VOAの本部はシャーウッドの時代からずっとニューヨークにあったが、一九五四年には現在のワシントンDCへと移転している(7)。

VOAの日本向け放送の歴史

日本向けの放送に関しては、戦時中には一九四二年より日本語放送が実施され、一九四四年一二月からはサイパン島から中波による中継なども行われたというが、終戦とともにいったんは日本語放送を終了した。その後、前述の「真実のキャンペーン」を背景として、占領期間中の一九五〇年頃から国務省内部やアメリカ政治顧問団からの提案を受ける形で、占領政策が終わりに近づき、サンフランシスコ講和会議が開催された前日の一九五一年九月三日になって日本語放送が復活（テスト放送は八月二六日から音楽番組によって実施）し、アメリカの国内情勢やさまざまな話題を短波によって放送した。

日本語放送は、時期によって時間帯に変動はあったようだが、最初期については日本時間の午後六時三〇分から七時にかけて実施されたという。聴取者調査などはＵＳＩＡによって頻繁に行われている。最終的には一九六八年のＵＳＩＳ東京による調査の結果、その時点でＶＯＡはモスクワ放送や北京放送と比べるとあまり日本人に聴かれていない、という結果が出て、一九七〇年二月には打ち切りとなったものの、(8) 他にも日本放送協会（ＮＨＫ）や民放に対してさまざまな放送素材やパッケージ番組を提供するなどの形でも情報の提供は行われていたから、ラジオを用いたアメリカの対外文化外交政策全体としてはその意味は決して小さくない。

ＶＯＡのキラー・コンテンツとしての野球放送

ところで、ＶＯＡ日本語放送再開後の最初期に行われたＮＨＫへの番組パッケージ提供の実例の中で、メジャーリーグ・ベースボールのワールド・シリーズの放送が行われていたことが、井川充雄の先行研究の中で明らかにされている。(9) それに依ると、日本語放送再開の目玉番組の一つとして、一九五一年一〇月四日から一〇日までの期間、リーグ二連覇中のニューヨーク・ヤンキース（New York Yankees）と一四年振り出場のニューヨーク・ジャイアンツ（New York Giants）との間で行われた第四八回ワールド・シリーズ全六試合のすべてが、ＮＨＫからＶＯＡに出向中だった岡田実、野瀬四郎両アナウンサーの実況中継によって放送されたという。

この年のワールド・シリーズはヤンキースが四勝二敗で三連覇を成し遂げているが、ジャイアンツはナショナル・リーグのペナント・レースでブルックリン・ドジャーズと最後まで熾烈な優勝争いを演じ、一〇月三日に行われた三回戦制のプレイオフの第三戦で、外野手のボビー・トムソンが劇的な逆転サヨナラ本塁打を放ち、「世界中に響き渡った一打（Shot Heard 'round the World)」として今日まで語り継がれている。

このプレイオフは日本で聞かれることはなかったが、ワールド・シリーズの放送はいったんVOAで実況中継したものをNHKが録音し、再放送する形で放送された。しかし、放送終了後のNHKからのVOA宛のコメントにおいて「放送は日本時間午前八時からのほうがよかった。午後四時からの放送では、街頭売りの夕刊紙が詳細に報道してしまうから」という意見が寄せられたことから、録音再放送といっても、リアルタイムの中継からほとんど時間をおかずに放送したであろうことがわかる。

もっとも、放送時間については、星条旗新聞の記事では短波による生放送が東京時間の午前二時一五分から、アメリカの放送を録音したものを用いた再放送は毎日午後三時〇五分からの予定と報じられており、正確な放送時間がどうだったのかは不明である。[10] ともあれ、この放送は駐日アメリカ大使館の報告に依れば第一戦だけで六〇〇〇万人が聴取したとされており、やはりCIE映画と同様にベースボールがある種のキラー・コンテンツとして機能していたことは間違いないように思われる。[11]

3 VOAプレス・リリースにみるベースボール関連放送の具体例

米国立公文書館所蔵のUSIA資料の中に、USIA設立直前の二年間（一九五一〜一九五三年）のVOAラジオ・ニュースの「プレス・リリース」資料群が残されている。(12) それはボックス数にして一五箱、個々のラジオ・ニュース番組の資料フォルダー数にして八四七に及ぶ資料で、それぞれのフォルダーは「極東」（二三六フォルダー。「南アジア&極東」の一フォルダーを含む）、「近東」（一九二フォルダー）、「南米」（二〇六フォルダー）、「ヨーロッパ」（一九八フォルダー。「ヨーロッパと南米」の三フォルダー、「ヨーロッパと近東」の一フォルダー、「ヨーロッパと極東・近東」一フォルダー、「ヨーロッパと極東」一フォルダー、「ヨーロッパと南米・極東」一フォルダーを含む）、「世界」（一五フォルダー）といった形にまず地域分けされた上で、特定の国名が記され、さらに具体的な番組タイトルが記されているため、どこの国でどういった内容のラジオ・ニュースが放送されたのかを知る手がかりとなる。なお、「世界」とカテゴライズされているものは、特にどの地域向けの番組ということではないものであろうと考えられる。

この八四七フォルダーをさらに国別に分けて、それぞれの国向けのフォルダーの中にベースボール、またはスポーツに関する内容であると推察できるフォルダーがいくつ含まれているか、そしてそのそれぞれのフォルダーのタイトルを示したのが、以下に示す表5-1である。なお、八四七フォルダーの内容すべてを精査することは物理的に難しいので、ベースボール、またはスポーツに関する内容であるかどうかはあくまでのそのタイトルによって判断している。そのため、あるいは見落としがある可能性も否定は出来ないが、どの地域、どの国においてどの程度スポーツやベースボールがVOAのラジオ・ニュースの番組内容として取り上げられていたかはこの表5-1でわかるはずである。

この八四七フォルダー（八四七番組）が一九五一年から一九五三年にかけてVOAが製作したすべての「ラジオ・ニュース」プログラムであるという保証はないし、むしろUSIAが設立された際に国務省から資料として引き渡された際にたまたま残っていた資料にすぎないと考えたほうがよいのかもしれない。だが、この一覧表を見ただけでもいくつかの点がはっきりと読み取れる。

VOA放送プログラムにおけるスポーツの比重

その特徴の一つは、近東・南米・ヨーロッパ、そして極東のうち日本を除く国においては、VOAの放送プログラム（「ラジオ・ニュース」プログラム）においてスポーツなりベースボールなりが実はさほど大きなウェイトを占めてはいなかったという点である。日本向けのプレス・リリースである四七フォルダーを除いた全八〇〇フォルダーのうち、スポーツに関するトピックのものは僅かに一〇フォルダー、ベースボールに関するものはたったの三フォルダーしかない。統計は取っていないものの、全体を見た印象ではむしろ音楽関係のトピックのものが圧倒的に多い（特に南米において）ように思われる。

だが、ラジオというメディアの特性を鑑みればそれは当然のことと言えるのかもしれない。

スポーツに関する一〇のフォルダーは、やはりその国や地域によって人気のあるスポーツが異なるという現状を反映していて、南米ではボクシング、ヨーロッパでは陸上競技やスキー、サッカーなどが取り上げられている。だが、ここではそれらについてこれ以上立ち入ることはせずに、他の二つの大きな特徴について分析していきたい。

二つ目の大きな特徴は、全八四七フォルダーのうち、日本に関する四七フォルダーだけがベースボールに関するフォルダーが計七つもあり、全体の中で特出して多いという事実である。ほかに、フットボールの殿堂入り黒人選手＝フレデリック・D・ポラードについての一フォルダーもある。少なくとも、日本に限って言えばアメリカのこの時期の対外文化外交政策の中でスポーツ、とりわけベースボールが特別に重視されていた可能性が極めて高いと言えそうである。

そして三つ目の大きな特徴は、その日本のベースボールに関する七フォルダーのうちの一フォルダー、および近東・南米・ヨーロッパ、そして極東のうち日本を除く国において、たった三フォルダーしかないベースボールに関するフォルダーの内容が、実はすべてジャッキー・ロビンソンについてのものであるという事実である。これら、ジャッキー・ロビンソンをフューチャリングしたVOA「ラジオ・ニュース」プログラムの内容については次節にて詳しく扱うこととし、ここでは日本におけるその他のベースボール関連のフォルダーについてもう少し分析してみたい。

表5－1 ● USIA資料：VOAラジオ・ニュース　プレス・リリース（1951-1953）

<table>
<tr><th>地域名</th><th>国　名</th><th>フォルダー数</th><th colspan="2">ベースボール（B）またはスポーツ（S）に関するフォルダー数およびそのタイトル</th></tr>
<tr><td rowspan="12">極東</td><td>オーストラリア</td><td>1</td><td>0</td><td rowspan="10">B：ヤンキース監督ケイシー・ステンゲル
S：黒人殿堂入り選手フレデリック・D・ポラード（フットボール選手）
B：スポーツ・ショウ：ジョー・ディマジオ
B：ボビー・シャンツ（投手）
B：ワールドシリーズ
B：オールスター・ゲーム
B：ベースボール・ゲーム
B：ジャッキー・ロビンソン</td></tr>
<tr><td>ビルマ</td><td>14</td><td>0</td></tr>
<tr><td>インドネシア</td><td>8</td><td>0</td></tr>
<tr><td>日本</td><td>47</td><td>7＋1</td></tr>
<tr><td>朝鮮</td><td>28</td><td>0</td></tr>
<tr><td>マラヤ</td><td>5</td><td>0</td></tr>
<tr><td>フィリピン</td><td>70</td><td>0</td></tr>
<tr><td>タイ</td><td>13</td><td>0</td></tr>
<tr><td>ヴェトナム</td><td>1</td><td>0</td></tr>
<tr><td>インド</td><td>1</td><td>0</td></tr>
<tr><td>その他（特定国以外）または空フォルダー</td><td>48</td><td>1＋0</td><td>B：ジャッキー・ロビンソン</td></tr>
<tr><td>極東合計</td><td>236</td><td>8＋1</td><td></td></tr>
<tr><td rowspan="8">近東</td><td>イスラエル</td><td>23</td><td>0</td><td rowspan="6"></td></tr>
<tr><td>パキスタン</td><td>25</td><td>0</td></tr>
<tr><td>トルコ</td><td>44</td><td>0</td></tr>
<tr><td>ギリシア</td><td>17</td><td>0</td></tr>
<tr><td>インド</td><td>14</td><td>0</td></tr>
<tr><td>イラン</td><td>6</td><td>0</td></tr>
<tr><td>その他（特定国以外）または空フォルダー</td><td>63</td><td>1＋0</td><td>B：ジャッキー・ロビンソン</td></tr>
<tr><td>近東合計</td><td>192</td><td>1＋0</td><td></td></tr>
</table>

南米	アルゼンチン	9	0＋1	S：二人のボクシング専門家
	ブラジル	76	0	
	チリ	5	0	
	コロンビア	5	0	
	コスタリカ	2	0	
	キューバ	2	0	
	ドミニカ共和国	2	0	
	エクアドル	1	0	
	グァテマラ	1	0	
	ハイチ	2	0	
	メキシコ	5	0	
	パラグアイ	2	0	
	ウルグアイ	5	0	
	ベネズエラ	1	0	
	その他（特定国以外）または空フォルダー	88	1＋3	S：パンチョ・セギュラ（テニス） S：ルイス・エンジェル・フリッポ(ボクサー) S：ボブ・アリソン(スポーツ・ラウンドアップ) B：ジャッキー・ロビンソン
	南米合計	206	1＋4	
ヨーロッパ	オーストリア	25	0＋2	S：オリンピック・スターズ S：スキー・チャンピオンズ
	ベルギー	1	0	
	チェコスロヴァキア	1	0	
	デンマーク	1	0	
	フィンランド	42	0＋2	S：インディアナポリス・オート・レース
	フランス	40	0	S：ボストン・マラソン
	ドイツ	28	0＋2	S：ハインツ・ウルツェイマー(陸上競技)
	その他（特定国以外）または空フォルダー	60	0	S：ストゥットガルトのサッカー選手
	ヨーロッパ合計	198	0＋6	
世界	特定国以外	15	0	
全847フォルダー合計		847	10＋11	

日本向けベースボール関連放送プログラム

次節で扱うジャッキー・ロビンソン、およびベースボール以外の一フォルダー（フレデリック・D・ポラード）を別にすると、日本におけるベースボール関連フォルダーとしては以下の六つがあり、オンエア予定日（あるいは収録予定日）を時系列で並べると次のようなる。

最初の三つのプログラムには「C-〇〇〇」というような「ファイル番号」が付けられていないが、ここに加えなかったジャッキー・ロビンソンのフォルダーには（B-221）、フレデリック・D・ポラードのフォルダーには（C-424）という番号がそれぞれ付されていることから判断すると、試合中継の番組などには番号は振られていないもののゲストへのインタビューで構成される収録番組の場合には整理番号がつけられていたということのようだ。

一九五二年四月一九日　ベースボール・ゲーム
一九五二年七月　九日　オールスター・ゲーム
一九五二年一〇月二～八日　ワールド・シリーズ
一九五二年一〇月一九日　ボビー・シャンツ（C-152）
一九五二年一一月一六日　ジョー・ディマジオ（C-180）
一九五三年四月一六日　ヤンキース監督ケイシー・ステンゲル（C-780）

まずは一九五二年四月一八日のメジャーリーグ・アメリカン・リーグ開幕戦の中から、ワシントン・セネターズ対ニューヨーク・ヤンキースの試合をヤンキー・スタジアムから中継する番組が計画された。プレス・リリースの文章によれば、実況中継にはワールド・シリーズに引き続いて岡田実、野瀬四郎の両NHKアナウンサーが担当し、東京時間の翌一九日の午後六時半から七時にかけて試合のハイライトが放送された、とある。(13)

言うまでもないが、VOAの本部はこの時期はまだニューヨークにあったため、地元チームであるヤンキースの試合は実況中継するには地の利があった。また、戦後の一九四七年からの一九五〇年代末までというのはワールド・シリーズがニューヨークのチーム同士による〝サブウェイ・シリーズ(Subway Series)〟として行われた頻度が格別に高いニューヨークのベースボール黄金期にあたる。

ヤンキースは一九四七年、一九四九年、一九五〇年、一九五一年、一九五二年、一九五三年、一九五五年、一九五六年、一九五七年、一九五八年とワールド・シリーズに出場を果たし、うち一九五五年にブルックリン・ドジャーズに、また一九五七年にミルウォーキー・ブレーヴスに敗れている以外はすべてワールド・チャンピオンとなっている。ちなみに、ヤンキースが出場した上記の一〇回のワールド・シリーズのうち、一九五〇年のフィラデルフィア・フィリーズ戦と一九五七年・一九五八年のブレーヴス戦以外はすべてブルックリン・ドジャーズまたはニューヨーク・ジャイアンツ(一九五一年のみ)との〝サブウェイ・シリーズ〟だった。

オールスター・ゲームとVOAスポーツ・エディター＝ボブ・アリソン

一九五二年のオールスター・ゲームはフィラデルフィアのシャイブ・パークで行われ、放送はVOAとNHKの共同提供として企画された。今回も岡田実、野瀬四郎の両NHKアナウンサーが実況を担当し、それが録音されてニューヨークのVOAスタジオにて二時間の長さに編集され、VOAで日本に向けて放送され、NHKの中波によって東京時間七月九日の午後一時よりリレー中継されたという。[14] ちなみに、この年のオールスター・ゲームは史上初めて雨天のため五回で打ち切りとなったが、初回にジャッキー・ロビンソンが先制のホームランを放つなどし、五対三でナショナル・リーグが勝っている。

ヤンキース対ドジャーズの宿敵同士による一九五二年度の第四九回ワールド・シリーズは、日本語放送開始直後に実施された前年度の成功に引き続き、やはり野瀬・岡田両アナウンサーのコンビでの実況で、一時間に編集された形でオンエアされた。日本にいる英語リスナー向けには、毎日七時三〇分から放送の「アメリカから日本の人々へ (America Calling the People of Japan)」という番組の特別枠として、VOAのスポーツ・エディター、ボブ・アリソンが試合の合間に両軍の選手たちに取材する形で放送している。また、ワールド・シリーズ期間中は通常のニュース枠の中のスポーツ・セクションが〝プレイヤー・オブ・ザ・デイ〟に置き換えられるなどして、雰囲気を盛り上げた。[15]

ちなみに、ボブ・アリソンは、この時期のVOAのスポーツ関係、特にベースボール関係の番組を一手に引き受けていたニューヨーク生まれの人物で、大学卒業後何年間か英語とスピーチの教師をした後で、ニューヨーク市のWNYC局のスポーツ・コメンテーターに一八〇〇名の候補から選ばれたという。さらに同市のWNEWのアナウンサー、CBSの教育部門のプロデューサーを経て、一九五〇年からVOAに特別イヴェント担当として参加し、後にVOAスポーツ・エディターとなった経歴の人物である。(16)

ボビー・シャンツと「アメリカから日本の人々へ」

その次の番組で取り上げられているボビー・シャンツ (Bobby Shantz) はフィラデルフィア・アスレティックス (Philadelphia Athletics) の投手で、上記の一九五二年のオールスター・ゲームの五回裏に登板している。この時、シャンツはホワイティ・ロックマン、ジャッキー・ロビンソン、スタン・ミュージアルといういずれも劣らぬ強打者を連続三振に仕留め、カール・ハベル (Carl Hubbell) の持つオールスター・ゲームでの五連続奪三振記録の更新が期待されたものの雨のためコールド・ゲームが宣言されて記録への挑戦は幻となった。この一〇月一九日の放送は試合の中継ではなく、一か月前の九月一九日にヤンキー・スタジアムで行われたアスレティックス対ヤンキースの試合の直前に、やはり「アメリカから日本の人々へ」の中でボブ・アリソンが取材したもので、放送が一か月後となったものである。(17)

図5－1●ボビー・シャンツとボブ・アリソン

シャンツは一九五一年にジョー・ディマジオらとともに日本ツアーを行ったメジャーリーガーのメンバーにも入っていたため、その思い出について語るとともに、ピッチング技術について語る予定、となっている。放送は一〇月一九日の日曜日、東京時間の午後五時半から行われたという。前年に来日したばかりで、その前のVOAのメジャーリーグ放送であるオールスター・ゲームでも活躍したことから、日本人にはやや馴染みのないアスレティックスの選手ではあるが抜擢されたものと思われる。

また、このシャンツのフォルダーには他にも同じく「アメリカから日本の人々へ」の中でアリソンのスポーツ・ショウのゲストとして登場するヤンキースのピッチャー、エディ・ロパット（Eddie Lopat）についてのプレス・リリースも含まれていたが、なぜか独立したフォルダーとはなっていなかった。よって、独立したフォルダーとなっている七つのケース（次節で扱うジャッキー・ロビンソンを含む）は事前にプレス・リリースやパブリシティ用写真が配布された重要な番組という位置づけなのであって、ベースボール自体はボブ・アリソンの毎週日曜日のスポーツ・ショウで頻繁に日本人リスナーの耳に届いていたことは明らかであると考えられよう(18)。

なお、これらのプレス・リリースには、リリース資料（文章）と写真とをそれぞれどこのエリアに何部送付したかが記されているシートが付いている。一九五二年四月一九日のアメリカン・リーグ開幕戦とオールスター・ゲームについては試合の中継ということもあり写真素材は特に用意されなかったが、このシャンツのインタビューでは、マイクを持ったアリソンとシャンツとが一緒に映っているパブリシティ用の写真が四〇枚用意され、うち五枚がファイル用とされ、三五枚が日本に送られたとの記述がある。

ジョー・ディマジオが日本のリスナーに語り掛けるインパクト

シャンツが登場した番組の翌月、アリソンの番組に今度は日本での人気、そしてその実力の上でメジャーリーガー随一ともいえるジョー・ディマジオが登場している。一九五二年一〇月一七日付のVOAプレス・リリースによれば、毎週日曜日の午後七時半からのアリソンの日本向けスポーツ番組では、日本人リスナーに対してどんなスポーツ選手であれ、日本人リスナーが興味を持っていることを手紙で知らせてくれれば番組に出演してもらうように最大限の努力をする、ということを謳っていて、

図5－2●ジョー・ディマジオ

VOA宛の手紙は東京のアメリカ大使館気付でも直接ニューヨーク宛でも構わないとされていた。(19)

実際にディマジオがアリソンの番組に登場して日本のリスナーに向けて語りかけたのは約一ヵ月後の一一月一六日のことだが、一〇月一七日付のVOAプレス・リリースと一一月一六日のディマジオの番組の資料とが同じフォルダーに収められていることからすると、実際に日本からのリクエストが最も多かった選手がディマジオであったために、登場することになったのかもしれない。

ディマジオは一九三六年のメジャー・デビューからこの方、常に名門ヤンキースのみならずアメリカのメジャーリーグを代表する名選手として活躍し、占領下の日本でも最も人気のあった選手であることは間違いない。ディマジオは第7章で詳述することになるサンフランシスコ・シールズ（San Francisco Seals）の監督だったフランク〝レフティ〟・オドール（Frank "Lefty" O'Doul）がシールズの秘蔵っ子選手として育て上げた後にヤンキースでメジャー昇格した選手である。オドールは大成功に終わった一九四九年のシールズ来訪による日米野球復活のあと、翌一九五〇年には日本のプロ野球の技術指導のためにディマジオを伴って再び来日、さらに一九五一年にはオドール総監督、ディマジオ監督兼外野手としてメジャーリーグ選抜チームが来日しての日米野球が日本全国各地で開催されている。

ちなみに、一九五〇年のディマジオ初来日の際には、この年から日本のプロ野球界がセ・パ二大リーグ制となって史上初めて両リーグの覇者同士による〝日本ワールド・シリーズ〟が催され、オドールが投手を、ウィリアム・マーカットESS局長が捕手を、そしてディマジオが打者を務めるという豪華な始球式が行われている。[20]

日本での試合が現役最後の試合となったディマジオ

また、一九五一年の日米野球ではディマジオは一〇月二〇日の対読売ジャイアンツ戦から東京、仙台、宇都宮、富山、甲子園、静岡、ふたたび大阪、西宮、一一月一〇日に再度、東京の神宮球場で対全セリーグ戦を監督兼外野手として戦った。来日チーム自体はその後岡山、後楽園を経て神宮での一一月一九日の試合まで計一六試合を行っているが、ディマジオは一一月一〇日の試合で八回表に名古屋ドラゴンズのエース杉下茂からホームランを放ったものの、試合終了後にヤンキースから緊急の命

図 5－3●1951 年日米野球（メジャー選抜チーム）パンフレット

令により先に帰国することになった。ところが、帰国したディマジオは一二月一一日に引退を発表するに至り、日本での試合が現役最後の勇姿ということになった[21]。

一九五二年のVOAの放送では、引退後一年経ったディマジオが縁の深い日本のベースボール・ファンに向かって、この一年間の活動について、そして一九五二年のシーズンを振り返り、昨年度までは自らのライヴァルであったトップ・ランクのバッターたち、そしてピッチャーたちを評価する、という内容だった[22]。一〇月二二日付の資料（送付一覧のシート）によれば、一七日付のプレス・リリースは、背広姿でVOAのマイクの前に立つディマジオのパブリシティ用写真五〇枚とともに一〇部が日本に送られたことがわかる。

ヤンキース名監督ケイシー・ステンゲル

最後の番組は、そのジョー・ディマジオの現役時代の最後の三年間（一九四九〜一九五一）の監督であり、その三年間を含む五年連続（一九四九〜一九五三）のワールド・シリーズ制覇を含めて、ヤンキース監督を務めた一九四九年から一九六〇年までの一二年間で一〇回のリーグ優勝、そしてワールド・シリーズでは五連覇のあとも一九五六年、一九五八年にもチームをワールド・チャンピオンに導いた大監督であるケイシー・ステンゲルへのインタビューである。一九五三年四月一五日付のプレス・リリースは短い文章なので、そのまま全文を紹介したい。(23)

見出し：ヤンキース監督がVOAスポーツ・エディターとともに語る

ニューヨーク――〝クリーヴランドさえ同一リーグでなければいいんだが……！〟

VOAのスポーツ・エディターであるボブ・アリソンの独占インタビューに応えて、ニューヨーク・ヤンキースの監督であるケイシー・ステンゲルはベースボールの歴史上過去に例がないリーグ五連覇へ向けてのチームの可能性について要点を述べた。ベースボールの名物指導者はまた、彼のチームの外野手陣は過去の四年間と比べて最高の陣容だと思っていると付け加えた。

このインタビューは、ヤンキースのクラブハウス内にあるステンゲルのオフィスで開幕戦の直前に行

図5－4●ケイシー・ステンゲルとボブ・アリソン

われ、VOAの一九五三年度のベースボール・ニュース・レポートの口火を切った。

アリソンのサンデー・スポーツ・ショウに加えて、VOAでは東京時間の午後七時半よりベースボール・ニュース取材を試合結果詳細とともに毎日英語にて放送し、毎週月曜日午後六時半からは日本語でも放送している。

このプレス・リリースに添えられたユニフォーム姿のステンゲルとマイクを持ったボブ・アリソンのパブリシティ用写真は、二日後の一七日に航空便にて一五部が東京に送られている。クリーヴランドとはヤンキースと同一のアメリカン・リーグに所属していて、当時エース・ピッチャーのボブ・フェラー（Bob Feller）らを擁して優勝候補に挙げられていたクリーヴランド・インディアンズ（Cleveland Indians）のことであり、ステンゲルのヤンキースは一九五三年に史上初のリーグ五連覇、そしてワールド・シリーズ五連覇を成し遂げるものの、翌一九五四年には恐れていた通りインディアンズに優勝を持っていかれた。

4　VOA「ジャッキー・ロビンソン：リーディング・ベースボール・スター」

ジャッキー・ロビンソンをフューチャリングしての特別放送「ジャッキー・ロビンソン：リーディング・ベースボール・スター（Jackie Robinson: Leading Baseball Star）」が日本向けに企画されたのは、前節で紹介した六つのベースボール関連プログラムよりも前、日本語放送が復活した一九五一年九月三日よりもさらに前の一九五一年二月頃のことと思われる。

日付を特定できないのは、プレス・リリース自体に日付が記されていないためだが、余白に手書きのメモで一九五一年二月四日に一五部（ほかにIdoに1部、Radiopressに2部とのメモあり）が日本に送られたと記されている。あるいはまた、手書きのメモは実際には一九五二年二月のところを間違って一九五一年と記した可能性も否定できない。というのも、後述する近東へのプレス・リリース送付がちょうどその一年後となっており、一年の間隔をあけて別地域で放送が計画されたと考えるよりはほぼ同時期と考える方が合理的だからである。[24]

ただし、この「日本：ジャッキー・ロビンソン」フォルダーには写真は含まれておらず、また写真やプレス・リリース（文章）をどの地域に何部送るかを記す一覧表のフォーマットも含まれていなかった。もし手書きメモ通りに一九五一年のものであるとすれば、それはこの時期にはまだこうしたフォーマット自体が確立されていなかったか、あるいはまだ日本語放送が開始されてNHKとのコラボレーションが始まる前であるため、日本人リスナー向けの告知方法が確立していなかったからであろうと推察できる。

日本人向けのジャッキー・ロビンソン登場の番組

前節で詳述したようなベースボール関連の番組は、試合の中継の場合は日本人リスナーのために日本語での実況中継を僅かなタイムラグで実施し、またインタビューものの場合は日本人にとって馴染みのある人物中心の人選であったわけだから、どちらにしても日本人の口に合うことを最優先した上での番組であり、聴取者が喜ぶであろうというのが基準となっている。

しかしながら、このジャッキー・ロビンソンに関する番組の場合は、後述するように日本だけを対象にしたものではなく、全世界的にアメリカ国務省として積極的に世界のリスナーに対して伝えたいというのが動機となって製作された番組である事は間違いないように思える。日本でのVOAリスナーはまだ日本語放送開始前ということもあってさほど多くはなかったかもしれないが、それでもわざわざ日本人向けのコメントをロビンソン自身の口で語らせていることからも、VOAの力の入れ方がよくわかる。プレス・リリースの文章は短いものなので、以下に全文を示しておく。(25)

ジャッキー・ロビンソン：リーディング・ベースボール・スター、

「アメリカの声」を通じて日本へ放送する

ニューヨーク。――〝もし今年日本を訪れることができるとしたら、私にとってとてもスリリングなことだね〟。つい先日、「アメリカの声」を通じての日本向け特別放送番組の中で〝合衆国の中でのベースボール〟について論じた、アメリカを代表するベースボール・スターはそう語った。

ブルックリン・ドジャーズの二塁手にして、数多くの主要なスポーツ賞を受賞したロビンソン氏は、日系市民協会の発会式式典の合間に放送に出演した。

日本人リスナーに対してロビンソン氏は、〝私は友人たちや、新聞記事を読むことを通じて、またファンを通じて、日本でベースボールが大変な人気であるということを聞いている〟と語った。そして〝東京の後楽園球場からのベースボールの試合をすぐにでも見られるようになることを望んでいる〟とも。

VOAの放送を通じて、ロビンソン氏は海外のほかの地域でもベースボールへの関心が増していることを議論し、若きアスリートたちに〝ビッグ・リーグ〟からのアドバイスをし、合衆国においてプロのアスリートたちがいかにオフ・シーズンを過ごしているかについて分析している。

ナショナル・リーグの一九四八年度ＭＶＰに選出されたロビンソン氏はまた、〝人種関係への貢献〟によってジョージ・ワシントン・カーヴァー・メダルを授与されている。

ちなみに、日本のベースボール関連雑誌は占領政策が始まるとすぐに復刊され、あるいは続々と新創刊され、それらの雑誌紙面においては日本のプロ野球についての話題だけでなく、メジャーリーグ・ベースボール関連の情報が常に読者に提供されていた。そのことはそれだけベースボールの本家本元であるアメリカのベースボールに対する日本の野球関係者、野球愛好者の関心が強かったことを反映している。もちろん、そんな中で戦後になってすぐに彗星のごとく登場して瞬く間にリーグＭＶＰを受賞するトップ・プレイヤーにまで駆け上がったジャッキー・ロビンソンについての情報も日本人読者に伝えられてはいたはずである。

だが、このＶＯＡのプレス・リリースでは、彼の卓越したベースボール・プレイヤーとしての側面のみならず、アメリカに存在していた〝人種の問題〟に対して大きな貢献をした人物である、という側面が同じくらいに強調されているという印象を受ける。

ジョージ・ワシントン・カーヴァーとは一八六四年に生れたアフリカ系アメリカ人の植物学者で、土壌改善のために綿花とマメ科植物との輪作を推し進め、アメリカの農業発展に寄与した。戦争中の一九四三年に亡くなった後、時の大統領フランクリン・D・ローズヴェルトはカーヴァーの業績を記念するモニュメント建設に際して三万ドルの寄付をしたという。その生前の功績を称えられて設けられたのがジョージ・ワシントン・カーヴァー・メダルということになるが、そのメダルを受賞したジャッキー・ロビンソンもまた、逆境を跳ね返して、人種間の壁を越えた模範的アメリカ人として、アメリカ国務省が是非とも世界中に広めたいイメージ――すなわち、人種の統合のイメージを体現していたのである。

近東向けのジャッキー・ロビンソン登場の番組

この日本人リスナー向けのプレス・リリースが送付された日からちょうど一年後――あるいは、日本向けのプレス・リリースも一九五二年の同じ時期だった可能性もある――の一九五二年二月四日に、VOAでは近東向けにも同じタイトルの番組のプレス・リリースを送付している。番組の内容自体はおそらく日本向けの番組で用いた録音素材と同一のものの使いまわしもあると推察できるが、プレス・リリースの内容は若干日本向けのものとは異なるヴァージョンとなっている。以下にその内容を記す。(26)

ジャッキー・ロビンソン：リーディング・アメリカン・ベースボール・スター、

「アメリカの声」を通じて放送する

ニューヨーク。——〝スポーツマンシップ——勝つことだけで無く負けることもできるということ——とはアスリートにとって最も重要なことだ〟。つい先日、「アメリカの声」を通じての特別インタビューの中でアスリートとしての基準について論じた、アメリカを代表するベースボール・スターはそう語った。

ブルックリン・ドジャーズの二塁手にして、数多くの主要なスポーツ賞を受賞したロビンソン氏は、ニューヨークのハーレム地区にある少年たちのためのレクリエーション・クラブから放送に出演した。プロフェッショナル・ベースボールのシーズンごとのオフの合間に、ロビンソン氏は若きクラブ・メンバーたちに対してスポーツ指導を行っている。

VOAの放送を通じて、ロビンソン氏は海外のほかの地域でもベースボールへの関心が増していることを議論し、若きアスリートたちに〝ビッグ・リーグ〟からのアドバイスをし、そして早い時期のスポーツのトレーニングがその後の長い人生にとって如何に重要であるかについて分析している。

ナショナル・リーグの一九四八年度MVPに選出されたロビンソン氏はまた、〝人種関係への貢献〟によってジョージ・ワシントン・カーヴァー・メダルを二度も授与されている。

図5－5●ジャッキー・ロビンソン

放送が録音された場所（あるいはインタビューが行なわれた場所）が日本向け番組とは異なることから、少なくともVOAが複数回のインタビューを行なった上で、放送する地域に応じた編集を施し、放送する地域ごとにプレス・リリースを作成したのであろうことは容易に推察できる。

このプレス・リリースには、VOAの局名がはっきりと記されているマイクの前に立ち背広姿で喋っているジャッキー・ロビンソンの写真がパブリシティ用として準備され、上記のプレス・リリースの文章はキャビネ・サイズに焼かれたその写真の裏側に印刷される形で17箇所の国や地域に合計で一二〇枚、および保存用として三枚の合計一二三枚の写真が作成されて一九五二年二月四日に航空郵便袋にて送付されたと一覧表の余白に手書きのメモが記されている。[27]

南米向けのジャッキー・ロビンソン登場の番組

次に、近東向け放送と相前後して実施されたと思われる、南米向けの放送についてみてみたい。近東向けの番組は実際の放送予定日時までを示す資料はフォルダーの中に含まれていなかったが、こちらはオンエア予定日が一九五二年二月一〇日、プレス・リリース資料（および写真）の送付が同年一月三一日と特定されている。まずはそのプレス・リリースの文章を、やはり日本向けのもの、近東向けのものとの比較の意味で記しておく。(28)

ジャッキー・ロビンソン：リーディング・ノースアメリカン・ベースボール・スター、「アメリカの声」を通じてインタビューされる。二月一〇日。

ニューヨーク。——北米を代表するベースボール選手であるジャッキー・ロビンソンは、「アメリカの声」の番組「イン・ザ・スポットライト」でニューヨーク時間の二月一〇日の日曜日午後八時にオンエアされる特別英語インタビューを準備する合間に、VOAのスポーツ・エディター、ボブ・アリソンに対してバッティング技術を披露した。

有名なブルックリン・ドジャーズの二塁手にして、数多くの主要なスポーツ賞を受賞したロビンソン氏は、ニューヨークのハーレム地区にある少年たちのためのレクリエーション・クラブから放送に出演した。プロフェッショナル・ベースボールのシーズンごとのオフの合間に、ロビンソン氏はクラブに属する若者たちに対してスポーツ指導を行っている。

このVOAの放送において、ロビンソン氏は北米と南米におけるベースボールへの関心について議論し、彼自身がベネズエラでベースボールをプレイしたシーズン（一九四五年）の思い出を語り、若きアスリートたちに〝ビッグ・リーグ〟からのアドバイスをする。

放送に先立つインタビューにおいてスポーツマンシップについての彼自身の個人的な信条を尋ねられたロビンソン氏は、こう応えている。〝アスリートにとってスポーツマンシップとは最も大切な要素です。もし、少年が勝つ事と同じように威厳を持って負けることができたとしたなら、彼は彼自身の分野において後々の人生できっとリーダーになれるでしょう！〟。

一九四九年にナショナル・リーグのMVPに選出されたロビンソン氏はまた、〝人種関係への貢献〟によってジョージ・ワシントン・カーヴァー・メダルを二度も授与されている。

ちなみに、インタビューが行われたと考えられる場所が近東での番組と同じく、ニューヨークのハーレム地区にある少年たちのためのレクリエーション・クラブであることから、この南米向けの番組と近東向けの番組は同時に収録されたものを編集で地域ごとに分けたと考えるのが自然だが、ナショナル・リーグMVPに選ばれたという説明が一九四八年と一九四九年と違いがあることから、近東向けの番組は実際には一九五二年ではなく日本向けと同時期の一九五一年であったという可能性も否定は出来ない。(29)

つまり、実際にはロビンソンがナショナル・リーグのMVPに選ばれたのは一九四九年の一回であることは間違いないので、近東向けの記述が不正確だったのを一年後の南米向けで修正した、という見立てである。またジョージ・ワシントン・カーヴァー・メダルの受賞は近東、南米ともに二回としているので、日本向け番組放送の後にもう一度受賞し、その修正が近東、南米向けの文章でなされたというようなことだったのかもしれない。

二つの番組のプレス・リリースは、余白にある手書きのメモが間違っていなければ南米向けのものは一九五二年一月三一日に、近東向けのものは一九五二年二月四日にそれぞれ送られているのである。

しかしながら、細かな情報の誤りを指摘し、その原因を考える事よりも、大事な点はVOAがジャッキー・ロビンソンの体現する人種の統合のイメージを世界中に発信していく上で、その地域ごとにリスナーにとって身近に思えるような切り口を探し出してきて、ロビンソンの存在を自分にも関係のある存在であるように感じさせようと努力している点である。つまり、南米のリスナーに対してはロビンソンがメジャーに昇格する前の一九四五年に南米ベネズエラでプレイしていた事実を強調し、日本のリスナーに対しては彼が後楽園球場のことも、日本の野球ファンがいかに熱心なファンであるのかも知っている、と殊更に強調しているのである。

この南米向けの番組のプレス・リリースと写真（上記の文章に説明されているように、バットを持ったロビンソンがボブ・アリソンとともにマイクの前に立っている写真である）が送付された国・都市の数は、近東よりも、

図5-6●ジャッキー・ロビンソンとボブ・アリソン

そして後述する極東よりも多い二〇都市、二〇〇枚であり、アメリカ国務省にとって南米各国が政治的に非常に重要な場所であったことが改めて確認できる。アメリカ合衆国にとって南米各国は親米的な政治体制でなくては困る地域であり、文化外交政策の最重要地域であったことは間違いないであろう。

また、経済的にも、たとえばハリウッドの映画産業界は第二次世界大戦中に南米を最重要地域とみなし、政府の戦時臨時組織であるCIAA（Coordinator of Inter-American Affairs）と密接な連携をとりつつ「良き隣人政策（Good Neighbor Policy）」を押し進めた。もちろん、その背景には戦火によってヨーロッパの市場を失い、極東にあってはこれまた戦前の大きな市場であった日本を失っていたために、南米を死守する必要があったという事情があったのだが、同様にスポーツ産業界、特にベースボール業界にとっても、戦後においては極東の日本という特別な例外を除いて、南米各国こそがベースボールという共通言語を共有できる最大の潜在的顧客であり、また人材供給元でもあったろう。

フィリピン向けのジャッキー・ロビンソン登場の番組

最後に、やはりほぼ同時期の一九五二年三月二日に予定されていたフィリピンを中心とする極東（日本を除く）の地域での番組を紹介したい。この番組の場合は、放送された国・地域の数やプレス・リリースなどが送られた数そのものは少ないのだが、通常のパターンである写真およびその写真のキャプションを兼ねた形の短いプレス・リリースだけでなく、さらに詳しい背景説明をするためのレター・サイズ3枚の資料（"Story"）、さらに三〇秒用と一五秒用の二種類の社告アナウンス用原稿まで揃えられており、きめの細かい仕事ぶりが伺われる資料となっている。これらの資料にはまた、ロビンソンの相手をする番組ホストを務めた英語課（English Section）のハンク・ミラー（Hank Miller）からこのフィリピン向け番組の担当者だったと思われるジーン・バエル（Jean Baer）宛の一九五二年二月七日付のメモが付されており、そこにも「アメリカからフィリピンへ」のスポーツ・スペシャルにおいてとても良い仕事をした、という労いの言葉（Very nice job on the sports special of America Calling the Philippines）が記されている[30]。まずは、他の地域向け番組との比較のために、短いほうのプレス・リリースの文章を紹介したい[31]。

ベースボール・スター、ジャッキー・ロビンソンがレガスピにあいさつする。「アメリカの声」の「アメリカからフィリピンへ」にてアスリートたちと出会う。三月二日。

ニューヨーク。――アメリカを代表するベースボール選手であるジャッキー・ロビンソン（左）は、三月二日の日曜日に放送される「アメリカの声」の番組「アメリカからフィリピンへ」において、レガスピにて行われる中学校対抗競技会に参加する若きアスリートたちに対して〝開会のあいさつ〟をする。ブルックリン・ドジャーズの卓越した二塁手は番組ホストのハンク・ミラーとまもなく放送される番組について話し合っている。

「アメリカからフィリピンへ」は、VOAの中波で午後七時半に、DZFMでは午後九時に、そしてセブ島では午後八時に放送される（時刻はすべてマニラ・ローカル時間）。

三ページ分の資料（“Story”）では、この放送のより詳しい情報が記されており、おそらくは新聞や雑誌などの活字媒体においてもこの放送の紹介記事を書いてもらうためのパブリシティ資料として準備されたのであろう。それに依れば、ロビンソンの他にも米国サッカー協会外交委員会議長のランドルフ・マニング博士、フィリピンでの陸上競技コーチ経験者のベルナール・ランドゥイト博士、元フィリピン教育長官のW・W・マーカット博士、そしてバスケットボールのニューヨーク・ニッカーボッカーズのコーチ、ジョー・ラプチックといった様々なスポーツ関係者がコメントを寄せる事になっており、ＶＯＡ三度目の登場となるフィリピン人フォーク歌手のフランシスコ・サルバシオンが「私を野球に連れてって」を歌う、とされている。

そして、ランドゥイト博士の次のような言葉が紹介されているが、これはまさに前章までで見てきた日本に対するアメリカのスポーツ政策の基本的な考え方そのままである。[32]

偉大な大義のために共に働き、共に戦ってきた我々フィリピン人とアメリカ人は、競技場の競争についての我々の共通理解をけっして忘れてはならない。スポーツはフィリピンの伝統であるフェア・プレイに寄与し、それ故に国としての強さという特長にも寄与する

フィリピンはアメリカにとってかつての植民地であり、戦後になって一九四六年に共和国として独立した後においても、日本と同様に極東における特別な拠点であり、しかも英語が通じる拠点であったわけだから、特別番組への力の入れ具合も自然な事であろう。

他の地域の番組同様に、パブリシティ用写真と文字資料（"Story"）、そしてこのケースにだけ書き加えられている社告アナウンス用原稿（"Spots"）の国別・都市別の配布枚数の合計は六〇枚となっている。

ちなみに、先に別の放送番組でジャッキー・ロビンソンをいち早く取り上げている日本のところは

図5－7●ジャッキー・ロビンソンとハンク・ミラー

空白となっているが、区分けとして東京以外にもう一つ〝Ido（移動?）〟というものがある。本節の最初のところで日本向け放送を紹介した際にも、プレス・リリース一五部（ほかにIdoに一部、Radiopressに二部）という記載があったが詳細は不明である。

アメリカの文化外交政策としてのジャッキー・ロビンソンの利用

本節では、世界中の各地域へのジャッキー・ロビンソンの出演特別番組の放送についてみてきたが、世界中の他の国々と比べて見てもずば抜けてベースボールへの関心が高い国であるアメリカ占領下の日本、ジャッキー・ロビンソンと同じく肌の色の黒い人々が多く住む近東やアフリカの国々、後にはメジャーリーグ・ベースボールへの人材供給の最先端地域となっていく南米の国々、そしてもともとアメリカの植民地であったフィリピンを中心とするアジアにおける英語圏の国々というように、ロビンソンの出演特別番組が放送された国・地域はいずれもアメリカの文化外交政策上非常に重要な拠点であったと考えられる。

それらの国・地域に対して、スポーツマンシップなどを通じてアメリカ的価値観を伝えるのに非常に有効と思われるスポーツとしてのベースボール、そのベースボールの世界で人種統合の象徴的存在となったアスリートの好イメージというのは、文化冷戦下におけるソヴィエトのプロパガンダ――アメリカには黒人差別などの問題が存在する――に対抗する意味で是が非でも伝えたい情報であった。

アメリカ国務省の計画したVOAを通じてのジャッキー・ロビンソンの出演特別番組の数々は、まさしくスポーツの政治利用そのものの実例であり、アメリカには確かに以前は黒人差別のような問題が存在したが、今ではそれを克服し、人種がどうであれ、才能があり努力さえ怠らなければ素晴らしい成功を掴める社会である（ソヴィエトに代表される社会主義国体制よりもよい社会体制である）ということを世界中にアピールする上での最大の立役者となったことは間違いないであろう。

本節では、VOAの特別番組として企画された、ジャッキー・ロビンソンの出演による特別番組について分析したが、それを単なるベースボール・プレイヤーという文脈ではなく〝人種の壁を打ち破ったアフリカ系アメリカ人アスリート〟という観点でとらえるならば、たとえば日本向け放送の中で他にもフットボールの殿堂入り黒人選手＝フレデリック・D・ポラードについての番組があることとも整合性がある。

実際、ボラードの番組のプレス・リリース原稿には、新大統領に選出されたドワイト・D・アイゼンハワーによる、次のような言葉が紹介されている。(33)

おそらくご承知と思うが、私は長年、マイノリティ・グループの問題に関心を寄せてきたし、取り分け黒人種の大きな発展ぶりには強く印象付けられている。私は、こういった成長と発展が、特筆すべき黒人アスリートたちの活躍と彼らの与えた影響によるものであると確信している。

ポラードもまた、ロビンソン同様に現在のNFLの創成期である一九二〇年代に、アフリカ系アメリカ人として初めてNFL選手として活躍し、後にはやはり初めてヘッドコーチを務めたNFL殿堂入り選手である。紙幅の都合もあり、ここでは詳しく触れる事は避けるが、ベースボール関連の番組が数多く作られたのに対して、アメリカではベースボールと並ぶ人気スポーツであるアメリカン・フットボールについてのものがほとんどないのは、やはり日本ではアメリカン・フットボールがベースボールと比べると遥かに知名度が低いスポーツであることと関係があるはずだ。

注

（1） John Roosevelt Robinson and Alfred Duckett, *I Never Had It Made*, G. P. Putnam's Sons, 1972, p. 35, 及び、同書の

日本語版『ジャッキー・ロビンソン自伝　黒人初の大リーガー』（宮川毅訳、ベースボール・マガジン社、一九七四年）、四二頁。

（2）Jonathan Eig, Opening Day: The Story of Jackie Robinson's First Season, Simon & Schuster Paperback, 2007. p.33.

（3）The Official Site of Jackie Robinson, Stats page.
http://www.jackierobinson.com/stats.html（最終閲覧日：二〇二一年九月一三日）。
以下、ブルックリン・ドジャーズ時代のロビンソンの成績に関しては上記のページによる。

（4）Martin Bauml Duberman, *Paul Robeson* (New York, 1989), p.342.

（5）ＶＯＡのホームページでは以前は送信機数、言語数の情報が記されていた（http://www.voanews.com/english/about/beginning-of-an-american-voice.cfm）が、現在のホームページでは簡略化されている（insidevoa.com/a/3794247.html）（最終閲覧日：二〇二一年九月一三日）。

（6）土屋由香「米国広報文化交流庁（ＵＳＩＡ）による広報宣伝の「民営化」」（土屋由香・貴志俊彦編『文化冷戦の時代』国際書院、二〇〇九年、所収）三五～三八頁。

（7）insidevoa.com/a/3794247.html（最終閲覧日：二〇二一年九月一三日）。

（8）井川充雄「冷戦期におけるＶＯＡのリスナー調査——日本語放送を例に」（立教大学『応用社会学研究』二〇〇九年 第五一号）二四～二五頁。

（9）井川充雄「戦後ＶＯＡ日本語放送の再開」（メディア史研究会編『メディア史研究』第一二号）五五～五六頁。

（10）"World Series Re-broadcasts in Japan", State Department Decimal File, 511.944/10-2551, RG59, NARA.
Pacific Stars and Stripes, Vol.7, No.276, Thursday, October 4, 1951, p.16.

（11）From Bradford to Foy, State Department Decimal File, 511.944/10-951, RG59, NARA.

(12) VOA Radio News Press Release 1951-1953 (Entry 1095), 350/78/12/05, RG306, Records of the USIA., Box 1-15.
(13) Box 1, "Japan – Baseball Game -- gl" Folder.
(14) Box 1, "Japan – All-Star Game -- gl" Folder.
(15) Box 1, "Japan – [World Series]" Folder.
(16) Box 7, "Latin America: Bob Allison – Sports Round Up" Folder.
(17) Box 1, "Japan –Bobby Shantz, Baseball Pitcher" Folder.
(18) "Eddie Lopat to be heard on Voice of America", Box 1, "Japan –Bobby Shantz, Baseball Pitcher" Folder.
(19) "VOA radio news: Audience Requests and Queries Answered on VOA's Sports Show", Box 1, "Japan –Sports Show: Joe DiMaggio (C-180)" Folder.
(20) 波多野勝『日米野球史　メジャーを追いかけた70年』、ＰＨＰ新書、二〇〇一年、二〇七〜二〇八頁。
(21) 同上、二二三〜二二五頁。
(22) "Joe DiMaggio to be heard on Voice of America", Box 1, "Japan – Sports Show: Joe DiMaggio (C-180)" Folder.
(23) "Yankee Manager Talks it over with VOA Sports Editor", Box 1, "Japan –Yankee Manager Interview (C-780)" Folder.
(24) "Jackie Robinson, Leading Baseball Star, Broadcast to Japan over the Voice of America", Box 1, "Japan –Jackie Robinson" Folder.
(25) Ibid.
(26) "Jackie Robinson, Leading American Baseball Star, Broadcast over the Voice of America", Box 5, "Near East – Jackie Robinson" Folder.

(27) Ibid.

(28) "Jackie Robinson, Leading North American Baseball Star, Be Interviewed over the Voice of America, February 10", Box 8, "LATAM –Jackie Robinson" Folder.

(29) 日付については、放送日が二月一〇日という以外は、放送年、各国・都市への写真送付日については余白の手書きによるメモだけが頼りである。

(30) Letter from Hank Miller to Jean Baer, 2/7/1952, Box 15, "Far East –Jackie Robinson" Folder.

(31) "Baseball Star Jackie Robinson Salutes Legaspi, Meet Athletes on Voice of America's "America Calling the Philippines", March 2", Box 15, "Far East –Jackie Robinson" Folder.

(32) "Baseball Star Jackie Robinson Headlines Guest List for Voice of America Tribute to Legaspi Meet", Box 15, "Far East –Jackie Robinson" Folder.

(33) "Chairman of Negro Athlete Hall of Fame Reports on Negroes' Contribution to U.S. Community LIfe", Box 1, "Japan –Negro Hall of Fame: Frederick D. Pollard (C-424)" Folder.

第6章 映画・雑誌・漫画におけるジャッキー・ロビンソンのイメージの利用

1 伝記映画『ジャッキー・ロビンソン物語』

本章では、まず一九五〇年製作の伝記映画『ジャッキー・ロビンソン物語』(*The Jackie Robinson Story*)に関して検討する。なぜならば、歴としたハリウッド製劇映画として製作されたこの作品は、タイトル・ロールを当のジャッキー・ロビンソン自身が演じていることで知られているからである。ハリウッド映画の中で、映画スターではない著名人が自分自身の役でカメオ出演すること自体は珍しいことではないし、スポーツ選手においてもそれは同様である。たとえば、ヤンキースの四番打者として活躍したベーブ・ルースは、黄金時代のヤンキースをともに支え、若くして亡くなった盟友ルー・ゲーリッグの伝記映画『打撃王』(一九四二)に、既に引退後七年が経っていたにもかかわらず現役時代のユニフォームに身を包んで本人役で出演した事が知られている。だが、それはあくまでもカメオ出演であり、出番もごく僅かな部分に限られていた。

本人主演による伝記映画

だが、ジャッキー・ロビンソンの場合は、まだ現役選手であったときに、しかも前年度のナショナル・リーグMVPに選ばれたばかりのアスリートとして最も脂の乗り切った時期に自分自身の役を、しかも少年期のエピソードを除いて全編出ずっぱりで主演を務めたのだからほとんど前例の無い出来事だったといえる。

この伝記映画は、一九四七年のシーズン終了後にピッツバーグ・クーリエ紙とシカゴのヘラルド・アメリカン紙の記者であるウェンデル・スミスがロビンソンからの聞き書きの形でまとめた自伝をきっかけに、プロデューサーのモート・ブリスキンが映画化の話をオファーした。その際に、許可を求められたドジャーズ側のブランチ・リッキーが承認を与えるために持ち出してきた条件こそが、ロビンソン自身を主役に起用し、可能な限り他の選手も起用することだったとも伝えられる。(1)

物語はロビンソンの少年時代から、彼がUCLAのスポーツ万能選手としての学生時代を経て、ニグロ・リーグのカンザスシティ・モナークスに入団してその持ち前のベースボール・センスで注目を集め、予てより最高の黒人ベースボール・プレイヤーを探し出して契約を交わし、メジャーリーグに

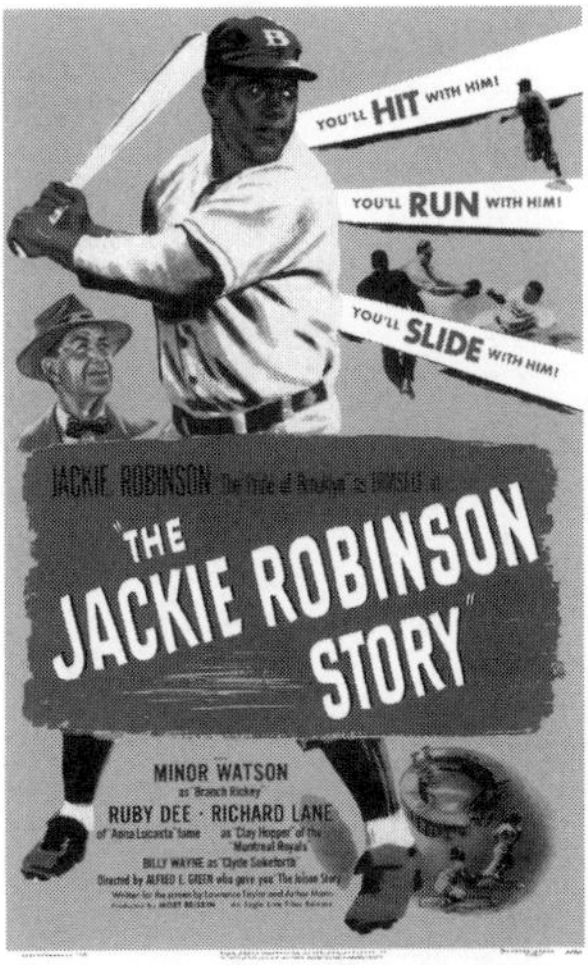

図6－1●映画『ジャッキー・ロビンソン物語』ポスター

存在した人種の壁を打ち破ろうと計画していたブランチ・リッキーのスカウトの眼に留まり、ドジャーズ傘下のマイナーリーグのモントリオール・ロイヤルズでの一年間を経て晴れてブルックリン・ドジャーズの一員として活躍するに至るプロセスを、ほぼ事実に忠実に映像化している。

ストーリーはテレビ番組『ヒッチコック劇場』などで知られるルイス・ポロックが手掛け、ローレンス・テイラーとアーサー・マンが脚本を練り上げて、伝記映画『ジョルスン物語』（一九四六）を手掛けた実績のあるアルフレッド・E・グリーンが監督を務めた。

この伝記映画はしかし、一九五〇年に完成したものの占領下日本では公開されることはなかった。では、全世界的に見てもベースボール好きということにおいてはＶＯＡの展開や第４章で扱ったＣＩＥ映画の公開状況から見てもずば抜けている日本国民に対して、アメリカが最も伝えたかった〝アメリカのおける人種の統合〟のポジティヴなイメージを体現するジャッキー・ロビンソン自身が主演を務めた彼の伝記映画がなぜ公開されなかったのだろうか。

日本で公開されなかった事情

その答えは、直接的には非常にシンプルなものである。すなわち、占領期間中、ＧＨＱ／ＳＣＡＰの方針として外国映画の輸入配給は一国について一社のみが取り扱うことが定められていたのだが、占領下日本で一元的にアメリカ映画の配給業務を行なう機関として設立され、アメリカ映画輸出協会の日本での出先機関でもあったセントラル・モーション・ピクチュア・エクスチェンジは、アメリカの映画製作・興行のメインストリームの部分をほとんど独占していた八大メジャー映画会社（ＭＧＭ、パラマウント、廿世紀フォックス、ワーナー・ブラザース、コロンビア、ユニヴァーサル、ＲＫＯ、ユナイテッド・アーチスツ）の作品――後期には準メジャーとしてリパブリック作品も扱うようになっていたが――のみを扱い、それ以下の弱小映画会社の作品は扱っていなかったからである。

占領が終結すると外国映画配給に関する〝一国一社制度〟の規制が無くなり、メジャー・スタジオ各社が自主配給を再開したほか、ウォルト・ディズニー社が日本の大映と契約して作品を配給するようになったが、残念ながら『ジャッキー・ロビンソン物語』を製作したのはジュエル・ピクチャーズ(Jewel Pictures)という弱小プロダクションで、アメリカ国内の配給を担当したのもハリウッドの映画会社の中では〝ポヴァティ・ロウ＝貧窮通り(Poverty Row)〟に林立していたB級映画専門の小さな会社、イーグル・ライオン社(Eagle Lion Films)であったため、今日に至るまで日本では劇場公開はされておらず、ずいぶん後になってからテレビで放映されたことがあるだけである。

ジャッキー・ロビンソンは一九四七年のメジャー・デビューの年に、アメリカの世論調査結果では人気歌手のビング・クロスビーに次ぐアメリカで二番目に有名な人物になっていたというのに、なぜ、そのロビンソンの伝記映画、しかも本人が主役を務めるという話題性のある企画が〝貧窮通り〟の映画会社でしか配給され得なかったのだろうか。その理由について、プロデューサーたちが話を持ちかけたメジャー映画会社のうち二社が、ストーリーを、白人がロビンソンに偉大なベースボール・プレイヤーになれるように指導した、という内容に変更するように求め、それをプロデューサーが飲まなかったからだ、とする説がある。(2) ロビンソン自身も、後年、自伝の中で、「映画に出演する事は胸がはずむ仕事だった。しかし、後になって、この映画があまりにも短時間に、安い予算で作られたことに気付いた。これがもし、もう少し後年になってから製作されていたら、もっといいものになっていたのに、と思ったものだ」と述懐している。(3)

しかしながら、仮にこの作品が上記のような改変が施されることも無く、メジャー映画会社によって製作・配給されていたとしても、占領下の日本で公開することはまず難しかったであろうと思われる。それは、占領下日本での映画検閲の基本的なスタンスというものが、結果としてアメリカ的に民主主義の勝利を描くことで占領目的に沿っていると思われる内容の作品であっても、そのプロセスにおいてアメリカ社会の恥部、暗部を描いている作品は日本人にアメリカ社会に対する誤解を与える恐れがあるとして公開が認められなかったという事情による。実際、たとえばアメリカ上院を舞台に新米上院議員ジェファーソン・スミスが政界に巣食う巨悪に孤軍奮闘して立ち向かうという内容のフランク・キャプラ監督の『スミス都へ行く』（一九三九）などは、日米関係が悪化していた太平洋戦争突入直前の一九四〇年には日本の内務省によって公開が許可されているのだが、占領下日本ではその背景としてアメリカの政界の腐敗が描かれていることが問題となり、ＧＨＱ／ＳＣＡＰによって公開禁止措置が取られているのである。

占領下日本では封印されたアメリカ国内の人種差別の描写

『ジャッキー・ロビンソン物語』の場合も、人種の壁を打ち破るまでのプロセスにおいて、ロビンソンが受けた様々な嫌がらせや、黒人に対する露骨な差別意識を示す人々による罵りの言葉の数々を描くことなくしては、彼の達成した功績の偉大さというものを伝えることはできない。もちろん、アメリカ国内でも映画業界の自主組織としてのブリーン・オフィス（Breen Office）での事実上の検閲があったために、この映画ではロビンソン自身の自伝や数多く出版されている彼の評伝において記されている実際のエピソードと比べたときに、かなり控えめな描写となっている事は間違いない。

たとえば「彼ら（プロデューサーや映画の作り手たち）はロビンソンがグラウンドで投げかけられた言葉を実際に使うことはできなかった。何故ならば、そういった言葉では検閲で絶対にパスすることがなかったからである」[4]という分析が行われている。一方で、劇中でロビンソンに対して差別意識を隠そうとしないのがイタリア系のベースボール・プレイヤーであることに対して、ニュージャージー州のイタリア系アメリカ人組織から圧力があり、ニュージャージー州選出の二人の上院議員からアメリカ映画協会（Motion Picture Association of America ＝ ＭＰＡＡ）に対して、映画の中でイタリア系アメリカ人を悪く描いていることに対する抗議と調査の要求がなされたという。ＭＰＡＡ会長のエリック・ジョンストンやブリーン・オフィスのジョゼフ・ブリーン（Joseph Breen）らは、こういった牽制に対して調査結果を示し、映画製作者倫理規定（プロダクション・コード＝Production Code）による公平な描写の規定にもとづいて、映画の後半部分においては、相手チームからの脅しを受けたロビンソンをサポートするためにダッグアウトから飛び出すチームメイトを描く際にイタリア系の選手を先頭に立たせている、と指摘して納得させる必要があったという[5]。

『打撃王』（一九四二）、『甦る熱球』（一九四九）、『ベーブ・ルース物語』（一九四八）のようなベースボール伝記物映画が積極的に公開された占領下の日本で、国務省が最も熱心に利用しようとしていたプロフェッショナルのアスリートの伝記物映画である『ジャッキー・ロビンソン物語』が日本で公開され得なかった背景としては、このような事情があったのである。

USIAにおける黒人アスリートの利用

なお、国務省から分離独立し、VOAなどもその管轄下に置くことになったUSIAでは、アメリカとしての文化外交政策を推し進めるために積極的に映画の製作を行った。前章で扱ったCIE映画というものも、そうした文脈の中にこそ位置づけられるものである。ハリウッドの映画会社が（弱小会社とはいえ）製作した『ジャッキー・ロビンソン物語』とは別にUSIAがジャッキー・ロビンソンの物語を利用しようとしたケースもあったかもしれない。

その可能性を示唆するものとして、USIAの映画脚本（一九四二〜一九六五年）資料の中に、ロビンソン同様にアフリカ系アメリカ人のアスリートとして当時にあっては世界的に知られていた陸上競技選手、ジェシー・オーエンス（Jesse Owens）らがUSIS（United States Information Services）の文化外交使節として極東に赴いた事実を示す資料が一つ存在する。(6) それは『USIAの海外での活動』と題された脚本で、実際の映像は見る機会を得ていないものの、その中でオーエンスは極東ツアーとしてマラヤ連邦に行ってスポーツ指導を行い、熱烈な歓迎を受けるとともにインドの新聞などでもほとんど全頁大の記事になっていると記されている。

他にも、オーエンス同様一九三六年のベルリン・オリンピックで大活躍した同じくアフリカ系アメリカ人のデイヴ・オルブリッテンがイランのテヘランに赴いて陸上競技の指導を行い、また白人アスリートではあるが一九四八年のロンドン・オリンピック、一九五二年のヘルシンキ・オリンピックで活躍したボブ・マサイアスがエジプトのカイロに親善大使として赴いたという記述がある。この脚本では、「これら三名の卓越したアスリートたちのようなリーダーと学生たちとの交流を通じて、米国は他国の人々との相互理解において大きな進展を示している」と分析されている。[7]

2 活字メディアおよび漫画によるジャッキー・ロビンソンの物語の流布

次に、ジャッキー・ロビンソンの体現した〝アメリカにおける人種の統合〟のイメージが流布されたもう一つの経路として、占領下日本で発行されていた雑誌誌面における状況を確認しておきたい。

一九四七年にジャッキー・ロビンソンがメジャー・デビューを果たし、メジャーリーグに存在していた紳士協定としての〝人種の壁〟が打ち破られたことは、戦後すぐの日本での雑誌創刊・復刊ブームの中で数多の雑誌を排出していたスポーツ雑誌の誌面においてもかなり取り上げられている。早い例だと、一九四六年四月に創刊し、今日まで続いている『ベースボール・マガジン』の一九四七年六月一日発行の第二巻第五号において、「ジヤツキー・ロビンソン」と題された記事が載っている。[8] 当時の情報流通の速度から考えると、同年四月一五日にドジャーズの選手として初出場した彼についての記事が僅か一ヵ月半で日本人のベースボール・ファンの間で読まれているのは、やはりそのインパクトの大きさゆえのことに思える。

野球雑誌におけるロビンソンの物語の流布

ロビンソンが最も活躍した年である一九四九年には、『野球ファン』八月号でボブ・フェラーとともに取り上げられ、[9]『ベースボールニュース』では一〇月一日発行の第六三七号で「驚異の的黒人選手：ドジャーズのジャッキー・ロビンソン：初の最優秀選手となるか：最近のアメリカ球界短信」といった記事を出している。[10]

映画『ジャッキー・ロビンソン物語』がアメリカで公開された一九五〇年には、『ベースボール・マガジン』の一〇月号（第五巻第一〇号、通算一一〇号）に、堂々とUSIS提供を銘打った形で「ロビンソン物語」が見開き二頁にわたって掲載されている。[11]「四年前にはジャッキー・ロビンソンの名を知る人とて無かった無名選手の彼が、今日では米国における最も有名なスポーツマンの一人となっている」と始まるこの記事では、メジャーリーガーとしての現在の彼の活躍ぶりではなく、その生い立ちから、いかに彼が勤勉に精進を重ねて今日の地位を築いたのかについてのライフ・ストーリーが中心

図 6－2

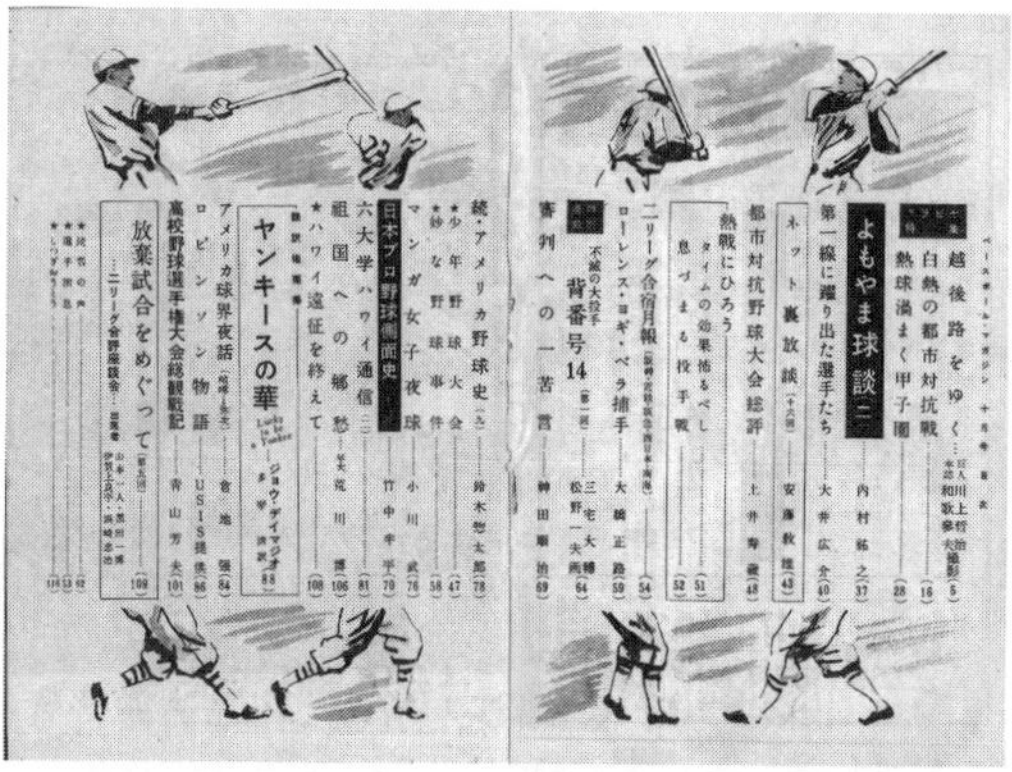
ベースボール・マガジン 十月号 目次
越後路をゆく…(三) 巨人 川上哲治 本誌 和歌参夫撮影 (5)
白熱の都市対抗戦 (16)
熱球渦まく甲子園 (28)
よもやま球談(二) 内村祐之 (37)
第一線に躍り出た選手たち 大井広介 (40)
ネット裏放談(十六回) 安藤教雄 (43)
都市対抗野球大会総評 上井寿蔵 (48)
熱戦にひろう
タイムの効果怖るべし (51)
息づまる投手戦 (52)
二リーグ合宿月報 (54)
ローレンス・ヨギ・ベラ捕手 大崎正路 (59)
不滅の大投手 背番号14(第二回) 三宅大輔 松野一夫画 (64)
審判への一苦言 神田順治 (69)
続・アメリカ野球史(九) 鈴木惣太郎 (78)
★少年野球大会 (47)
★妙な野球事件 (58)
マンガ女子夜球 小川武 (76)
日本プロ野球側面史 竹中半平 (79)
六大学ハワイ通信(二) (81)
祖国への郷愁 荒川博 (106)
★ハワイ遠征を終えて (108)
ヤンキースの華 ジョウ・ディマジオ (88)
アメリカ球界夜話 倉地強 (84)
ロビンソン物語 USIS提供 (96)
高校野球選手権大会総観戦記 青山芳夫 (101)
放棄試合をめぐって(第五回) 二リーグ会野座談会 (109)

図 6－3

ロビンソン物語

図 6－2●『ベースボール・マガジン』1950 年10 月号、目次頁

図 6－3●「ロビンソン物語　USIS 提供」（『ベースボール・マガジン』1950 年10 月号）（口絵 3）

となっている。

そんな中で、一際目立つ形で強調されているのが、彼が愛国的なアメリカ人として、非米活動調査委員会（HUAC）に呼ばれた際に議会で行った発言である。見開き二頁で全二二三行の文章のうち、四九行と約三分の一がこの部分に当てられており、また計三枚使われている写真についても、ドジャーズのユニフォーム姿が一枚、家族と一緒の良き家庭人としての写真が一枚、そしてHUACで証言している背広姿の写真が一枚、という絶妙なバランスとなっている。

彼は「私は信心深い人間です。それ故、他のいかなる国でも与えられない特権、私の信ずる神を礼拝する自由を与えてくれるところのアメリカを愛しています」と模範的な発言をすると共に、「（自分たちが差別待遇を受けたことなどではなく）私たちはもっと困難なことすべてに、打ち勝たなくてはならないということを意味するものなのです。というのは、私たちの未来における役割は、もっともっと大きなものであるからです。共産主義者以外の私たちは、この争いに打ち勝つことが出来ます。私たちは彼ら共産主義者の助けを望みません」と、アメリカ社会がソヴィエトよりも偉大な社会である、というアメリカ政府の文化外交政策の基本的なスタンスと見事に合致した発言をしているのである。(12)

子ども向け漫画におけるロビンソンの物語の流布

ジャッキー・ロビンソンの物語（ライフ・ストーリー）は、何もベースボール・ファンが読む専門雑誌だけにおいて語られた訳ではない。ニューヨークのフォーセット出版社から一九五〇年五月に出版された子供向けのコミック「ジャッキー・ロビンソン物語」(Jackie Robinson : Baseball Hero) は、同年の同じ月に日本の小学館が発行していた学年雑誌『中学校の友』の一九五〇年六月号別冊付録『ジャッキー・ロビンソン』として翻訳の上、同時出版されている。[13]

ちなみに、この *Jackie Robinson : Baseball Hero* は後にシリーズ化されたことがわかっているが、実際には第一弾であることを示す手かがりはまったく記されておらず、逆にそれゆえに後からシリーズ化されることになったことがわかる。また、発行年月日を記した奥付もない。しかしながら、フォーセット出版社のコミックの多くを収蔵しているミシガン州立大学図書館のデータなど、複数のソースによって、発行年月が一九五〇年五月であることは特定されている。[14]

オリジナル英語版は、内容的にはほとんど映画版の『ジャッキー・ロビンソン物語』と同一と言ってよい。ロビンソンが受けた人種差別的な罵りの野次などについては、後述するように映画版と同様にソフトな形に抑えられている。フォーセット出版社は一九一九年に設立された老舗コミック出版社で、専ら *Captain Marvel* や *Bulletman* や *Spy Smasher* といったヒーロー物を中心に数々のコミックを世に送り出していたが、この *Jackie Robinson : Baseball Hero* の売れ行きが良かったためか、*Jackie Robinson Series* としてシリーズ化され、また同社はベースボールをコミック・シリーズの柱の一つにすることになったようである。

シリーズ化されたベースボール・ヒーロー物

具体的には、*Jackie Robinson Series* の第二弾が二ヵ月後の一九五〇年七月に刊行されたのに続いて、第三弾が一九五〇年九月、第四弾が一九五〇年一一月と二ヶ月毎に刊行され、さらに翌一九五一年に第五弾、一九五二年に第六弾まで出版されている。加えて、一九五〇年にはジャッキー・ロビンソンのチームメイトであったロイ・キャンパネラ（Roy Campanella／ロビンソンに次いでメジャーリーガーとなった黒人選手でブルックリン・ドジャーズの捕手で強打者）を主人公とした *Roy Campanella, Baseball Hero* を、一九五一年にはドジャーズの宿敵であったニューヨーク・ヤンキースのヨギ・ベラ（Yogi Berra）とフィル・リズートト（Phil Rizutto）をそれぞれ主人公とした単発物 *Yogi Berra* と *Phil Rizutto* を、さらに一九五二年にはアンソロジー的内容と推察される *Baseball Heroes* といったものも出版されている。

さて、日米同時出版された第一弾の *Jackie Robinson : Baseball Hero* に話を戻すと、未だアメリカを中心とする連合国の占領統治下にあり、用紙事情もあまり良くなかった当時において、子ども向けのコミック本とはいえ、アメリカの出版社から版権を獲得して日米同時刊行するという離れ業が実現した背景には、おそらくはGHQ／SCAP側がこの出版企画に強く肩入れをしていた可能性が高いように思える。

直接的な証拠となる資料の発見には至っていないものの、あるいは、小学館側の意向をGHQ／SCAPがアシストしたと考えるよりは、むしろジャッキー・ロビンソンの物語を流布させることで

〝アメリカにおける人種の統合〟のイメージを浸透させたいと考えていたアメリカ国務省側が、CIE（USIS）を通じてこの出版物のアメリカでの出版情報を日本の代表的な出版社の一つである小学館に提示して、事前に版権を取得させた上で同時出版させた、と見たほうが自然であるように思える。

宮田昇の『翻訳権の戦後史』に拠れば、一九四九年三月一八日にCIEがジョージ・トーマス・フォルスター事務所など四社（他の三社はそれぞれ仏・英・伊のエージェント）に著作権仲介業務を許可した、とされている。あるいは小学館側がフォルスター社を通じて自ら版権取得に動いた可能性もあるが、その場合も日本の出版社側が著作権仲介業者を通じて版権取得した最初期の出版物の一つが「ジャッキー・ロビンソン物語」であったという事実はそれ自体が意味を持つと言ってよい(15)。

日米で同時出版されたロビンソンの漫画の相違点

次に、フォーセット出版社から出版された *Jackie Robinson : Baseball Hero* と、同じ月に小学館の学年雑誌『中学校の友』一九五〇年六月号別冊付録として出版された『ジャッキー・ロビンソン』の内容に関して、両者を比較しつつ分析してみたい。

アメリカのコミックが基本的にすべて左開き（左端をホッチキスでとめて、右から左へと頁をめくっていく）であるのに対して、日本の漫画のスタイルは基本的に右開き（右端をホッチキスでとめて、左から右へと頁をめくっていく）である。そこで、この日本語版（『ジャッキー・ロビンソン』）についても、右開きで読めるように各頁のコマ割りをオリジナル英語版を鏡で反転したように真逆にしている。ただし、コマごとの画の内容については、野球選手の場合右利きか左利きかという問題が生じてしまうため、裏焼きするような形でトレースするのではなく、オリジナル英語版の画をそのまま模写した形となっている。表紙に使われているジャッキー・ロビンソンの顔写真のみ同じ写真の裏焼きを用いているが、被っている帽子のBの文字（Brooklyn のB）については左右が逆にならないように加工してある（口絵4〜5を参照のこと）。

トータルの頁数は、オリジナル英語版、日本語版ともに三十六頁（表紙・表紙の内側・裏表紙・裏表紙の内側の四頁分含む）であるが、英語版がオール・カラー印刷であるのに対して、日本語版は表紙・裏表紙が四色であるのを除くと、本文頁は二色または一色になっている（片面十六頁分を二色で、もう片面十六頁分を一色で印刷して製本している）。

以下、両者の内容を3、ロビンソンが受けた差別についての表象（ネガティヴな側面）、4、ロビンソンおよびその周辺の人物によって実践された道徳的にお手本となる行為・考え方の表象（ポジティヴな側面）、5、英語版から日本語版に翻訳されるに当たって加えられた変更点、という三つの切り口で具体的な描写を検討していく。

3 ロビンソンが受けた差別についての表象

映画『ジャッキー・ロビンソン物語』では、原作にあたる自伝にあった露骨な黒人差別の描写がプロダクション・コードの存在によってかなり制限が加えられていたわけだが、漫画というメディアに置き換えられた場合の表現では、オリジナル英語版、日本語版それぞれにおいてどうであったか。両者それぞれの三十二頁の中で黒人差別、あるいはジャッキー・ロビンソン個人に対する嫌がらせ行為を具体的に描写しているカットとしては一〇箇所ほどの描写が確認できる。

アメリカにおける黒人差別の表象

その第一番目は日本語版の三頁、英語版三頁にあるロビンソンがまだ大学生の頃の描写で、スポーツ万能選手であった彼が野球ではなくフットボールに力を入れていた説明として「野球界では黒人を問題にしてくれません」と彼自身の台詞で諦観ともとれる発言が記されている。次の第二番目は日本語版の七頁、英語版七頁のもので、戦争から戻ってニグロ・リーグのカンザスシティ・モナークスでプレイしていたロビンソンの許をドジャーズのスカウトであるスークフォード氏が訪ね、一緒にニューヨークに向うべく駅で切符を買う件で、切符売り場の男が黒人を見下したような態度を示すシーンである。

第三番目の箇所は日本語版の八頁、英語版だと九頁にある描写で、ドジャーズとの間で傘下のモントリオール・ロイヤルズとのマイナー契約を結んだロビンソンに対してＫＫＫ（Ku Klux Klan）から脅迫状が届き、メジャーリーグの有力者たちも黒人選手を迎え入れることに拒否反応を示すというシーンである。第四番目の箇所は日本語版の九頁、英語版一〇頁で、ロイヤルズの選手としてキャンプに参加したロビンソンが、チームメイトたちが宿泊するホテルには泊めさせてもらえず、キャンプ地に住む黒人一家の家で寝泊りをしなければならない（日本語訳では〝黒人部落に泊まらなくてはならない〟と表現されている）様子と、悪意のある白人が「この町から出て行け」と脅迫電話を掛けるシーンである。第五番目は日本語版の一〇頁、英語版一一頁にある描写で、ジャクソンヴィルで行なわれる予定だったジャージー・ジャイアンツとのオープン戦に際して、地元警察が現われて黒人選手がいるチームをここで試合させるわけには行かない、との宣告がなされ、結局チームのクレイ・ホッパー監督がロビンソンの肩を持って試合をボイコットするシーンである。

第六番目の箇所は日本語版の一一頁、英語版一一頁。デイトナ・ビーチで行なわれていたドジャーズ対ロイヤルズの（親チーム対傘下チームとの）オープン戦で大活躍していたロビンソンに対して、地元のシェリフが突然ベンチに現われて、黒人選手が白人選手に混じって試合をすることは町の法律に違反しているから出て行くように告げ、ホッパー監督は抗議するものの、事を荒立てないことを肝に銘じていたロビンソンが自らの判断で、怒りを抑えて自発的にダグアウトから退場するというシーンである。

第七番目の箇所は日本語版の一三頁、英語版一三頁にある描写で、ロイヤルズでの一九四六年のシーズンを首位打者として牽引しているロビンソンに対して、相手チームがグラウンドに迷い込んだ黒猫をダシにして、黒人であるロビンソンを黒猫の親類扱いする侮辱の言葉を浴びせかけるというシーンである。

ここまでのそれぞれの描写は、ロビンソンが黒人メジャーリーガーとしてひのき舞台に立つまでのプロセスにおいて受け続けた様々な差別的な待遇の描写であり、ロビンソンにとってはブランチ・リッキーから課せられた、怒りを爆発させることなく耐え忍ぶことができるかどうかを試されている辛苦でもある。

メジャーリーガーとなったロビンソンの試練

第八番目から第十番目までの箇所はメジャーリーグのブルックリン・ドジャーズの選手に昇格した後のロビンソンが、引き続き直面しなければならなかった試練を示した描写である。まず第八番目の箇所は日本語版の一九頁、英語版一九頁に描かれている、フィラデルフィア・フィリーズとの試合の様子で、ビーンボールを食らったロビンソンに対して、フィリーズ・ベンチの選手たちがそれが故意であることをにおわせつつ、「黒人を病院へかつぎこめ！」と野次っている様子である。ただし、英語版のほうでは肝心の黒人を表す侮蔑語を記号（Put the @ξ#%# * in the hospital!）で示すことによって、〝とても活字にすることは出来ない言葉〟であるというニュアンスを伝えているのに対して、日本語版では直接的な表現となっているのが特徴である。

同じく第十番目の箇所は日本語版の三一頁、英語版三一頁にある描写で、メジャーのスーパースターとなった後のロビンソンが、相変わらず最も多くの死球を食らっていたという事実を示すことで、彼の苦難が決して終わることなく、今も戦い続けていることを伝えている。

こうした嫌がらせや露骨なビーンボールなどに対して常に平常心を保って、決して報復したりしてはならない、というのがブランチ・リッキーとの間でロビンソンが交わした約束であり、実際にその約束を守ったからこそ彼は困難に打ち勝ったヒーローとして黒人たちのみならず白人からも賞賛されることになったわけであるが、漫画というメディアにおいては、そのままでは読者に対してカタルシスを与えることはできない。

第九番目の箇所は日本語版の二九頁、英語版二九頁にある描写で、おそらくこの漫画作品の中で唯一、非常に誇張された、また現実味のない描写となっている。具体的には、アトランタで行なわれたブレーブス戦に際して、白い頭巾を被ったKKKのメンバーたちがロビンソンをリンチにしてやろうと相談している様子を示した上で、そのメンバーのひとりが球場に来ていたところ、ロビンソンの放った弾丸ライナーのホームランがその男の胸を直撃し、恐れをなしたＫＫＫは結局手出しする事ができなかった、という描写である。

もちろん、これは明らかにフィクションであるが、それでもＫＫＫの視覚的な描写とのつりあいを取るべく、隣のコマには同じアトランタの住民たちの中でも「ロビンソンを見なければ死んでも死に切れんて」と彼の到着を待ちわびる人達を描くことで、アトランタに対して悪い印象だけが残らないように配慮している。

日本人にはなじみの深い艱難辛苦の末の栄光の物語

こういった苦難の描写がこれでもか、これでもかと続くのは、日本人にとっての国民的な物語である『忠臣蔵』における、赤穂浪士たちの受ける辛苦を思い起こさせる。――大願を成就させるためにはどんなに辛くとも、どんなに反撃したくとも、それを我慢してあえて弱虫の振りをし続けなくてはならない。もしたった一回でも辛抱しきれずにその場で反撃してしまったら、世間を拍手喝采させることになる大きな快挙を成し遂げることはその時点で不可能になってしまう。……この物語の構造は、少なくとも占領期や戦後の高度経済成長期の日本人にとっては最も慣れ親しまれたものであろう。占領下日本にあって、チャンバラ映画はＧＨＱ／ＳＣＡＰによって厳しく警戒されていたが、復讐の物語である『忠臣蔵』は取り分けＧＨＱ／ＳＣＡＰが警戒していた題材であり、占領期間中は決して映画化されることはなかった。だが、物語の骨格そのものは、実はたとえば占領下日本で製作され大ヒットを記録した『青い山脈』(東宝、一九四九)などでも意図的に用いられているなど、日本人好みのパターンとして受容されてきた。

そして、実は第九番目の箇所において示されていたカタルシスの表現法というのは、敵を黙らせるには十分な仕打ちであり、かつ当のロビンソンにとっては意図的に敵に危害を加えたわけでもなく、自分ではホームラン・ボールが敵を直撃したことも知る由がない、という点で完璧な解決策となっているのである。

もちろん、赤穂浪士たちにとっての大願が亡き主君の敵である吉良上野介を討ち取って幕府の不公平な裁きに対して一石を投じることにあったのに対して、ジャッキー・ロビンソンの物語にとっての大願とは、長い年月の間不等に差別され続けてきた黒人たちが白人と同等であり、それ以上の活躍をすることができるのだということを身をもって示すことで、いまだ根強くアメリカ社会に巣食う黒人差別の状況に一石を投じて社会に変革を迫ることにあったのは言うまでもない。

4　ロビンソンらによって実践された道徳的にお手本となる行為・考え方の表象

次に、ロビンソン自身、あるいは彼の周辺の人物によって実践された道徳的にお手本となる行為・考え方の表象が行なわれている箇所を六つほど示す。

第一番目の箇所は日本語版の二頁、英語の二頁にある、少年時代のロビンソンのエピソードである。貧しい家庭に生まれて幼い頃からアルバイトをして家計を助け、かつ勉強も大変に一所懸命にして成績も良かったことが示されている。そして、そのような模範的な少年だからこそ、幸運（ここではコースト・リーグ選手と出会うことで野球に接するチャンスと、より収入の良い仕事に恵まれる）をつかむことが出来るのだという教訓が見て取れる。

差別を克服するのに必要な、力のある白人のサポート

第二番目の箇所は日本語版の七頁、英語版の八頁にある描写で、アスリートとしても人格的にも申し分のない黒人選手を探していたブランチ・リッキーに呼び出されたロビンソンが、マイナー契約を結ぶ件である。ここでは、リッキーが非常に高潔な人柄であり、人種間の偏見を打破していこうという気概を持った人物である点が強調されている。そして、そのような強いリーダーシップと実行力、

そしてそれを実現させていけるだけの実力を持った白人のサポートがあったからこそロビンソンの成功への道が開けたのだという論理が背景にある。このことは、映画版『ジャッキー・ロビンソン物語』がメジャー映画会社で製作されうる場合に課せられていた条件を想起させる。

第三番目の箇所は日本語版の二〇頁、英語版の二〇頁にある描写で、黒人選手と同じグラウンドに立つことを拒否して試合をボイコットしようとしていると噂されたセントルイス・カーディナルズに対して、ドジャーズ、及びロビンソンを支持しているナショナル・リーグ（ドジャーズの所属リーグ）会長が、「自由の国アメリカでは誰でも野球をする権利がある」と声明を出す事で不穏な動きに対して機先を制したシーンである。ここでも、黒人の地位向上には黒人自身が頑張っただけではだめで、地位も力もある白人がサポートして始めて可能なのだ、という論理が透けて見える。

第四番目から第六番目までの箇所はすべて、黒人アスリートとして初の本格的メジャーリーガーになるというジャッキー・ロビンソンの戦いは、彼自身の戦いだけでなく彼の後に続いていくことになる子供たちの世代を牽引していくことに他ならず、自分のつかんだ名声や社会的なステイタスを若い世代のために還元して行き、導いていく責任を伴うのだという論理を視覚化した描写だと言うことができる。

第四番目の箇所は日本語版の六頁、英語版の七頁にある描写で、ドジャーズのスカウトと共にニューヨークへ向おうとするロビンソンが、路地で遊ぶ貧しい黒人の少年たちを見て、自分が彼らの憧れの存在になる（メジャーリーガーになる）のだとしたら彼らの良きお手本となっていこう、と決意をするシーンである。

第五番目の箇所は日本語版の二六頁、英語版の二六頁にある描写で、ナショナル・リーグ新人賞に選ばれた一九四八年のオフに、精力的に全米を回って講演するロビンソンが、自分の得た幸運を社会に還元して行きたいと抱負を語る様子である。

第六番目の箇所は日本語版の二八頁、英語版二八頁にある描写で、少年犯罪をなくしていくためにも子供たちにスポーツをする機会を提供していくべきだ、という持論を人々と話し合うことで世の中に貢献していこうとするロビンソンの様子を描いている。

5　英語版から日本語版に翻訳されるに当たって加えられた変更点

次に、オリジナルの英語版から、日本語版へとリメイクされる上で変更が加えられた点に関して明らかにしておきたい。基本的には各頁のコマ割りまで含めて英語版をそのまま翻訳・模写した上で同時出版したのが日本語版なのだが、両者を注意深く見比べると変更されている点がある。それは、端的に言うとロビンソンと、その学生時代からのガールフレンドであるレイチェルとの恋愛、結婚、そして幸せな家庭を築いていく様子を示したコマがことごとく削除されているということである。

それらの削除は頁単位で行なわれているのではなく、ある頁のあるコマだけを削除して、恋愛にまつわる要素を消し去り、代わりに他のコマのサイズを大きくするなどして調整している。図6-4〜7はすべてそういった削除されたコマの例であるが、たとえば図6-4ではブランチ・リッキーがロビンソンと契約を交わす上で「婚約者がいるのなら結婚しておきなさい」とアドバイスしている。もちろん、その裏には彼が独身のままスターになってちやほやされて女性問題でも生じては折角構築しようとしているヒーロー・イメージが台無しになってしまう、という経営者としての判断があるのだが、アスリートであれ、当然自由に恋愛を謳歌しているはずだという前提があってのことだろう。

恋愛の要素がカットされた日本版

しかしながら、当時の日本ではまだまだ自由恋愛など絵空事で、何よりも生活を再建するのに一杯いっぱいのはずだから、連合国の庇護の下に置かれた敗戦国日本がさまざまな辛苦にめげずに努力して再び国際社会の一員になっていく上での〝お手本〟としてジャッキー・ロビンソンの物語が機能するという前提があったのだとすれば、恋愛にうつつを抜かしている場合ではないと判断されて、恋愛に関する描写が意図的に削除されたとしても不思議はない。GHQ/SCAPのスタッフたちが、キスの仕方から教えていかなければならないと考えていたような占領期当時の日本人にとっては、ロビンソンが謳歌していた青春はまだまだリアリティをもって受け入れられることはなかったろう。特に、中学生という年齢層に読者を限定していたことを考えれば、ロビンソンの偉人伝の中から恋愛の要素を削除するという判断もさほど不思議なこととは思えない。

ただし、図6-5に見られるように、レイチェルはただ許婚者であるロビンソンに黙って従っていくような女性ではなく、男性と対等に物を言い、しっかりと自分の考え方を持っていて、大学を卒業後は看護婦としての仕事でキャリアを積み、社会的にも自立した女性像として描かれている。とすれば、実はそれはGHQ/SCAPがたとえば日本映画界に対して描いていくことを推奨した新しい時代の新しい女性像そのものであるとも言える。

また、これらの恋愛の要素の排除と関連して、図6-7では戦争へ行くロビンソンが別れを告げる相手が恋人レイチェルから母親へと変更されている。出征する息子を心配そうに見送る母親と、「お母さん　すぐ帰ってきますから、おたっしゃで待っていてくださいね」と母親を気遣う息子という構図は、いかにも戦前の日本の修身の教科書にでも出てきそうなエピソードであり、当時の日本人の道徳観にもマッチした改変だということが出来るだろう。

日本人読者にとって理解しやすくするための工夫

他にも、画に添えられている説明の文章の中で、日本の野球選手を引き合いに出すなどして日本人

図6－4

図6－5

図6－6

図6－7

図6－4～6－7●日本語版ではカットされたコマ、および恋人から母親に変更されたコマ。

の読者にも読みやすいようにアレンジしている箇所は存在する。たとえば日本語版の三一頁には「日本では河西、木塚、萩原、などいう《ママ》選手が盗塁王です。けれどもジャッキーのえらいところは、盗塁王であって、しかも藤村、川上、中谷にわをかけた強打者であることです」という記述がある。また三二頁では「今や彼は一番うまい二塁手だといわれています。ジャイアンツの千葉選手のようにです」との記述がある。

更に、同頁には背景の説明として次のような解説が添えられている。――「このものがたりに、大リーグ、小リーグということばが出てきますが、これはリーグの階級をいうことばなのです。アメリカン・リーグとナショナル・リーグの二つが大リーグで、あと数十の小リーグがあるのです。このあいだ来訪したシールズ軍はコースト・リーグというのに所属したアメリカ第二流のチームでした」

この記述からは、この日本語版の翻訳・模写作業が実際には一九四九年秋のサンフランシスコ・シールズ来日直後頃に行なわれていたことが判る。第7章にて詳述するように、シールズ来日による日米野球の復活とセットになる形で、一九四九年のシーズン・オフに日本野球連盟はセントラル・リーグと太平洋野球連盟（後にパシフィック・リーグ）の二大リーグ制へとGHQ／SCAPのウィリアム・F・マーカット経済科学局長の想定していた通りの道を歩みだしたわけだが、ここでは日本野球界の状況については触れておらず、直近の記憶としてのシールズ来日についてのみ言及されている。それはすなわち、この文章が日本に複数のリーグが誕生した一九五〇年春よりも前に書かれたものであることを示唆し、またこの出版物がアメリカでの出版が行われる前にその原稿が日本語版製作のための翻訳へと回され、日米で同時に出版されるタイミングで準備されていた可能性を伺わせるものである。

6 日米二つのヴァージョンの漫画からわかること

最後に、アメリカのフォーセット出版社から出版されたオリジナル英語版である*Jackie Robinson : Baseball Hero*と、小学館の学年雑誌『中学校の友』一九五〇年六月号別冊付録として出版された日本語版『ジャッキー・ロビンソン』の内容を吟味することによってどのような知見が得られたのかについてまとめておきたい。

アメリカの強力なリーダーシップの許で努力すべき日本国

先ず、ジャッキー・ロビンソンのライフ・ストーリーとは、簡単に言えば「逆境の中にあってもたゆまぬ努力によって成功を掴み取り、他の恵まれない人々の希望の光になると同時に人々を導いていく模範的な社会のリーダー」の話ということになる。彼の置かれていた逆境は敗戦によって打ちひしがれ、生活を再建していくことに必死の状況であったはずの占領下の日本国民のおかれていた状況と重なる。

アメリカ社会の中で、差別的な待遇に苦しめられてきた黒人たちの中にあって、自らの才能と努力とによって成功を掴み取ったロビンソンだが、物語の中で強調されていることの一つは、それがロビンソン本人だけの力では成しえることができず、黒人たちの置かれた状況を理解し、それを何とか変えていこうという強い意志を持った白人のリーダーたちのアシストがあってはじめて可能になったという点である。

この、誰からも非難されないだけの高いモラルを持った模範的な黒人アスリートと彼を庇護する立場にある力を持った白人のリーダーたちとの関係というのは、そのまま被占領国日本と日本を国際社会に復帰させる上で導いていく立場にある占領軍との関係に置き換えることが出来る。——すなわち、日本の皆さんも、ロビンソンのように一所懸命努力してどんな辛苦にも打ち勝つだけの強い意思を持ち続ければ、われわれが強力にサポートしてあげることで明るい未来が切り開けますよ、ということである。

この、日本人がお手本にすることの出来そうなロビンソンのキャラクターを、より一層日本人にとって受容しやすくするために、日本語版漫画においては、彼は恋人ではなく自分を育ててくれた母親を気遣う孝行息子へとその人間性の素晴らしさを示すポイントがすりかえられ、なおかつ、野球選手としていかに優れた資質を持っているのかについても日本人プロ野球選手が引き合いに出される形で説明がなされた。

そして、その日本人が熱狂して止まない野球というスポーツで活躍するアスリートであるだけでなく、彼の歩んできたライフ・ストーリーというのは日本人にとって非常に馴染みの深い『忠臣蔵』の物語に見られるような辛抱の連続とその先にある輝かしい大願成就の物語という枠組みで語られることによって、ますます理解しやすいものとされていたのである。

映画よりも差別描写のチェックが緩かった漫画メディア

映画版『ジャッキー・ロビンソン物語』が原作（自伝）と比べて表現の上で制約を受けていたことは既に述べたとおりである。そして、〝結果〟としての人種の統合の好イメージを描くまでのプロセスとして、主人公が差別を受けるという描写への許容度については、映画よりも漫画というメディアの方が少しは高かったかもしれない。

本章にて分析した日米双方の漫画の内容からは、表現に関して映画版との差異はほとんどなかったが、映画版『ジャッキー・ロビンソン物語』は別の理由があったとはいえ結果的に日本公開はなされなかった。一方、基本的にチャンバラ映画は〝刀は人を殺す道具である〟という理由ゆえにGHQ／SCAPによって厳しく封じられていたが、漫画の領域では、たとえば手塚治虫の無名時代の六コマの漫画で「タメシ斬り」というものがあり、そこでは名刀を手に入れた殿様が切れ味を試すために家臣を辻斬りで殺そうとする（結果的には他の家臣の機転で失敗するのだが）という描写があったりするのである。[16]

アメリカが、ソヴィエトの社会主義体制よりも自国の民主主義・自由主義的体制のほうが優れているのだと世界に対して説得していく上で、自分たちの社会に黒人差別のような問題があったとしても、それを解決し、よりよい方向へと進歩していけるだけの柔軟性と発展性を持った社会なのであるということを自信を持って示していく上でも、ジャッキー・ロビンソンの体現していた「アメリカにおける人種の統合」イメージは理想的なものだったはずである。

漫画というメディアは、こうした積極的に流布していきたいイメージを対象となる国民の間で深いレヴェルにおいて浸透させていく上で、最もわかりやすく、かつ楽しみながら目的を果たしていくことのできるメディアとして利用された、と位置づけることが可能だろう。

占領終結後の一九五六年一〇月一七日、ブルックリン・ドジャーズはメジャーリーグの単独チームとして初来日し、日米野球が繰り広げられた。次章で詳述する一九四九年のサンフランシスコ・シールズ来日以降、一九五一年のジョー・ディマジオ率いるメジャーリーグ選抜来日、一九五三年のメジャーリーグ選抜来日を経て、同じく一九五三年のニューヨーク・ジャイアンツ来日、一九五五年のニューヨーク・ヤンキース来日に続く単独チームの来日であった。[17]

ディマジオ同様に日本での試合が引退試合となったロビンソン

この年、メジャー・デビューからちょうど一〇年目のシーズンを終えたジャッキー・ロビンソンも来日メンバーの中に含まれていた。ドジャーズの選手たちの中には日本へ行く事に気が進まない者も

図 6 - 8 ●1956 年日米野球（ドジャーズ）パンフレット表紙

いたと伝えられているものの、ロビンソンは積極的だった。アメリカ国務省にとっては、ロビンソンを日本に行かせることは対外文化外交の観点で計り知れないほど大きな貢献になるとみなされていたであろうから、国務省スタッフにとっては渡りに船だったはずである。

ドジャーズは、この日本ツアーを通じて、全日本、オール・セントラル、オール・パシフィック、東日本選抜、西日本選抜、巨人・阪神・中日連合チーム、読売巨人軍との間で計一九試合を行った。ロビンソンは四九打席一六安打の打率三割二分七厘という打撃成績で、一〇月一九日の第一戦と一一月一二日第一八戦（ともに後楽園球場）でホームランを放ったほか、成功はしなかったもののホーム・スチールを試みて、アメリカ人アンパイアのジャック・コンランから退場処分を受けるというハッスル・プレイで日本の観客を沸かせた。

ドジャーズのチームメイトたちと比較すると、ロビンソンの打撃成績はジム・ジェントル（四割七分一厘／ホームラン八本）、ドン・デメテル（三割二分九厘／ホームラン五本）、ギル・ホッジス（三割三分三厘／ホームラン六本）よりは劣るものの、ジェームズ・ギリアム（三割一分七厘／ホームラン二本）、デューク・スナイダー（三割五厘／ホームラン二本）、ロイ・キャンパネラ（二割六分八厘／ホームラン四本）よりも良かった。

打率だけでなく、最終の第一九戦の九回表、ロビンソンは決勝のシングル・ヒットを放って勝負強さを示した。この一打は、実はロビンソンにとって現役の野球選手としての最後のヒットということになった。

帰国前には、ロビンソンはジョン・M・アリソン駐日アメリカ大使から滞日中の素晴らしいスポーツマンシップと日本ツアーへの貢献に対して賞賛するメッセージを受け取っている。そして、通算一四勝四敗一引き分けという成績を残して一一月一六日にチームメイトたちと共に帰国したロビンソンだったが、ブランチ・リッキーの去った後のドジャーズ経営に辣腕を振るっていたウォルター・オマリーが彼をニューヨーク・ジャイアンツにトレードする密約がマスコミに流れ、急遽記者会見し、そのまま引退を表明したのである。(18) 奇しくも、五年前の一九五一年にジョー・ディマジオの身に起こったのと同じことがジャッキー・ロビンソンの身に降りかかり、彼は日本でその現役選手として最後のプレイを見せて静かに表舞台から姿を消したのである。

注

（1）Jonathan Eig, "Opening Day : The Story of Jackie Robinson's First Season", Simon & Schuster Paperbacks, 2007, p.263.
American Film Institute Catalog of Motion Pictures produced in the United States, Feature Films, 1941-1950, Film Entries A-L（AFI Volume F4）,University of California Press, 1999, p.1201.
Jackie Robinson（As Told by Jackie Robinson to Wendell Smith）, "Jackie Robinson : My own Story", Greenberg, 1948.

（2）Donald Bogle, "Toms, coons, mulattoes, mammies, and bucks : an interpretive history of Blacks in American films", 4th edition, The Continuum International Publishing Group Inc,. 2001, p.184.

（3）Robinson and Duckett, *I Never Had It Made*, p. 101, 及び、日本語版『ジャッキー・ロビンソン自伝　黒人初の大リーガー』p.135。

（4）Jay Robert Nash & Stanley Ralph Ross, The Motion Picture Guide H-K 1927-1983, Cinebooks, Inc., 1986, p.1441.

（5）AFI Volume F4, p.1202.

（6）"USIS Activities Overseas", July 18, 1956, Movie Scripts, 1942-1965, Records of the U.S. Information Agency, Box 47, RG306, Entry 1098, p.11.

（7）Ibid.

（8）大橋正路「ジャッキー・ロビンソン」、『ベースボール・マガジン』第二巻第五号、六月号、二〇～二一頁（プランゲ文庫所蔵。請求番号B 65）。

（9）中村清吉「米大リーグ話題　ボッブ・フェラーとジャッキー・ロビンソン」、『野球ファン』第三巻第七号、八月号、一六〜一九頁（プランゲ文庫所蔵。請求番号Y39）。

(10) 岡本寛「驚異の的黒人選手：ドジャーズのジャッキー・ロビンソン：初の最優秀選手となるか：最近のアメリカ球界短信」、『ベースボールニュース』第637号、四〇〜四一頁（プランゲ文庫所蔵。請求番号B66）。

(11) USIS提供「ロビンソン物語」、『ベースボール・マガジン』第五巻・第一一〇号、一〇月号、八六〜八七頁（野球体育博物館所蔵）。

(12) 同上。

(13) 『中学校の友』第27巻第3号、一九五〇年六月号、別冊付録『ジャッキー・ロビンソン』。

(14) Michigan State University Libraries, Special Collections Division, Reading Room Index to the Comic Art Collection "Fawcett Publications" (A-Z titles), http://comics.lib.msu.edu/rri/frri/fawc_p.htm（最終閲覧日：二〇二一年九月一三日）。

(15) 宮田昇『翻訳権の戦後史』、みすず書房、一九九九年、一一二頁、および一六二〜一七五頁。

(16) 拙稿「占領期の手塚治虫」（山本武利編『占領期文化をひらく――雑誌の諸相』、早稲田大学出版部、二〇〇六年）、四四〜四六頁。

(17) 波多野勝『日米野球史　メジャーを追いかけた70年』、pp.240-242。ただし、来日した正確な日付については『1934⇒2004 プロ野球70年史』（日本プロ野球機構編集協力）、ベースボール・マガジン社、二〇〇四年、一五三頁に拠る。

(18) Robinson and Duckett, *I Never Had It Made*, pp. 181-184, 及び、日本語版『ジャッキー・ロビンソン自伝　黒人初の大リーガー』一八一〜一八四頁。

第7章　サンフランシスコ・シールズとコカ・コーラ

1　野球復興の総仕上げとしての日米野球復活

戦前の友好な日米関係の象徴として展開された日米親善野球を再開することは、占領軍と敗戦国という関係ではあるものの、再びアメリカとの友好関係が確認される機会として非常に重要なイヴェントだった。――本章では、戦後の日米親善野球再開の端緒となったサンフランシスコ・シールズ（San Francisco Seals）来日が、占領政策の中でどう位置づけられ、またどう展開されたかを軸に、この戦後初の日米野球をビジネス・チャンスとして捉えたコカ・コーラ社等の動きについても検証していく(1)。

フランク（レフティ）・オドール（Frank "Lefty" O'Doul）監督率いる米国のパシフィック・コースト・リーグに属するチーム、サンフランシスコ・シールズが占領下日本にやってきたのは一九四九年一〇月のことである。既に敗戦から四年以上経過し、占領終結と日本の国際社会への復帰が視野に入ってきた時期のイヴェントだったという点は重要なファクターとして押さえておかねばならない点だろう。

サンフランシスコ・シールズというチームの立ち位置

ちなみに、シールズというチームは一九〇〇年代初頭に生まれた古いチームで、特にボストン・レッドソックス (Boston Red Sox) でサイ・ヤング (Cy Young) とバッテリーを組んでいた元メジャーリーガー、チャーリー・グラハムが経営に参画し出した一九一八年頃よりマイナーリーグ最上級の強豪チームとしてのポジションが定着した。特定のメジャー球団の傘下にあるわけではなかったが、常にメジャーから引き抜かれる若手の逸材や、メジャーとマイナーの間を行ったり来たりするレヴェルの選手が所属していた。一九四九年の来日時に監督を務めていたフランク・オドールも、一九四〇年代を中心にニューヨーク・ヤンキースの屋台骨を支えたジョー・ディマジオも、そのようなシールズ出身の名選手として知られている(2)。

フランク・オドールは現役選手だった一九三一年の日米野球時を皮切りに、その後頻繁に来日しており、一九三四年にはメジャーリーグ選抜チームの助監督の立場で来日している。彼はまた、日本プロ野球の草分けであった大日本東京野球倶楽部の設立時の顧問を務め、同チームがアメリカ遠征した一九三五年と翌年にはシールズ監督として試合のスケジュール調整などに尽力し、特に一九三五年の初遠征の際には、アメリカのメディアに宣伝するための同軍のニックネームとしてトーキョー・ジャイアンツ（Tokyo Giants）と命名している。つまり、彼は読売巨人軍の名付け親なのであり、シールズ指揮官として来日するはるか以前より、日本のプロ野球界にとっては恩人中の恩人として知られる存在だったわけである。(3)

既に第1章で述べたとおり、日本の野球界は占領開始後僅か一〇〇日後に開催された東西対抗戦によって復活し、以後、東京六大学リーグ戦、選抜中等野球大会、都市対抗野球などが次々と復活してきた。一九四七年三月三〇日に復活した選抜中等野球大会の開会式でウィリアム・F・マーカット経済科学局（ESS）局長が「いま日本の野球熱は史上空前のものであります。本大会がつとに学校運動競技に着目し、その振興に先べんをつけられたことは誠に当を得たものであります」(4)とのメッセージを寄せたように、戦後日本におけるあらゆるレヴェルにおける野球の復活は、GHQ／SCAPの強力なバックアップに後押しされてのものでもあった。――シールズの来日とは、つまりこうした日本野球復活の段階的作業の仕上げの大事業という側面を持っていたことがわかる。これは日米間がギクシャクし始めていた一九三四年にベーブ・ルース、ルー・ゲーリッグ、そしてフランク・オドールらを擁するメジャーリーグ選抜チームが来日し「野球外交」と呼ばれた時以来、一五年振りの日米親善野球の実現だった。

2　日米野球ビジネスと親善目的の強調

シールズ来日という一大イヴェントは、一野球界のみならず戦後の日米関係という枠組みが広く国民の間に再確認される特別な機会となった。特に、球場では星条旗と並んで日の丸が掲揚されたわけであり、そのことは日本がアメリカとの特別な関係の下でこれから再び世界の一員としてやっていくのだ、というイメージを広く国民の間に浸透させる上でこの上ない機会だったはずである。日の丸掲揚は一九四八年三月四日まではGHQ／SCAPによってずっと禁止されており、その年の終わりまで掲揚は日本の祝日に限られていた。[5]

だが、もとより日米野球の再開という一大プロジェクトはGHQ／SCAP側の一方的なプランというわけではなく、鈴木龍二、鈴木惣太郎、そして正力松太郎といった当時の日本プロ野球界のリーダーたちの念願と、彼らを指導し日本のベースボールの発展を後押しする立場にあったウィリアム・F・マーカットESS局長のバックアップがあってはじめて実現へ向けて動き出したと見るべきだろう。

マーカットの横顔とベースボールへの情熱

マーカットもまたダグラス・マッカーサー元帥同様に大のベースボール・ファンとして知られている。たとえば、当時の吉田茂首相はマーカットに要件があるときには先ず側近の白洲次郎からマーカット側近の原田恒男＝キャピー原田中尉に連絡させ、「マーカット少将の機嫌はどうか」と尋ね、機嫌がよくない場合には白洲からの要請で原田がマーカットに野球の話をして、次第に彼の機嫌がよくなったところで吉田首相が到着するように計っていたなどとも伝えられている。[6] ちなみに、キャピー原田もまた、かつてはセミプロのサンタ・マリア・インディアンズというチームでプレイしていたという。[7]

マーカットはまた、全米アマチュア・ベースボール協会の日本支部委員長を務めたという。全米アマチュア・ベースボール協会に関連するイヴェントとして、一九五〇年九月一〇日から一七日にかけて、ノン・プロ野球世界選手権という催しが後楽園球場、甲子園球場、西宮球場において開催されている。日本代表は夏の都市対抗優勝の全鐘紡、アメリカ代表はフォート・ウエンのケープハーツ（Capehearts）というチーム（電気店の宣伝チーム）で、結果は四勝一敗でアメリカが優勝している。[8] 一九五二年には第二回ノン・プロ野球世界選手権大会が東京、大阪で開催され、アメリカ陸軍のチーム、フォート・メイヤー・コロニアルズが全鐘紡を四戦全勝で破っている。[9]

この第一回ノン・プロ野球世界選手権の歓迎式典や第一試合の様子などは米国立公文書館にサイレ

ントの35MMフィルムが残されている。東京は銀座でのオープン・カーでの歓迎パレードの様子はまるでメジャーリーグの一流チームが来たかのごとく盛大だし、第一試合の始球式ではマッカーサー夫人のジーンが務めるなど、映像からは、当時シールズ来日から丸一年経っていたものの未だに日本人の間でベースボール・フィーバーが蔓延していたであろう様子、そしてこのイヴェントを仕掛けたマーカットの意気込みといったものが伝わってくる。(10) もちろん、マーカットはジーン・マッカーサーの横で試合観戦し、歓迎式典での挨拶を行っている。

ESSでマーカットの部下だったセオドア・コーエンによれば、占領期間中のマーカットのこんなエピソードが残っている。ESS局長であった五四歳の彼は、若い軍人たちが主体となって編成したソフトボール連盟の会長となったのみならず、自らESSのソフトボール・チームの二塁手を務めるスポーツマンであったという。そして、あるときマーカットとその運転手とがソフトボールをしていた際に、車に鍵をかけなかったために若い憲兵に捕まってしまったという。(11)

彼は憲兵に、過失認定証を作成し、自分に渡すよう主張した。この車は臨時使用中のものだったので将官用の星のついたナンバー・プレートは付いておらず、憲兵は鍵はこわれていたという彼の説明を聞き入れようとはしなかった。憲兵は過失認定証を書き出したが、このTシャツにスラックスという軽装の中年男が少将だと告げられると、当惑してこの認定証を途中で破り捨てようとした。しかしマーカットはそうはさせなかった。彼はほかの軍人に対するのと同等の扱いで過失認定証を書かせて受け取った。数日後、この規定は改訂されてしまった

威張り散らす人間を軽蔑し、公平であることを尊び、GHQ／SCAP勤務の若い軍人たちからも、彼と接した日本人たちからも等しく慕われたというマーカットの面目躍如たるエピソードだが、一方で、彼はプロ野球とアマチュア野球を束ねる総合体を作ってその上にコミッショナーを置くことを考えていて、自分自身がそのコミッショナーとなって「日本野球の頂点に君臨しようとしていたフシもある」(12)という見方もまたなされていたようである。しかし、そうだとしても、それは彼が私利私欲や権力欲しさのために画策しようとしたというよりは、おそらくは単にベースボール好きが高じてということだったのではないだろうか。

いずれにしても、マーカットは日本の省庁で言えば大蔵省、商工省（後の通商産業省）、厚生省の三つの省、そして経済安定本部と日本銀行をも監督する立場にあったESS局長という責任の重いポジションにあって、その本務に対するのと同じような熱心さをもって、占領下日本におけるベースボールのあり方に対して強力なリーダーシップを発揮し続けたことは間違いない。マーカットの強い意志が働かなければ、占領下において日米野球の復活という一大イヴェントが行われることはなかったであろう。

マーカットが局長をつとめるＥＳＳでは、日本でのビジネス開始を陳情しに来るアメリカ企業の扱いなども業務の一つとして担っていた。そのことが、サンフランシスコ・シールズ来日にあたっては後に大きなポイントとなってくる。

ＧＨＱが勧進元となるビジネスのための理論武装

ＧＨＱ／ＳＣＡＰの資料の中で、シールズ来日をめぐる一連の事務手続きに関する書類というのはＧＨＱ／ＳＣＡＰの法務部（リーガル・セクション／Legal Section ＝ＬＳ）文書の中に含まれている。[13] このシールズ招聘関係の文書を読むと、まず大前提として自由な商取引が極度に制限されていた占領下日本にあって米国のプロの（つまり商業的な）ベースボール・チームを来日させ、試合をさせる（つまり有料の興行という〝ビジネス〟をさせる）ことをどう例外として認めさせるか、という点に腐心していた事実が浮かび上がる。

占領下の日本においてアメリカの企業によるビジネスが認められるのは極めて特殊なケースにおいてのみだった。その稀なケースの一つにたとえばアメリカ映画の配給ビジネスがあったが、これとてもちろん、占領目的に沿った良質のアメリカ映画を厳選し、被占領国民としての日本の観客に提供することで占領政策に寄与する、という名目でのみ認められたものであった。その建前の下ですべてのアメリカ映画は、ＣＩＥの外郭団体としてのセントラル・モーション・ピクチュア・エクスチェンジ

（CMPE）を通じて一元的に配給される仕組みが堅持され、CMPEの維持経費を差し引いた売上金についても、CMPEを構成する各映画会社に送金することもままならずに凍結され、映画会社側にとってはプリントを焼く費用など、出費ばかりを強いられていた。(14)

そういった占領下日本ゆえの特殊な状況を鑑みて、シールズ来日に際して採られた方法というのは、まず建前としてはその来日の目的をあくまでも「極東に展開しているアメリカ陸軍を慰問する」ためとし、また日本においてプロの野球チーム（読売巨人軍、全日本選抜チーム、東日本選抜チーム、西日本選抜チーム）と計六試合を行う（＝興行をする）にしてもあくまでも〝親善試合〟である点を強調、さらに極東米軍の慰問という建前を強調すべく、在日米軍の野球チーム（極東空軍チーム、陸海軍選抜チーム）との試合も計四試合組まれることとなった。

シールズ来日に際し、その受け入れ側の窓口としては「シールズ親善野球実行委員会」という非営利組織がそのために設立されている。波多野によれば、これはESS局長のマーカット少将の指導の下、日本人側の関係者、特に正力松太郎など読売関係者が中心になって実務に当たる形で組織された。正力松太郎はこの年の二月に日本野球連盟名誉総裁兼初代コミッショナーに指名されたものの、追放中の人物が公職に就くことに対する反発がGHQ／SCAP内にも大きく、短期間でコミッショナーを辞し日本野球連盟会長に就任することで落ち着いた。マーカットは国会議員の松本滝蔵を実行委員会委員長に指名し、副委員長には正力の意向で日本野球連盟副会長の鈴木惣太郎が指名されることに

なったという。(15)

シールズ来日時の公式パンフレットにおいては、シールズ親善野球日本ツアー準備アメリカ委員会としてマーカットESS局長以下、キャピー原田中尉などのESSスタッフ九名、およびシールズ親善野球日本ツアー準備日本委員会として松本滝蔵、鈴木惣太郎、永田雅一ら一四名がそれぞれ別々の組織として載っている。また前述のLS文書においても外国投資委員会に対する正式の書類では委員会代表としてマーカット自身が署名している。

おそらくは、日本側の受け入れ態勢を固める準備部分は松本・鈴木以下の日本側の委員会にまかせ、シールズとの交渉やGHQ／SCAP内部のネゴシエーションなどの実務部分はマーカットの下のESSスタッフがそれぞれ担当していたということであったのだろう。

シールズ来日にかかわるコストの試算

ところで、事前のマーカットによる試算では、来日に要するコストが三万六千ドル、および滞在中のコストが六千ドルと見積もられ、これに対して入場料収入として見込める総額が二万ドル、とバランスがとれそうもない点が認識された。日本円での支出については円の収入で十分にカヴァーできると見積もられていたため、シールズ一行の日本滞在中の支出（ホテル代など）はなるべくドルではなく円建てで行うようにとの見解が示された。また、いずれにしてもトータルでは支出に対して収入が十分でないため、使用する球場での広告看板、および公式パンフット誌面に米国企業の広告を募集する可能性が考慮され、同時に日本企業にも同様の機会を与える必要があるとの認識が持たれていた。

実行委員会は、七月一二日にGHQ／SCAPの外国投資委員会に対してシールズ来日に関わるドルと円でのコスト等についての説明の会合を開き、最終的には一〇月五日付の外国投資委員会のメモにより、一、シールズ親善野球実行委員会が非営利組織であり、二、同委員会は日本においてプロのベースボールのサーヴィスを輸入、公開、販売することを提案しており、三、外国投資委員会としてはそれらのビジネス活動が、最小規模の活動であるべきとの要求を満たし、占領目的にも適ったものであると確認した、とコンセンサスを得た。

マーカットは日本のプロ野球界に対してコミッショナー制や二大リーグ制導入を指導するなど、一貫して日本のプロ野球界のために尽力している(16)。シールズ来日実現に際しては、やはり彼の強力なイニシアティヴが大きく、またそれをGHQ／SCAPの組織が占領行政の一環としての対日スポーツ政策という枠組みで推進したことは明らかであろう。

3　シールズ来日狂想曲

戦後初の日米親善野球は当然ながら野球ファンのみならず日本中の話題を独占する大事件だった。先に挙げた野球雑誌各誌がこぞって来日前からシールズ特集で売り上げを伸ばしただけでなく、映画界でもシールズについてのドキュメンタリー映画の上映が計画された。すなわち、映画の検閲に当たっていた民間検閲部（CCD）のプレス・映画・放送課（PPB）の資料を紐解くと、好評を博した『日本敗れたれど』というドキュメンタリー映画で会社を立ち上げたZMプロダクションによって九月三〇日、PPBに米国製のニュース映像を日本で編集した二巻物のドキュメンタリー『The San Francisco Seals』上映の許可が求められ、試写を行なった結果、何の問題もなくパスしていた、という記録が残っている。[17]

シールズ来日許可の最終書類は一〇月一二日付のもので、R・M・レヴィ大佐が署名している。そして、シールズ一行が実際に羽田空港に到着したのが、まさにその一九四九年一〇月一二日のことだった。空港には、日本国を挙げて歓迎していることを示すべく、田中絹代を始めとする当時の日本を代表する映画女優三〇人が野球関係者やファン、報道陣に混じって出迎えたという。

日本の野球界と映画界の緊密な関係

もちろん、映画会社が自社の看板女優たちをこのような形で供出していた背景として、当時の日本プロ野球界にあって映画会社というのが一大勢力であった事実を指摘しておく必要があるだろう。すなわち、既存の阪急ブレーブス（東宝グループ）や東急フライヤーズ（東映は東急グループの中核企業）に加え、ちょうどこの一九四九年というシーズンには永田雅一率いる大映が、連名への加入を拒否されたための措置として一時的に提携していた東急との関係（チーム名は一時的に急映フライヤーズとなった）を解消していよいよ大映スターズとしてスタートした年であり、翌一九五〇年からは老舗の松竹が大陽ロビンスを買収した松竹ロビンスが加わっている。なお、東急は大映の独立後一旦は元のチーム名に戻り、五年後に改めて東映フライヤーズと改称している。シールズの来日した一九四九年というのはプロ野球経営に映画会社が本格的に乗り出してきたタイミングと重なっているわけだから、プロ野球チームを持つ映画会社各社にとってはプロ野球界の一大イヴェントに積極的に関わることは映画ビジネス、野球ビジネスの両方にとって大きな宣伝効果を見込める案件だったはずだ。

さて、来日したシールズの歓迎パーティは、翌一〇月一三日、芝スポーツセンターにおいて大々的に行なわれた。当日の司会は予定されていた活動弁士の松井翠声《まついすいせい》が急病に倒れたため、まだ無名のヴォードビリアンで、のちに日本を代表するコメディ・スターとして一世を風靡することになるトニー谷が初の大仕事として代役を務めている。(18)

シールズ来日のインパクト

シールズ軍来日のインパクトの大きさを物語る事例の一つとして、ある菓子メーカーはキャンペーンを行なっている。キャンペーンの詳細は明らかにはなっていないものの、おそらくは期間中に自社の製品を買ってくれた消費者の中から抽選で景品が送られてくるという類のものだったようで、「スポーツ・ガム賞」という賞では来日したシールズ軍のチーム写真が景品とされた。

この景品のシールズ軍のチーム写真を良く見ると、後方の観客席にアメリカ軍兵士と日本人女性のカップルが並んで座っているのがわかる。占領期間中のCCDによる検閲では、こうした、日本の女性たちがアメリカ軍兵士とデートしているような写真——日本が敗戦国であることを思い知らされるような写真——の新聞・雑誌などへの掲載は厳しく禁止されていたから、この写真が景品として出回る事になった理由は不明である。おそらくは、そもそも菓子メーカーが検閲のために提出しなければならないというルールを知らなかったのではないだろうか。ともあれ、この写真からは一九四九年当時の野球場の観客席の様子について、実態を垣間見させてくれる（口絵8を参照のこと）。

一九四九年一〇月一五日、後楽園球場においてシールズ対巨人軍第一戦が華々しく行われた。入場料金は指定席三〇〇円、外野自由席一〇〇円だったが、前売りだけですべてが完売、予定されていた当日券の発売が中止される事態となり、ダフ屋はこれをそれぞれ二〇〇〇円と五〇〇円で売っていたという。そして、様々な本や野球人の回顧録の類に書かれている通り、この日、後楽園球場においてコカ・コーラ、ペプシコーラ、ポップコーン、そしてホットドッグが初めて日本人向けに販売されている。試合のほうは一三対四でシールズの圧勝に終わっている。

当時十三歳で、この第一戦をネット裏観客席で観戦していた諸岡達一の回想によれば、試合開始前の練習時間帯に到着したところ、バックネット裏の正面席は外国人の観客——おそらくはGHQ／SCAPのスタッフやその家族だろうと推察した——でいっぱいだったので諦めたものの、それ以外の内野席は自由席だったため、見やすい席へと何度か移動しながら観戦したという。(19)

オドール監督との握手写真があだとなった横綱前田山

なお、大阪で開催されていた大相撲一〇月場所を休場中だった野球好きの横綱・前田山英五郎は後楽園でオドール監督と握手している写真が新聞に掲載されたことで相撲協会の不興を買い、横綱にあるまじき不謹慎な行為として引退に追い込まれている。より詳細にその状況を再現してみるならば、凡そ次のような経緯だったことが確認できる。

東の張出横綱前田山は初日に一勝しただけで二日目から五連敗、一〇月一五日の七日目より休場と相成った。その〝休場〟を決めた当日、土俵上では三根山に不戦敗となっていた前田山は単身帰郷して病院に行った帰り、後楽園でのシールズ来日第一戦(対巨人軍)を観戦しに〝球場〟に姿を現した。オドール監督との握手写真は、このイヴェントをなんとしても成功させたいGHQ／SCAP側がパ

前田山引退の真相
實伴わぬ横綱
秋の六大學野球を解剖する
著しい飛躍
日本野球連盟
發展的解散か

図7－1●「前田山引退の真相」（『日刊スポーツ』一九四九年一一月一八日、第一三四三号）

ブリシティ効果を狙って無理強いした側面も多分にあったろうと思われる。ともあれ、写真は新聞紙面を飾り、休場中の横綱の不謹慎な行動に激怒した相撲協会は前田山を大阪に呼び戻し、反省の態度を示し二二日（一四日目）から土俵入りだけでもやりたい、という本人の希望を拒絶して出場停止処分とした。追い込まれた前田山は千秋楽の一〇月二三日、協会に引退届けを提出するに至った。

だが、この事件は、その後巡り巡って相撲界の改革に繋がることとなった。自らの仕掛けたイヴェントのパブリシティ写真が原因となって引退に追い込まれた前田山に対し、原因を作った当事者ですらあるＧＨＱ／ＳＣＡＰは責任を感じた。その埋め合わせとして、高砂親方として後進の指導に専念することになった前田山に、ＧＨＱ／ＳＣＡＰは相撲を紹介させるために三名の現役力士を引率しての渡米の機会を与えた。

まだ日本人の海外渡航など簡単には実現しなかった一九五一年六月のことである。特にハワイでは日系移民たちから熱烈な歓迎を受けたという。その結果、日本相撲協会は一一年後の一九六二年には初めての海外巡業としてハワイ巡業を実施することとなり、団長として参加した高砂親方は現地で一人の若者をスカウトする。ジェシー・ジェイムズ・ワイラニ・クハウルワ、後の高見山大五郎である。歴史に「もしも」は禁物だが、シールズ来日に伴う騒動で前田山が引退に追い込まれなかったら、今日の相撲界の国際化の道筋が付けられるのにはもっと時間を要したかもしれないのである。

来日中のシールズの戦績

さて、その後のシールズは一六日に対極東空軍チーム戦（於、神宮球場）、一七日に対東日本選抜チーム戦（於、神宮球場）、一九日は対陸海軍選抜チーム戦（於、神宮球場）、二一日には関西へ移動しての対西日本選抜チーム戦（於、西宮球場）、二二日には対陸海軍選抜チーム戦（於、甲子園球場）、二三日に対全日本選抜チーム戦（於、甲子園球場）、二六日には名古屋での対陸海軍選抜チーム戦（於、中日球場）、二七日は対全日本選抜チーム戦（於、中日球場）、そして再び東京へ戻り、二九日に対全日本選抜チーム戦（於、神宮球場）と、強行日程で一〇試合を消化した。

ちなみに、第1章で既に述べた通り、神宮は当時第八軍の接収下にあり、GHQ／SCAP側ではステイト・サイド・パークと呼んでいた。在日米軍との試合はシールズの三勝一敗、そしてあらかじめ組まれていた日本チームとの六試合についてはすべてシールズが勝っている。

来日前には楽観的な予測も多かった日米の実力差に関しては、日本プロ野球側は全日本軍、巨人軍、東軍、西軍がシールズと計六戦を戦って、遂に一勝も出来なかったわけである。戦争による断絶によって日本プロ野球界の実力がいかに米大リーグのそれと引き離されてしまったか、という現実を痛感したであろう日本のプロ野球界の関係者の気持ちは、前述の野球雑誌などで選手たちの敗北の弁やファンたちからの叱咤激励のエッセイなどから読み取ることが出来る。たとえば、〝打撃の神様〟こと川上哲治選手はこう語っている。[20]

先発したデンプシー投手は（中略）別所投手よりも速かったが、速球はそれほど多くは投げていなかった。五回目を迎え、今度こそこのデンプシー投手のゆるいカーブを狙ってやろうと思っていたところを、ワール投手に代えられて、惨々の体となってしまった。

向うの打者に就て言えば、先づ最も感心したことは、如何なる条件の時でも、絶対にボールを打たないことと、ボールから最後まで眼を離さないことである。バッティングに就ては、フォームなど日本のように細かい点をうるさく思っていないように思われた（中略）

その他全般的に、われわれはまだまだ非常に多くを学び、また努力せねばならないことが痛感されたところで、一六日に極東空軍チーム相手に神宮球場で行われた試合では〝戦災孤児慰安デー〟と銘打って東京の戦災孤児たちが招待されている。そして、この〝戦災孤児慰安デー〟と同じ発想で、一五歳以下の少年少女だけ四万人を招待して三〇日に追加で行われることになったのが六大学選抜チームとの対戦試合で、このボーナス試合が行われる日は〝オドール・デー〟と呼ばれることとなった。

〝オドール・デー〟開催の真相

この試合については、沿道で熱心に手を振る子供たちを見たオドールによる来日後の思いつきで急遽試合が組まれたというのが定説で、事実シールズ来日を記念して作られた公式パンフレットに載っている試合日程ではこの日本チームとの第七戦というのは載っていない。また、チケットについても、対陸海軍選抜チーム戦用のチケットとして印刷されたものを流用し、あとから〝オドール・デー〟のスタンプを押す形で済ませている。

しかしながら、一九四九年九月一日に出版された雑誌『近代野球』の同年九月号には、「全国大学野球連盟では、去る十四日会議対シールズ戦を行う事に決定した。この決定迄には相手がプロチームであるので相当議論が沸騰した」との記事が出ている。(21)「去る十四日」とは雑誌の出版月を考えるとおそらくシールズの来日前の七月時点のことと思われるから、オドール監督の思いつきというのはあくまでも子供を招待するという部分のみで、六大学選抜チームとの試合自体は、来日前には確定して

図7-2●“オドール・デー”のチケット

はいなかったものの調整が続けられており、シールズの来日後に詳細が詰められアナウンスされたと見るのが妥当であろう。

その証拠に、前述のLS文書においても日本アマチュア運動競技協会の規則全文とその組織図の英文訳が早い時点で（日付は付されていないが、前後の文書の日付から一九四九年六月頃の翻訳と推察できる）用意され、アメリカのプロのベースボール・チームと日本のアマチュア野球チームとの間で有料の興行形式での試合を行うことの問題点が検討されていたことがわかる。

日本の野球ファンの視点でこの〝オドール・デー〟を捉えるならば、これはまさしく夢の実現そのものに他ならなかった。なぜならば、この当時の日本にあっては、プロ野球よりもむしろ六大学野球のほうがずっと人気があったからである。[22]

ところで、この試合に六大学選抜チームの先発として登板したのは、当時法政大学四年生でエース・ピッチャーだった関根潤三である。この試合が「学生野球への指導試合」という位置づけであり、シールズ側のピッチャーを現役引退してから一五年経つオドール監督自身が務めるエギジビジョン・ゲームだったという点を割り引いても、関根の好投は特筆すべきものだった。序盤に2点ずつを取った後は同点のまま延長まで進み、一三回表に二点を追加されてそのまま四対二でシールズが逃げ切ったのだが、関根は実に延長一三回を独りで投げきった。

シールズ来日が日本プロ野球界にもたらした副産物として、大成功に終わった興行ゆえに少なからぬ利益が生じたということが挙げられる。『ホームラン』一九五〇年二月号の小さな記事で述べられているように、GHQ/SCAP自身が勧進元となって利益をあげたというのでは具合が悪かったこともあってか、余剰金は審判育成のための基金とされたようである。[23]

4 コカ・コーラ社とペプシコーラ社

シールズ来日に伴うバランス・シートに関してマーカット少将が指摘した収入不足を解消する方策として、使用する球場での広告看板募集とともに検討されることになったのが公式パンフレットにおける広告営業だった。

パンフレットはシールズ親善野球普及會(ママ)発行による本格的なもの(英文九二頁+日本文三〇頁/定価二〇〇円/口絵11参照のこと)と、日本野球連盟発行による簡易版(日本文のみ八頁+スコアカード/二〇円)

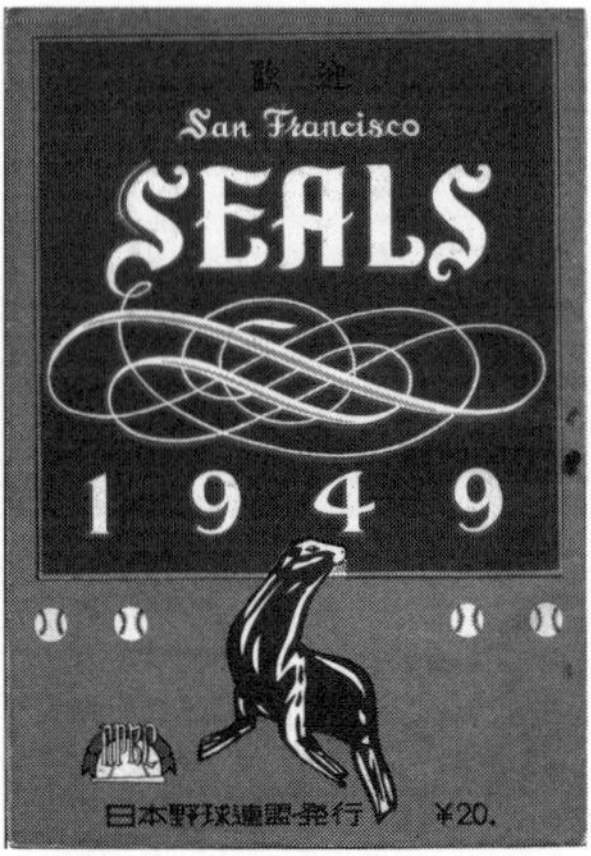

図７－３●日本野球連盟発行のパンフレット

の二種類が発行されたが、広告について言えば後者は日本企業のみ二九社が小さな広告を掲載しているもので、ＥＳＳ側で収入不足を補うものとして検討していたのはページ数も多くＧＨＱ／ＳＣＡＰスタッフとその家族など向けに英文頁を多く採った前者のほうである。そこには在日米軍将兵用のクラブによる言わば身内の広告を別にして米国企業三〇社あまりの広告（そのほとんどは一頁広告）が掲載されている。

メインの広告主としての両コーラ・カンパニー

それらの中で唯一の四色印刷として一際目立つものが英文側と日本文側それぞれの表紙の裏に載っている一頁広告なのだが、その前者がペプシコーラ社、後者がコカ・コーラ社なのである（口絵９～10参照のこと）。コカ・コーラ社についてはさらに本文中に二四頁分に渡って綴じ込まれているスコアカード（一試合分が二頁なので一二試合分）すべてに一／二頁大の広告を掲載しているのである。

また、シールズ来日時の試験販売へ向けて、コカ・コーラ社とＧＨＱ／ＳＣＡＰとの良好な関係が構築されていたことを示す別の資料も存在する。それはシールズ来日の三ヶ月ほど前の七月四日、独立記念日に行われたＧＨＱ／ＳＣＡＰ内対抗野球試合（明治神宮＝ステイト・サイド・パーク）／ソフトボール大会（日比谷公園＝ドゥーリトル・フィールド）のパンフレットである（口絵２参照のこと）。計四頁の簡易パンフレットのその表四部分にも、「Between innings ... have a Coke（イニングの合間にはコークを飲もう）」というキャッチ・コピーによるコカ・コーラ社の一頁広告（前述の公式パンフレットのスコアカード部分と同一）が掲載されている。

コカ・コーラ社とペプシコーラ社がそれぞれ広告掲載料として幾らの協賛金を支払ったかについての資料は残念ながら発見に至っていないが、パンフレットにおいて破格の扱いを受けているのに加えて、前述のごとく一連のシールズ興行に際し、両社の製品を球場内において初めて日本人向けに販売する試みが認められていたことを考えると、莫大な金額が提供されたであろうことは容易に想像がつく。――球場での販売価格はどちらも五〇円だったが（口絵７参照のこと）、少年少女四万人を招待し追加で行われた六大学選抜チームと対戦試合では半額の二五円で販売され[24]「夕方、水道橋駅への道は、青い帳面と白いボールと赤いコカコラを持った少年達が延々と続いていた」という光景が繰り広げられることとなった。

コカ・コーラ社の海外輸出強化のためのザ・コカ・コーラ・エクスポート・コーポレーションは一九三〇年にニューヨークに設立された。その日本支社は一九四五年の九月に同社の代表がGHQ／SCAPによって日本に招聘されたことをきっかけに、同年一〇月に横浜に設立された。以降、一九四六年から一九五二年にかけて（つまり占領期間中を通じて）、札幌から小倉まで全国六ケ所にボトリング・プラントを設置し、着々と日本でのビジネスの地歩を固めていった。ただし、当時の取引相手はGHQ／SCAPのみであり、同社としては占領終結後の日本人を対象とするビジネス開始のチャンスを窺っていたと見るのが妥当と思われる。

一方のペプシコーラ社もまた、コカ・コーラ社に二年ほど遅れた一九四七年にはやはり日本に展開している米軍への販売のみの形で日本に進出している。[25]

コーラ・カンパニーの日本人向けビジネス

GHQ／SCAPのESS文書の中でコカ・コーラ社、ペプシコーラ社関係の文書を見ると、一九四七年六月から翌年の八月にかけて、複数の日本の企業に対して両社の製品（コーラのボトル）を入れる木製の容器を製作する場合の生産能力や単価を記した見積書が食糧貿易公団木材部宛てに提出されていることから、両社の日本での新たなビジネス展開がこの時期にかなりの具体性を持って構想されていたことがわかる。[26]

また、同じくLS文書の中に、コカ・コーラ社の日本支社初代マネージャーだったレイ・D・スペンサーとESSのマーカット少将が一九四九年始め頃に会合を持ち、同社の日本での新規ビジネス開始へ向けて検討していたことが窺える文書も残されている。(27)

コカ・コーラ社の社史によればマーカットは「物資不足にあえぐ日本で、コカ・コーラのようなぜいたく品を市販するような時期ではない」と、貴重な外貨を消費しなければならないコーラの原液輸入は占領終結までは認められない旨、釘を刺していたというが、(28)シールズ来日時に大蔵省を介してコーラの日本人向け試験販売が取り決められた背景には、やはりマーカットの、米国企業のビジネス展開への理解、そしてシールズ来日という一大イヴェント実現のための収入源確保の狙いがあったと見るべきではないだろうか。

残念ながら、マーカットがコカ・コーラ社やペプシコーラ社に対して製品の日本人向け販売解禁をちらつかせることで広告出稿を要請していた、とか、逆に両社が日本人向けの販売許可を得るべくマーカットに取り入ろうとしていたことを具体的に示す資料は、GHQ/SCAP文書には見当たらず、コカ・コーラ社の広報を通じても入手することは出来なかった。だが、状況証拠は存在する。シールズ来日の直前、一九四九年九月一日発売の『映画スタア』九月号に「コカ・コーラ・スイート・ガール」と題してコカ・コーラ横浜工場見学記事が掲載されている。「皆さんはコカ・コーラと呼ぶアメリカの飲物を知っていますか?」という文章で始まるその記事の中に「ほどなく皆さんが御覧になる〜」とか「まだ不幸にしてこの飲物は私達日本人の手に入りませんが遠からずその口の来ることを思い〜」といった記述がある。これは明らかにシールズ来日を期に試験的に日本人向けに販売することが予定されていたことを受けて企画されたキャンペーン記事と思われる。(29)

また、このキャンペーン記事で工場を見学したのは松竹の幾野道子、新人の澤村晶子(大映作品への出演が多い)、新東宝の水原久美子という三人の女優だが、前述のごとく松竹はいよいよ満を持してプロ野球界に進出しようとしていた時期であり、既に球団経営に乗り出していた大映も含めて、もしコカ・コーラ社より「シールズ来日を期に日本人向けの販売がスタートする予定」との情報を得ていたとすれば、球団経営ビジネスとの兼ね合いで協力するのが得策と判断したとしても不思議はない。コカ・コーラ社側にとってはベースボールを通じて日本でのビジネス拡張を図るべく、野球ビジネスと密接に繋がっていた映画界に接近した、という図式ではないだろうか。

ただし、実際にはコカ・コーラ社とペプシコーラ社に原液輸入の許可が下りるのは占領終結後の一九五六年のことで、両社の製品が日本人向けに販売開始となるには翌一九五七年まで待たねばならなかった。さて、その後のコカ・コーラ社やペプシコーラ社の日本でのビジネスの成長振りについては指摘するまでもないと思われる。特筆すべき事実としては、八百長試合が発覚したいわゆる「黒い霧事件」の影響で営業的に打撃を受けていた西鉄ライオンズが一九七二年に身売りを決めた際に、売却先を探す窓口となっていたロッテオリオンズの中村長芳オーナーがペプシコーラ社に話を持ちかけ、ペプシ側も球団経営に興味を示したことが知られている。しかしながら、東映もまた球団経営から撤退することが明らかとなり、パシフィック・リーグの不安定な状況に二の足を踏んだペプシ側が翻意して話は立ち消えとなった。一方のコカ・コーラ社は野球ビジネスよりも映画ビジネスに関心を寄せ、一九八二年にはコロンビア映画を買収して話題となった（現在は日本のソニーに引き継がれている）。

5 シールズ来日とその副産物

サンフランシスコ・シールズ来日による日米親善野球の実施という出来事は、電通による『広告景気年表一九四九年』の「国内一〇大ニュース（一九四九）」においても、水泳の古橋廣之進選手による世界新記録達成、湯川秀樹博士のノーベル賞受賞、相次いで起きた一連の不可解な事件（下山事件・三鷹事件・松川事件）に次いで四番目にランクされている一大イヴェントであった。(30)

戦災孤児や少年少女を招待して本物のベースボールを見せるというGHQ／SCAPの文化外交政策は、当時の日本人の間に純粋にベースボールやそれを育んだアメリカ文化への共感をもたらした。そして実際に球場でシールズの雄姿に接する機会を持てた幸運な子供たち、そして大人たちにはもう一つのアメリカ文化の象徴であるといえるコカ・コーラやペプシコーラの味、色、匂い、瓶のデザイ

ンに接する初めての機会が与えられた。(31)

占領下日本においては、自由な商取引が制限されているという特殊な状況だったために、シールズ来日はあくまでも第一義的には極東に展開する米軍への慰問という形式がとられた。もちろん、何年間か故郷を離れている米軍兵士たちにとっては、メジャーリーグのチームに近い実力を持つパシフィック・コースト・リーグの名門、サンフランシスコ・シールズによる本場のベースボールの試合を、故郷からはるか離れた日本の地で満喫できる意味は小さくはなかったはずだ。

スポーツを通じての相互理解とシールズ帰国後の状況

だが、やはりGHQ／SCAP主導によって実施されたシールズ来日という一九四九年の一大イヴェントは、ベースボールを通じて占領目的遂行を図るという意図、つまり日本人に対する意識の方が主であったように思う。そして、その意図自体は他の連合国諸国に対してアメリカが胸を張って示すことの出来る、スポーツを通じての相互理解というアメリカ流の立派な政策であったが、一方でその〝建前〟部分とは別に、占領終結後の米国企業による商業ベースでの取引開始への足がかりを提供する、という〝本音〟部分をも併せ持っていた。その二面性は、GHQ／SCAPによる対日映画政策としてのアメリカ映画公開が、実際にはハリウッド映画産業界の極東マーケット再構築という純粋に商業的な動機によってアシストされていたプロセスとも重なるものだったと言えよう。

最後に、シールズ来日の狂想曲の裏で、同時進行的に起こっていた球界再編について触れておかねばなるまい。シールズ来日の約一ヶ月前の九月一四日、既存の八球団以外の新球団創設声明の第一号として近畿日本鉄道が日本野球連盟に加入を申し込んだ。その五日後には西日本新聞、さらに数日以内に毎日新聞、大洋漁業、星野組といった企業から加入申請が相次ぎ、水面下では様々な交渉や駆け引きが行なわれた。

こうした動きを、既得権益を守りたい既存八球団と空前のプロ野球人気の分け前に与かりたい新設球団、という図式としてとらえることももちろんできる。――だが、基本的にはやはりコミッショナー制度導入とともに米大リーグをお手本とした二大リーグ制度への移行を目標と定めていたマーカットESS局長の意向が背景としてあった。一九四九年の二月に初代コミッショナーに任命されていた正力松太郎（ただし公職追放中であることを理由に横槍が入り、正力は三ヶ月弱で辞任に追い込まれた）は、四月一五日に所謂〝正力声明〟を出し、米大リーグの招致、東京の新球場建設とともに二大リーグ制への移行をぶち上げており、それがシールズの帰国とともに具体的な動きとして表面化してきた、ととらえるべきだろう。

シールズは一一月七日に帰国の途に着いたが、その僅か二〇日後の一一月二六日、日本野球連盟は解散と決まり、南海、阪急、大映、東急の四球団は毎日、近鉄、西鉄を加えて太平洋野球連盟を結成、一二月一五日には巨人、松竹、阪神、中日の既存四球団に大洋漁業、広島、西日本新聞を加えたセントラル・リーグも結成された。

これを球界拡張による発展と捉えるのか、分裂による解体と否定的に捉えるのかは別として、日本プロ野球界がマーカットの思い描いていた通りの形で新たな歩みを始めたことは紛れもない事実である。

改めて、サンフランシスコ・シールズ来日が重要であった理由を整理すると、以下の三つに集約できる。第一に、日本とアメリカとの関係が当時は占領者と被占領国民というものだったにもかかわらず、シールズ来日は戦前に構築されていた野球を通じての日米親善を再構築したということである。第二に、シールズ来日は戦後の日本社会にとって最も大きな出来事の一つとして行なわれたイヴェントだったということであり、かつ、コカ・コーラ社のようなアメリカ企業にとっての、日本におけるビジネス展開の地ならしを行なったということである。

第三に、シールズ来日とレフティ・オドールの人脈が、のちに〝日本のジャッキー・ロビンソン〟として知られることになるある野球選手にとっての活躍の扉を開けたということである。

ウォーリー与那嶺の日本球界での活躍

その選手とは、戦後の日本で初めてプレイすることになったアメリカ人で、ハワイ生まれのウォーリー与那嶺（与那嶺要）である。スポーツ万能で、一九四九年にプロ・フットボールのサンフランシスコ・フォーティーナイナーズ（San Francisco 49ers）で、翌一九五〇年にはオドールのサンフランシスコ・シールズの傘下のソルトレイクシティ・ビーズで選手として活躍した与那嶺は、戦後のアメリカ社会がまだ日系アメリカ人を手放しで受け入れるだけの下地が出来ていないと判断したオドールの勧めで、日本でのプロ野球選手としてのキャリアを求めることにした。

与那嶺は一九五一年に読売巨人軍の眼鏡をかけた外野手としてデビューし、その一二年の現役生活において日本シリーズに四度出場した。さらに、一九五七年度のセントラル・リーグ最優秀選手に、そして一九五二年から一九五八年にかけて七年連続でベスト・ナインに選出され、オールスター・ゲーム出場は一一度、そして三度の首位打者に輝くという活躍を見せたのみならず、史上初の外国人監督として一九七二年から一九七七年にかけて中日ドラゴンズの指揮を執った。

与那嶺はその攻撃的なアメリカン・スタイルのプレイで日本のプロ野球を席巻した一方で、将来の日本プロ野球界のスターにも強い影響を与えた。すなわち、世界のホームラン王である王貞治は、しばしば自身がいかにウォーリー与那嶺に魅了されたかについて語っているのである。一一歳の野球少年だった王は、読売巨人軍の試合を見に行き、選手らのサインをもらいたかったものの勇気を出して頼むことがなかなかできなかった。色紙を持った王少年の前をひとり、またひとりと選手たちが通り過ぎる中、与那嶺選手だけが色紙に手を伸ばし、彼に名前を尋ねてサインをしてくれたのだという。何年も後に自身がプロ野球選手になってから、王はサインの求めには気軽に応じるようにしていたというが、それは、少年時代のあの日の午後、ウォーリー与那嶺が自分にもたらしてくれた喜びを忘れることが無かったからだという。

その後の日米野球の発展

日米野球に関して言うならば、サンフランシスコ・シールズの来日はその後のメジャーリーグのチームのコンスタントな来日の口火を切った。一九五一年にジョー・ディマジオが選手兼監督としてメジャーリーグ選抜チームを率いて来日、一六試合を戦い、ツアーが終了するよりも前にニューヨークに呼び戻され、そのままトレードを拒否して引退を発表したことは既に述べたとおりである。

一九五三年には、毎日新聞社がメジャーリーグ選抜チームを招へいし、読売新聞社はニューヨーク・ジャイアンツを招へいした。それ以降、ニューヨーク・ヤンキース（一九五五年）、ブルックリン・ドジャーズ（一九五六年）、セントルイス・カーディナルズ（一九五八年、一九六八年）、サンフランシスコ・ジャイアンツ（一九六〇年、一九七〇年）、デトロイト・タイガース（一九六二年）、ロサンゼルス・ドジャーズ（一九六六年、一九九三年）、ボルチモア・オリオールズ（一九七一年、一九八四年）、ニューヨーク・メッツ（一九七四年）、シンシナティ・レッズ（一九七八年）、カンザスシティ・ロイヤルズ（一九八一年）、といったチームがそれぞれ来日している。

個々のチームに加えて、一九八六年にはメジャーリーグ・ベースボール機構は二年ごとにオールスター・チームを日本へ派遣することとし、これは選手会のストライキがあった一九九四年を除き、二〇〇〇年間続けられた。その後、二〇〇六年から八年間のブランク期間を経て、二〇一四年にメジャーリーグ・オールスター・チームが再び来日し、侍ジャパンの強化試合という位置付けで日米野球が開催され、四年後の二〇一八年にも同じ枠組みが再現された。

さらには、二〇〇六年からは、メジャーリーグ・ベースボール機構、同選手会によって、世界野球ソフトボール連盟公認の唯一の野球の世界一決定戦として、ワールド・ベースボール・クラシック（World Baseball Classic＝WBC）が新たに開催されるようになり、これまでに第四回大会まで開催され（二〇二〇年の第五回大会は新型コロナウィルス感染拡大の影響で中止となった）、日本は二〇〇六年の第一回大会、二〇〇九年の第二回大会でチャンピオンの座に輝いている。

注

（1）サンフランシスコ・シールズ来日を巡る各方面の動きを整理する上で大きな助けとなってくれたのが「プランゲ文庫」である。調査に当たっては、まず国立国会図書館憲政資料室所蔵のプランゲ文庫の雑誌分類コードによって、ベースとなる雑誌をその雑誌タイトルより判断して抽出した。それに加えて、具体的に調査をしたいと考えているテーマから、考えられるキーワード（シールズ、シ軍、コーラ、など）によって「占領期新聞・雑誌情報データベース」（現・20世紀メディア情報データベース）を用いて検索し、そこでヒットした雑誌を加え、七五タイトルの雑誌（六五〇フィッシュ）を抽出した。これを元に、データベース検索でヒット率の高かったものの順にプライオリティを定め、憲政資料室にてマイクロフィッシュの内容チェックし、また特に重要と思われる雑誌の特定の号については古書店を巡って現物を入手するように努めた。これらの中で、まずシールズ来日に関して特集を組んでいるもの、具体的には『ベースボールニュース』六三八号（昭和二四年一〇月号）、『ベースボール』二七号（昭和二四年一〇月号）、『ボールフレンド』（昭和二四年九月号、一一月号）、『ベースボール・マガジン』（昭和二四年九月号、一一月号）、『ホームラン』（昭和二四年八月号〜一一月号）、『近代野球』（昭和二四年九月号〜一〇月号）、『オール野球』（昭和二四年一〇月号）といった特集号を中心に、占領期間中に発行されていた様々な野球関係雑誌の記事を読んでいくことで検証作業を行った。

（2）http://www.joedimaggio.com/the-ballplayer/pre-yankees/（最終閲覧日：二〇二一年九月一三日）。
（3）永田陽一『東京ジャイアンツ北米大陸遠征紀』東方出版、二〇〇七年、三六〜三八頁。
（4）波多野勝『日米野球史／メジャーを追いかけた70年』ＰＨＰ新書、二〇〇一年、一九六頁。
（5）川村一彦『戦後史ＧＨＱの検証』本の風景社、二〇一四年、九九頁、一〇二頁。
（6）波多野、一九四頁。
（7）Sayuri Guthrie-Shimizu, *Transpacific Field of Dreams: How Baseball Linked the United States and Japan in Peace and War* (University of North Carolina Press, 2012), p. 205.
（8）『日本野球発達史』都政合同通信社、一九五九年、二〇二頁。
（9）Sayuri Guthrie-Shimizu, p.223.
（10）"Five Years After baseball", Tokyo, Japan, 09/11/1950 ARC Identifier 22422 / Local Identifier 111-ADC-8657,

Motion Picture, Sound, and Video Records Section, Special Media Archives Services Division, NARA.

（11）セオドア・コーエン『日本占領革命　GHQからの証言（上）』大前正臣訳、TBSブリタニカ、一九八三年、一四九〜一五〇頁。

（12）波多野、一九九頁。

（13）#300 San Francisco Seals Folder, June 1949 – October 1949, Box 1031, Legal Section, GHQ/SCAP Records, RG331 なお、この資料は国立国会図書館憲政資料室にて資料番号 LS-17496として閲覧可能。

（14）谷川建司『アメリカ映画と占領政策』京都大学学術出版会、二〇〇二年、三五六〜三六二頁。

（15）波多野、一九七〜一九九頁、二〇一頁。

（16）『日本シリーズの軌跡』ベースボール・マガジン社、二〇〇一年、三六頁。なお、一九五〇年の初年度からの最初の四年間は「日本ワールドシリーズ」という名称で行われ、一九五四年の第五回から「日本シリーズ」という名称に代わっている。

（17）ZM Production "The San Francisco Seals" (Memorandum for record), 1 October 1949, "Relation with CI&E" File, PPB Division Central File, Box-8579, RG331, NARA.

（18）波多野、二〇二頁。

（19）諸岡達一への筆者によるインタビュー、二〇一五年一二月一五日、東京。

（20）川上哲治「シールズと対戦して」（『野球界』一九四九年一二月号、四二頁）。

（21）「六大学シールズと戦うか」（『近代野球』一九四九年九月号、二七頁）。

（22）諸岡達一への筆者によるインタビュー。

（23）「シールズ資金　百万円審判部へ（ボールペン）」（『ホームラン』一九五〇年二月号、四五頁）。

(24) 諸岡達一「サンフランシスコ・シールスと不眠症／昭和24年（1949）における野球認識の衝撃――無届的スコアシートから全6試合を詳細に検証」（野球文化學會論叢『ベースボーロジー2』、二〇〇一年、野球文化學會編、所収）、三四〇頁。

(25) 『愛されて30年』日本コカ・コーラ株式会社、一九八七年、二六～三二頁。ちなみに、ペプシコーラのホームページでは、少なくとも二〇一六年末までは「一九四七年に在日占領軍への販売を開始した」と記されていた（http://www.pepsi.co.jp/history/japan）が、現在のホームページでは「海外部門を設立。本格的な世界展開を開始」したのは一九五四年とされている（https://www.pepsi.co.jp/history/）（最終閲覧日：二〇二二年九月一三日）。

(26) Pepsi Cola & Coca Cola Bottle Cases Folder, June 1947 – August 1948, Box-6477, Economic and Scientific Section, GHQ/SCAP Records, RG331 国立国会図書館憲政資料室における資料番号は、ESS-01635-01637である。

(27) Coca-Cola Export Corporation Folder, January 1949, Box-1040, Legal Section, GHQ/SCAP Records, RG331 国立国会図書館憲政資料室における資料番号は、LS-13379-13380である。

(28) 『愛されて30年』日本コカ・コーラ株式会社、一九八七年、三〇頁。

(29) 「コカ・コーラ・スイート・ガール」（『映画スタア』一九四九年九月号）。

(30) 『ビジュアル版　DENTSU広告景気年表一九四五―二〇〇三』、電通、二〇〇四年、三六頁。

(31) もちろん、厳密に言えば戦前の大正時代くらいから、コカ・コーラは輸入品として銀座のカフェなどで売られるなど、一部のインテリ層にはすでに馴染みのものではあった。

終章……スポーツは民主主義促進の役に立ったのか

アメリカ合衆国を中心とする連合国による日本占領政策は、政治、経済、農業、教育、労働組合、メディアといった、ありとあらゆる分野において徹底的に実施された。戦後日本の原型というものが、この期間に形作られたと言ってよい。文化や芸術、あるいはスポーツもまたその例外ではない。戦時中にアメリカ国務省の知日派グループによって起草された戦後対日政策案の中では、日本人の〝再教育（Re-Education）〟、あるいは〝再方向付け（Re-Orientation）〟という言い方がなされていたが、それはつまり被占領国民である日本人は戦時中の軍部独裁の体制下で誤った方向に一時的に連れて行かれてしまった被害者なのであり、これを正しい方向へと導き、本来のあるべき姿に連れ戻すのが連合国の対日占領政策の基本的なスタンスだ、ということを意味している。

だが、実際の占領の現場においては、ややもすると日本にはもともと民主主義などかけらも存在していないのであって、われわれが一からそれを教えてやるのだ、というような無知に基づいた驕りの気持ちを持って仕事に当たった者もいたはずである。GHQ／SCAPの担当者と折衝に当たるような立場にあった日本人はその英語力からいっても本来なら国内で指導的な立場にあるインテリのはずだが、そこは敗者の悲しさ、ひたすら恭順の意を示す以外に方法はなかった筈である。面と向って占領者であり為政者であるGHQ／SCAPに異を唱えることの出来た者がほとんどいなかった結果、時として文化への行き過ぎた介入が行われることもあった。

GHQは日本文化を破壊したのか

GHQ／SCAPが、古典芸能である歌舞伎に対して、『仮名手本忠臣蔵』に代表されるような仇討ち物のみならず、ほとんどすべての古典的な演目を〝封建的な価値観に基づいている〟と判断して上演禁止にしたことはその一例である。戦前の日本で歌舞伎に魅了され、占領開始と共にマッカーサーの近習として来日し、後に自ら演劇検閲官を志願してその権限を持って禁止措置の取りやめのために奔走したフォービアン・バワーズは「私は占領が日本の文化を破壊したと思います。アメリカ人は、占領が日本を救ったと考えがちですが、私にはそうは思えません」と筆者に語っている[1]。

実際のところ、占領政策の立案者たちやGHQ／SCAPのスタッフらが、民主主義、男女平等、チームワークやスポーツマンシップの大切さといった新しい価値観を広めようとした一方で、日本古来の文化を尊重し、守ろうとしたと言えるかどうかを問うたとき、その答えは明らかに〝否〟ということになる。なぜ、歌舞伎が生き残ることができたのかは、たまたま伝統的な歌舞伎の文化を守ろうと熱心に働いたバワーズのような理解者がいたからに過ぎない。なぜ伝統的な柔道が本来とはまったく異なるスポーツへと変化したのかを問えば、その理由は柔道界のメインストリームにいた人々が生き残りのために柔道の伝統的側面をうち捨ててスポーツとしての側面を強調し、GHQ／SCAPがこれを受け入れたからである。こういった事実を鑑みるに、筆者には占領軍とは日本文化の破壊者であったとしか思えない。

こうした被害者意識のみが肥大化した場合、現行の日本国憲法はGHQ／SCAPの支配下で、いわば日本国民の意向などはまったく反映されない形で作られた憲法であるから、自立した国家として自国の軍隊を正々堂々と持てるような形に改定すべきだ、というような憲法改正論者の考え方に辿りつくのであろう。

一方で、イラク戦争の後の占領政策がけっしてうまくいかないのと比した時に日本占領は奇跡的にうまくいったという評価をしている者も多い。(2) たとえばジョン・W・ダワーは、日本占領政策がうまくいったのは、それがアメリカによる一方的な押し付けではなく、その政策に進んでコミットしようとした日本人側による協力があってのことであり、日本で占領期に醸成された〝戦後民主主義〟というものは、アメリカと日本のハイブリッドとして生れたものと理解すべきだ、との主張をしている。(3)

筆者の考え方はダワーの見立てに近いが、それは占領期のアメリカによる対日映画政策についての長年の調査を通じて辿りついたものである。すなわち、占領下の対日映画政策にあっては、バワーズが嘆いたのと同じようにGHQ／SCAPの担当者の無知や無理解による過去の作品の廃棄処分のような日本映画という〝文化〟に対する破壊もなかったとは言えないし、CIEが強要した低俗な〝接吻映画〟の氾濫は日本古来の奥ゆかしい恋愛表現を破壊するというような議論も盛んに交わされた。

押し付けではなくアメリカから学ぼうとした日本人

だが、もっと大きな視点で全体を俯瞰してみるならば、日本人はハリウッド映画産業界が製作した劇映画を中心としたアメリカ映画を圧倒的に優遇したGHQ／SCAPの政策を受け入れることで、アメリカ映画から〝何か〟――それが民主主義の理念なのか、女性が男性と対等にものを言える社会なのか、アメリカ社会の物質的豊かさなのか、は個人によって異なったであろうが――を学び取ろうとした。日本の映画産業界は、民間情報教育局（CIE）による企画段階や脚本に対する事前検閲（CIE自身は〝検閲〟ではなく、〝示唆（Suggestion）〟であると定義付けていた）、民間検閲部（CCD）による事後検閲（完成したフィルムの試写によるチェック）のシステムに順応して、うまく歩調を合わせることで順調に復興を果たし、戦後日本映画の黄金時代を築いてきたととらえることができる。

日本の映画人の中には、戦時中だとまだ軍部に適当に調子を合わせていればよかったのに、占領下では日本の文化について何も知らない日系二世の若造に脚本についてあれこれ注文をつけられてたまったものではない、と憤慨する者もいたのは確かだが、一方で占領下の検閲では、少なくともＣＩＥの担当者はこちらの言い分について聞く耳を持ってくれた分、頭ごなしの戦時下の内務省検閲よりもずっとましだった、と自由に議論できる時代が来たことを歓迎する立場の者も確実にいたのである。[4]

戦後の日本映画界が、黒澤明監督による『羅生門』のヴェネチア映画祭グランプリ受賞に象徴されるように世界に認められるようになり、まずは文化の側面から日本が国際社会の一員として復帰していったことは、為政者としてのアメリカと日本の映画産業界との関係がうまくいっていたからこそ生じ得た果実であるともとらえることができる。すなわち、黒澤明監督こそが、まさしくＣＩＥの強い肩入れによって確固たる地位を築いたアメリカと日本のハイブリディティ的な人物だからである。[5]

もし、ＧＨＱ／ＳＣＡＰによる政策が日本の映画界に対してプラスの影響を持ちえたのだとしたら、同じように最もうまくいったのがスポーツという分野だった、とは言えないだろうか。違う言い方をするならば、占領政策は、ベースボールのような人気あるスポーツを利用することによって、アメリカ的価値観を教化し、戦後の日本社会をアメリカナイズすることに成功したのではなかったか？

アメリカによる対外文化外交政策の中でのベースボール

スクリーン(Screen)、スポーツ(Sports)、セックス(Sex)の三つのＳを占領政策への不満のガス抜きとして与える、という俗に〃3Ｓ政策〃といわれるコンセプト[6]がＧＨＱ／ＳＣＡＰ側にどの程度実際に存在していたのかとは別に、占領下の日本人はスポーツを推奨する——するスポーツも、見るスポーツも——GHQ／SCAPの方針を歓迎し、自ら進んでこれに協力していったのではなかったか。

そして、その場合の〝日本人〟には、単に正力松太郎、鈴木惣太郎、鈴木龍二といった日本プロ野球界の中心人物たちやその他のプロ、アマチュア双方のスポーツ関係者たちのみならず、第1章で示した様な作家（坂口安吾）、作詞家（サトウ・ハチロー）、詩人（水原秋桜子）のような数多くの文化人、あるいはまた、性別、年齢を問わずあらゆる一般市民から、昭和天皇その人——新たなアイデンティティを創出して天皇制を確固たるものとして存続させたいという意思を持っていたGHQ／SCAPや宮内庁によるイメージ戦略の思惑すら超えた次元で——までもが主体として含まれていたはずではなかったか。

戦後の日本で、スポーツ全体の中でもとりわけベースボールが〝日本の野球熱は史上空前(7)〟というほどの状態になった背景には、その前提としての戦前の日本での国民的な野球人気が下地としてあった事実を指摘するまでもないだろう。すでに第5章で検証したように、アメリカもまた、世界的な視野で俯瞰してみた場合には、ベースボールが受け入れられる下地のないエリアには何もことさらにベースボールを前面に打ち立てることはしておらず、日本に対してはベースボールをツールとして用いればうまくいく、という確信があったからこその積極的活用だったのである。

占領下の日本では、戦後の米ソ二大国による冷戦構造の顕在化とともに、占領政策を遂行していく上でソ連を仮想敵国と位置づけているアメリカにとっての国益に叶う政策という方向性が強く認識されるようになってきた。そのことは、東西に分断されたドイツなどとは違った形で、極東における被占領国＝日本が、東西両陣営による対外文化外交政策の最前線として位置づけられていたことを意味する。

実質的にアメリカの単独占領に限りなく近い形で、経済的にも文化的にも目覚ましい復興を遂げていきつつあった占領下日本の体現していたイメージとは、まさしく民主主義国家であるアメリカのほうが、ソヴィエトの社会主義国家体制よりもずっとよい社会を実現し、より豊かで繁栄した社会を創出させ得る、という確かなイメージであったはずである。そして、占領下日本でのアメリカによる様々な政策を、アメリカによる全世界的な対外文化外交政策の中に位置づけて考えた時に、スポーツという領域の持っていた可能性はけっして小さなものではなかったはずである。

戦時中のアメリカ人にとっては、日本人は戦時中にはまったく理解不能な〝イエロー・モンキー〟であって、天皇陛下のためであれば人ひとりの命の重さなどは無きに等しく誰もが喜んで命を投げ出すような、狂信的で、非論理的で、不可解な存在としてしか認識されていなかったはずだが、その日本人が、実際にはベーブ・ルースやルー・ゲーリッグ、ジミー・フォックスを熱烈に歓迎した〝野球〟愛好者であったことが、占領開始に伴って日本にやってきたＧＨＱ／ＳＣＡＰのスタッフたちの間に発見されたときに、アメリカは日本との間で〝ベースボール〟という共通言語によってコミユニケートすることができるということが再認識されたのではなかったか。

OWI、国務省、USIAと受け継がれたスポーツを用いた政策

実際には、少なくともメディアや文化、スポーツといった領域においては、占領下日本で行われた諸政策とは、現地に赴いたGHQ／SCAPのスタッフらが場当たり的に行っていたものではなく、戦時情報局（OWI）その他の戦時中の臨時組織で培われてきたアイディアが、戦争終結によってその発案者たちとともに国務省に移管され、そこからさらにGHQ／SCAPに人材とともに派遣されるなどの形を取って継続性が担保された。(8)

スポーツという分野を対外文化外交のツールとして位置づけていたアメリカ合衆国の部局は、本書の中ですでに述べてきたように、国務省内の国際情報文化関係局（OIC）であり、さらに一九五三年八月以降は国務省から対外文化外交政策を引き継いだ合衆国広報・文化交流庁（USIA）であった。

そういった部局で働いていたスタッフは、占領下日本にいるGHQ／SCAPのスタッフたち、あるいは世界中にいるアメリカ大使館職員らとも常に連絡を取り、情報を共有し、その地域ごとに最も効果を持つであろうツールを選んで、また最も効果のある形で、現地の人々（占領下日本であれば、GHQ／SCAPと直接対話できるルートを持っているような、それぞれの領域の中心人物たち）との二人三脚によって政策を実行していったはずである。そして、スポーツという領域にあっては、日本ではそれが少なくと

もポジティヴな政策の側面においてはとてもうまくいったと評価できるだろう。

ポジティヴな政策とは、飴と鞭でいえば飴の部分、積極的に与えるものとしてのスポーツということである。具体的には、まさしくベースボールこそが、占領下日本にあって、アメリカによって積極的にツールとして用いられ、戦後の日本がこの先進んでいくべき道を象徴的に示していたのである。

ウィリアム・F・マーカットESS局長の強いイニシアティヴと、前述の日本の野球界の中心人物たちの積極的な働きかけによって実現したサンフランシスコ・シールズの来日によって、たとえ日本側が一勝もできなかったとしても、同じグラウンドに日米双方のプレイヤーたちが集い、真剣にゲームを戦い、日米親善を深めること、そして球場に星条旗と日の丸が並んで掲揚されたことによって、多くの日本人に対して、「これから日本は、自分たちよりも強い、だが自分たちとともに汗を流してくれる、そしてパートナーとして自分たちを導いてくれるであろうアメリカをお手本として、共に歩んでいこう」という気持ちを生じさせたのではないだろうか。

逆に、ネガティヴな政策とは、占領下日本のスポーツ政策の場合、剣道を代表とする武道が国家神道や封建主義的価値観に依拠するものとして禁止され、それ以外のスポーツにおいても、精神主義から科学的なものへ、負けて悔し涙にむせぶようなメンタリティからジャッキー・ロビンソンが「アメリカの声」（VOA）の放送を通じて強調していたように、爽やかな敗者でいられることの重要性を強調するような方向性へと、その興行形態を含めて改革を迫られた。大相撲も、柔道も、ボクシングもその例外ではなかった。

スポーツ、とりわけベースボールの復興がGHQ／SCAPの積極的なアシストによって達成されたことは間違いない。現象面だけを追えば、戦争が終わって僅か一〇〇日後である一九四五年一一月二三日に実施された東西対抗戦を皮切りに、翌一九四六年には待ち望まれていたプロ野球ペナントレースや東京六大学リーグ戦が、夏には都市対抗野球が、さらに翌一九四七年春には選抜中等野球大会（現在の高校野球）が復活するなど、着実に野球界は復興の道を歩んできたと言える（第1章）。そして、そういった復興の総仕上げとして位置づけられていたイヴェントこそが、一九四九年一〇月のサンフランシスコ・シールズ来日だった（第6章）。

スポーツを、日本の民主主義化促進のための友好な手段の一つと位置づけていたGHQ／SCAPの政策は、単にレクリエーションの一環として日本人にスポーツをすることを推奨し、お勧めのスポーツとしてのベースボールを観戦させることを通じて、あるいは武道を強制的に学ばせることを禁じて、武道や格闘技といえどもスポーツとして合理的、科学的なものへと脱皮していくことを奨励することを通じて（第2章、第3章）のみ行なわれていたわけではない。

GHQ／SCAPの対日スポーツ政策は、それ以外にも、スポーツを他のメディアに乗せるコンテンツと捉えて、すなわちCIE提供の『野球をやろう』や『打撃王』といったCIE映画の全国津々浦々における地道な上映活動を通じて（第4章）、あるいはジャッキー・ロビンソンを代表とするメジャーリーガーその他のアスリートたちの協力を仰いで製作されたＶＯＡの特別放送プログラムを通じて（第5章）、きめ細やかに実施されたのである。

スポーツは民主主義促進の役に立ったのか

ここで、改めて〝スポーツは民主主義促進の役に立ったのか〟という命題に対する答えを考えてみなければなるまい。スポーツという領域でのアメリカによる対外文化外交政策が、占領下日本においていかにきめ細やかに、可能な限りの方法を駆使して実施されてきたのかについては、本書でこれまでに示してきたとおりであり、異論の余地はないように思う。だが、それらの政策が実際にどの程度の効力を持ちえたのかを実証的に示すことは容易ではない。それは、戦後日本に民主主義が実際に根付いたといえるのか、といった問いに対する答えと等しいからである。

では、見方を少し変えて、〝スポーツは日本占領目的達成の役に立ったのか〟と問いを変えてみてはどうだろうか。連合国による日本占領目的とは、ＣＩＥの前身である情報頒布部（ＩＤＳ）が「降伏後におけるアメリカの初期対日方針」に基づいて日本の映画産業界の中心人物たちを集めて説明した時の資料によれば、次のような三項目である。[9]

（一）日本の軍国主義および軍国的国粋主義を撤廃すること。

（二）信教の自由、言論の自由および集会の自由のような基本的自由を含む日本の自由主義的傾向および活動を促進すること。
（三）日本が再び世界の平和と安全に対する脅威とならないことを保証するに十分な条件を設定すること。

これは日本国政府に公式に伝えられた「アメリカの初期対日方針」とほぼ同一の内容なのだが、アメリカの、といいつつも公表されることを前提としたオフィシャルな文書である以上は他のすべての連合国に対しても異論の余地のない部分に限定していたはずである。こういった大目的が日本占領によって達成されたことは疑いの余地がないと思われる。

しかし、この目的を設定していた連合国軍最高司令官総司令部（GHQ／SCAP）とは別に、実際には占領下日本にはもう一つのGHQであるアメリカ太平洋陸軍総司令部（GHQ／AFPAC）があったわけであり、その両方の長をマッカーサーが兼ねていた。したがって、占領政策やその目的というのは、基本的にアメリカ合衆国の国益に即した形に日本を作り変えることにあったことは明白である。

アメリカにとっての本音としての日本占領目的について、明確に記した資料というものはなかなか目にすることがない。だが、たとえばアメリカの利益そのものを代弁すると考えられるVOAの放送台本などを見ると、「アメリカが日本をアシストするベースとなっているのは、日本にデモクラシー

を根付かせ、それが生き残っていけるような経済的環境を達成できるようにすることである」と述べている。(10)

これは、結局のところ民主主義を確かなものにする上で、資本主義国家としての経済的基盤を確固たるものにしていく、つまりソヴィエトの社会主義体制に対してこちら側の構成メンバーとして育てていくということであり、言い換えれば「アメリカの文化の力によって日本人を真に親アメリカ的な国民へと再教育し、日本国を東アジアにおけるアメリカの同盟国として機能するように再方向付けし、反共の防波堤にしていく」といったものであることは少なくとも筆者には自明の理であるように思える。

では、日本人は真に親アメリカ的な国民へと変わったといえるのか。あるいは、日本はアメリカにとって東アジアにおけるアメリカの同盟国として再方向付けされ得たと言えるのかが問題となる。

GHQ／SCAPや国務省内のOIC、その後継組織であるUSIAのような、対日スポーツ政策を実施した側にとって、ベースボールによって養われると目されていたのはスポーツマンシップであり、ダグラス・マッカーサー自身の言葉を借りれば「野球は個人の耐久力と団体行動規律を涵養し、また政治的経済的、社会的自由の発展にとって必須の集団や人類の間における競争意識を鼓舞するものである」とされていた。(11)

そういった価値観を戦後の日本人が支持し、共有しようとしたかと問うならば、その答えは〝イエス〟ということになろう。戦後の高度経済成長期を支えた日本人の意識の根底には、そういったアメリカ的価値観を共有することで、いずれはアメリカと同じように物質的に豊かな社会を築いていくのだというモチベーションがあったはずだからである。

その意味で、ベースボールを中心とするスポーツはアメリカが占領下日本で推し進めた日本の民主主義化促進にも十分に寄与したのである。

注

（1）インタビュー「占領は日本の文化を破壊した　フォービアン・バワーズ」（聞き手・谷川建司）、『占領期雑誌資料大系（大衆文化編）』第一巻・月報1、岩波書店、二〇〇八年、九頁。

（2）Nina Serafino, Curt Tarnoff and Dick K. Nanto, U.S. *Occupation Assistance: Iraq, Germany and Japan Compared*, CRS Report for Congress (Received through the CRS Web / Order Code RL33331), March 23, 2006, Accession number: ADA458270.

（3）ジョン・W・ダワー『敗北を抱きしめて』（上・下）、岩波書店、二〇〇一年。John W. Dower, *Embracing the Defeat: Japan in the Wake of World War II*, W W Norton and Co., 2000 および、一九九九年一一月二四日に筆者がMITのダワー研究室を訪問して日本占領政策に関して議論した際のダワー氏の言葉。

（4）前者の立場の代表格は東宝の重鎮、山本嘉次郎監督であり、後者の典型はその弟子に当たる黒澤明監督である。

（5）よく知られているように、黒澤明監督は時代劇おける馬の撮影に対してスピード感を出すためのコマ落とし技法をジョン・フォード監督から直々に学び、そのダイナミックな演出は常に日本人離れした〝洋画的〟の演出と評価されていた。彼が占領期に監督した『わが青春に悔なし』（一九四六年、東宝）はCIEの肝いりで製作された民主主義啓蒙映画という側面を強く持ち、CIEはその完成に際しパーティまで開いたという。

（6）安岡正篤『運命を創る――人間学講話』プレジデント社、一九八五年、三九頁。

（7）波多野勝『日米野球史／メジャーを追いかけた七〇年』PHP新書、二〇〇一年、一九六頁。

（8）OWIスタッフが国務省への移籍を経て占領か日本へGHQ／SCAPとして派遣された実例に関しては、谷川建司『アメリカ映画と占領政策』京都大学学術出版会、二〇〇二年、に詳しい。

（9）清水晶「20・9・22から23・8・19まで――占領下の映画界の記録」『フィルムセンター』七、占領下の日本映画、一九七三年、九頁。

（10）VOA Transcript, October 19, 1948, Radio Branch Bureau, OIE – IBD, Department of State, RG306, NARA New York Branch.

（11）「マ元帥早慶戦に祝辞」（『ベースボール・マガジン』一九四九年八月＝四巻一〇号、恒文社）四八頁。

あとがき

本書は、二〇二一年二月に Kyoto University Press によって刊行された拙著 *Baseball in Occupied Japan: US Postwar Cultural Policy* の日本語版として、改めて京都大学学術出版会の学術選書の一冊として刊行させて頂くことになったもので、いくつかの章の内容は部分的にこれまでも日本語の論考として発表したことがあったものの、一冊の本の形にまとめる作業としては英語版で行っていたため、その英語版をベースに今回改めて日本語版としてまとめ直す作業を行なった。

そもそも、占領下日本におけるアメリカの対日スポーツ政策を、ベースボールを中心に、これと対になるものとしての武道に対する政策にも目配せしつつまとめるというアイディア自体は、一橋大学に提出した博士論文「アメリカ合衆国による占領期対日映画政策の形成と遂行」の執筆に専念すべく、フルブライトのジャーナリズム部門の奨学金を得て、米国コロンビア大学東アジア研究所の客員研究員として一年間ニューヨークで暮らしていた一九九九年に遡る。

一九六二年四月六日生まれの筆者は、そのちょうど一週間後の一九六二年四月一三日にナショナル・リーグの新チームとして（かつてのブルックリン・ドジャーズの青色とニューヨーク・ジャイアンツのオレンジ色の二色をチームカラーに）ジャイアンツの旧本拠地ポロ・グラウンドで産声を上げたニューヨーク・メッツの大ファンなのだが、その年、アトランタ・ブレーブスとの間でリーグ優勝を掛けて熾烈な争いを続けていたメッツの試合を観戦しに、論文執筆の傍ら、足繁くシェア・スタジアムに通っていた。

メッツは惜しくもリーグ優勝決定シリーズで敗れたが、博士論文は無事に完成し、二〇〇二年に京都大学学術出版会より『アメリカ映画と占領政策』として刊行することができた。その後、いずれは「占領下日本におけるアメリカの対日スポーツ政策」をその姉妹編としてまとめようと少しずつ構想を練り、ほかの様々な仕事で忙しい日々を送りながら二〇〇九年頃には何とか原型の様なものを整えることができた。

英語での出版という筆者にとっては高いハードルを設定したのは、博士論文の原型の論文で一九九七年に第一回京都映画文化賞を受賞させて頂いた際に審査員長を務めておられた当時東京大学総長の蓮實重彥先生に刊行された『アメリカ映画と占領政策』をお送りした際に頂いたお手紙で、「ぜひ英語版を出版しなさい」との励ましの言葉を頂戴したのがきっかけだが、既に出版した本を英語化するよりは、その姉妹編を始めから英語で書いてみようと思った次第である。

その後、占領下日本という基本的な枠組みに加えて、アメリカによる全世界的な対外文化外交政策の中でのベースボールの位置付けという視点も必要と考えていたタイミングで、二〇〇九年四月より愛媛大学の土屋由香先生（現・京都大学）より科研費のプロジェクトへの参加の機会を頂き、主として本書の第5章となった部分を調査することが出来た。もっとも、その後本書の元となった英語版の草稿としてまとめるまでにさらに六年もかかってしまったのだが。

巡り巡って、今回、その英語版から改めて日本語版をまとめ直す機会を得たことは、筆者にとっては誠にありがたく、意義のある仕事となった。というのも、日本語で書かれた本は読者が日本人だけにほぼ限定されてしまうから、より幅広い読者を得るにはやはり英語で出版しなければならない、という理屈はもちろんあるものの、一方で英語版だと日本人の読者が限られてしまうことになるからだ。特に、普段お世話になっている方々、たとえば筆者が子供の頃より剣道の稽古に通い続けている東京の修誠館道場——一九四一年創設の今年で八〇周年となる町道場。筆者自身も来年には入門から五〇年の節目となる——の現館長・清水一夫先生のような、筆者がぜひ読んでもらいたい方々にはやはり日本語で書かれたものをお渡ししたいと思っていたからだ。

以下、本書の各章のうち、既発表の論考の初出の情報を記しておく。——第1章、第2章の一部は、筆者が編者の一人を務めた『占領期雑誌資料大系』（大衆文化編）第一巻「虚脱からの目覚め」、第二巻「デモクラシー旋風」、第四巻「躍動する肉体」（二〇〇八〜二〇〇九年、岩波書店）に様々な形で記した原稿をベースとしており、第3章の原型は「中韓人文科学研究」第一八号（二〇〇六年）に、第7章の一部は「インテリジェンス」第三号（二〇〇三年）にて発表したものである。また、第4章、第5章の一部は『占領する眼・占領する声――CIE／USIS映画とVOAラジオ』（土屋由香・吉見俊哉編、東京大学出版会、二〇一二年）に収録した論考に基づいている。

本書刊行に際して、多くの方のご協力を頂いた。土屋由香先生、吉見俊哉先生、およびその他の科研費プロジェクトのメンバーの先生方には調査・研究発表の段階で多くの示唆を頂いた。メリーランド州カレッジパーク、およびニューヨーク市の米国立公文書館のアーキビストの方々、メリーランド大学ゴードン・W・プランゲ文庫の坂口英子氏、エイミー・ワッサーマン氏ほかのスタッフの方々には資料検索・閲覧に際して大変にお世話になった。また、永田陽一氏には日米野球関係史の専門家のお立場で数々のアドバイスを頂戴した。

最後に、英語版に続いて、本書を刊行する機会を与えて頂いた、京都大学学術出版会の鈴木哲也氏、および本書の編集作業をご担当いただいた國方栄二氏に特別な感謝を申し上げたい。

コロナ禍での二度目の秋学期開始を控えた二〇二一年九月、京都にて。

谷川建司

索　引

人名索引

事項索引

＊「野球」や「GHQ/SCAP」などの語句はほぼ本書全体にわたって登場してくるため、あえて索引の項目としては採らなかった。

［ア］

［カ］

［サ］

図版一覧

参考文献表

A. アーカイヴ資料

米国国立公文書館（College Park, Maryland）

CI&E documents, Records of the Supreme Commander for the Allied Powers（RG331）
Records of the United States Information Agency（RG306）
State Department Central File 1950-54（RG59）
State Department Decimal File（RG59）
State Department Lot File（Public）（RG59）
Records of the Office of War Information（RG208）
'Five Years After Baseball', Tokyo, Japan, 09/11/1950 ARC Identifier 22422 / Local Identifier 111-ADC-8657, Motion
Picture, Sound, and Video Records Section, Special Media Archives Services Division

米国国立公文書館（New York City, New York）

Records of the Department of State（RG306）
Records of the United States Information Agency（RG306）

B. 定期刊行物

ゴードン・W・プランゲ・コレクション（University of Maryland Libraries, College Park, Maryland）

和雑誌

『あゆみ』（神戸市警察局発行）
　「行事日誌：縣下警察職員剣道大会」、1949 年 10 月号、79 頁
『いづみ』（警察協会広島支部発行）
　大木明「柔道剣道競技大会記」、第 2 号、1947 年 2 月、39 頁
『映画スタア』（ロマンス社）
　「コカ・コーラ・スイート・ガール」、1949 年 9 月号、26-27 頁
『オールスポーツ』（オールスポーツ社）
　「運動競技の民主々義に及ぼす影響」、創刊号、1946 年 10 月、5 頁
　「BOXING・チャンピオン白井義男を囲んで　座談会」、第 15 号、1949 年 6 月、18-19 頁
『かゞりび』（愛媛県庁警察課）
　阿達文男「明るい平和日本の再建と警察武道」、第 5 号、1948 年 5 月、68-70 頁
『鹿児島縣教育委員会月報』（鹿児島縣教育委員会発行）
　「鹿児島県新生剣道同好会に望む」、創刊号（1949 年）、20 頁
『近代野球』（近代野球社）
　「六大学シールズと戦うか」、1949 年 9 月号、27 頁
『警鼓』（長崎県警民協会）

松田生「対署武道大会」、第24巻第21号（再刊第1号）、1946年12月、23-24頁
『拳闘ガゼット』（拳闘ガゼット社）
フランク・ビー・ハギンス「日本拳闘界に与ふ」、第22巻第5号、1946年10月、3頁
『拳闘ファン』（拳闘ファン社）
松岡生「ボスの一掃」（「ファンの声」欄）、第2巻第2号、1946年12月、14頁
『週刊朝日』（朝日新聞大阪本社）
「剣道」、1949年5月29日号、19頁「ロータリー」
『柔道』（講道館）
嘉納履正「開拓すべき柔道の二方面」、第19巻第12号、1948年12月、1頁
森脇一郎「スポーツとしての柔道」、第20巻第1号、1948年12月、17-19頁
岡部平太「柔道の将来」、『柔道』第20巻第5号、1949年4月、8-9頁
『主婦の友』（主婦の友社）
桑原きみ「剣道具のほどきで月収三百圓前後」（「内職増収の実験／東京・大阪」）、新年号、1947年1月1日発行、97頁
『スポーツ』（體育日本社）
新居格「スポーツと民主主義」、創刊号、1946年6月、6-7頁
連合軍総司令部民間教育情報部ジョン・ノーヴィル少佐「日本スポーツ發展の爲に」、創刊号、1946年6月、9頁
『相撲』（大日本相撲協会）
植村陸郎、相馬基、原三郎、山口幸一、春日野剛史、藤島秀光、佐渡嶽高一郎、彦山光三「相撲界危局克服新動向策案座談会」、第11巻第2・3号、1946年3月、大日本相撲協会、26-47頁）
双葉山定次「新発足にあたって」、第11巻第4・5・6・7号（新年号／創刊十周年記念　本場所待望号、1946年7月、8-9頁
『青年ふくしま』（福島県連合青年会編集・福島民報社発行）
「“よみがえった剣道”フェンシング規則を加味」、1948年12月号、12頁
『ベースボール・ニュース』（日本体育週報社）
岡本寛「驚異の的黒人選手：ドジャーズのジャッキー・ロビンソン：初の最優秀選手となるか：最近のアメリカ球界短信」、『ベースボール・ニュース』、第637号、40-41頁
『ベースボール・マガジン』（恒文社）
坂口安吾「日本野球はプロに非ず」、第3巻第8号、1948年8月、16-17頁
「マ元帥早慶戦に祝辞」、第4巻第10号、1949年8月、48頁
三宅大輔「野球を科学せよ！」、第2巻第4号、1947年5月、9-12頁
大橋正路「ジヤツキー・ロビンソン」、第2巻第5号、6月号、20-21頁
サトウ・ハチロー「シールス軍を迎えるわがベスト・ナインを歌う」、第4巻第14号、11月号、50-51頁
『防長警友』（山口県警察部発行）
田原生「秋季柔剣道大会記」、1949年新年号、26頁
『ボクシング　月刊拳闘』（拳闘社）
「日本のボクシングは儲かるか!?」、第10巻2号、1948年2月、8頁

『ボクシングダイヂェスト』（ボクシングダイヂェスト社）
浅間千代彦「ボクシング随想」、創刊号、1947年12月、6頁
『ホームラン』（ホームラン社）
水原秋櫻子「後楽園球場にて」、第3巻第10号、1948年10月、13頁
『野球界』
広瀬謙三「再建日本野球　東西対抗野球戦記」、博文館、1946年1月、第36巻第1号、4-5頁
川上哲治「シールズと対戦して」、博友社、1949年12月号、42頁
『野球少年』（尚文館）
福湯豊「スポーツを愛される天皇陛下と三笠宮」、1947年10月特大号、2-3頁
『野球ファン』（野球ファン社）
中村清吉「米大リーグ話題　ボップ・フェラーとジヤツキー・ロビンソン」、第3巻第7号、8月号、46-49頁
『養和会誌』（三菱養和会発行）
「進駐軍が武道稽古」、第174号、32頁
『読売スポーツ』（読売新聞社）
アール・カーン（中村金雄）「ニューチャンピオン白井義男を語る：カーン博士の手記」、第2巻第4号、1949年4月、42-46頁

C. 著作・論文

英文

American Film Institute Catalog of Motion Pictures Produced in the United States: Feature Films, 1941-1950, Film Entries A-L (AFI Volume F4), University of California Press, 1999.

Ashby, LeRoy. *With Amusement for All: A History of American Popular Culture Since 1830*, University Press of Kentucky, 2006.

Belmonte, Laura A. *Selling the American Way: U.S. Propaganda and the Cold War*, University of Pennsylvania Press, 2008.

Bogle, Donald. *Toms, Coons, Mulattoes, Mammies, and Bucks: An Interpretive History of Blacks in American Films*, 4th edition, Continuum International Publishing Group Ltd., 2001.

Crawford, Russ. *The Use of Sports to Promote the American Way of Life during the Cold War: Cultural Propaganda, 1945-1963*, The Edwin Mellen Press, 2008.

Cull, Nicholas J. *The Cold War and the United States Information Agency: American Propaganda and Public Diplomacy, 1945-1989*, Cambridge University Press, 2008.

Dower, John W. *Embracing the Defeat: Japan in the Wake of World War II*, W. W. Norton and Co., 2000.

Drinson, Joseph and Warmud, Joram. *Jackie Robinson: Race, Sports, and the American Dream*, M.E. Sharpe, 1998.

Duberman, Martin Bauml. *Paul Robeson*, Knopf, 1989.

Durso, Joseph. *Casey & Mr. McGraw*, The Sporting News, 1989.

Eig, Jonathan. *Opening Day: The Story of Jackie Robinson's First Season*, Simon & Schuster, 2007.

Elder, Robert E. *The Information Machine: The United States Information Agency and American Foreign Policy*,

Syracuse University Press, 1968.
Engel, Jeffrey A. Ed., *Local Consequences of the Global Cold War*, Woodrow Wilson Center Press & Stanford University Press, 2007.
Falkner, David. *Great Time Coming: The Life of Jackie Robinson from Baseball to Birmingham*, Simon & Shuster, 1995.
Gevinson, Alan. Ed., *Within Our Gates: Ethnicity in American Films, 1911-1960*, AFI, 1977.
Guthrie-Shimizu, Sayuri. *Transpacific Field of Dreams: How Baseball Linked the United States and Japan in Peace and War*, The University of North Carolina Press, 2012.
Hirano, Kyoko. *Mr. Smith Goes to Tokyo: Japanese Cinema Under the American Occupation, 1945-1952*, Smithsonian Institution Press, 1992.
Hixson, Walter L. *Parting the Curtain: Propaganda, Culture, and the Cold War, 1945-1951*, St. Martin's Griffin, New York, 1998.
Klein, Christina. *Cold War Orientalism: Asia in the Middlebrow Imagination, 1945-1961*, University of California Press, 2003.
Leutzinger, Richard. *Lefty O'Doul: The Legend that Baseball Nearly Forgot*, Carmel Bay Publishing, 1997.
Maltby, Richard. The Production Code and the Hays Office. In Tino Balio, Ed., *Grand Design: Hollywood as a Modern Business Enterprise, 1930-1939*, University of California Press, 1995.
Matsuda, Takeshi. *Soft Power and Its Perils: U.S. Cultural Policy in Early Postwar Japan and Permanent Dependency*, Woodrow Wilson Center Press & Stanford University Press, 2007.
Nash, Jay Robert, and Ross, Stanley Ralph. *The Motion Picture Guide* H-K 1927-1983, Cinebooks, 1986.
Oldenziel, Ruth, and Zachmann, Karen. Eds., *Cold War Kitchen: Americanization, Technology, and European Users*, The MIT Press, 2009.
Osgood, Kenneth. *Total Cold War: Eisenhower's Secret Propaganda Battle at Home and Abroad*, University Press of Kansas, 2006.
Prince, Carl. *Brooklyn's Dodgers: The Bums, the Borough and the Best of Baseball*, Oxford University Press, 1996.
Rampersad, Arnold. *Jackie Robinson: A Biography*, Alfred A. Knopf, 1997.
Robinson, Jackie (As Told to Wendell Smith). *Jackie Robinson: My Own Story*, Greenberg, 1948.
Robinson, Jackie (As Told to Alfred Duckett). *I Never Had It Made*, G. P. Putnam's Sons, 1972.
Rubin, Ronald I. *The Objectives of the U.S. Information Agency: Controversies and Answers*, Praeger Special Studies in International Politics and Public Affairs, Frederick A. Praeger Publishers, 1966.
Rutkoff, Peter M. Ed., *The Cooperstown Symposium on Baseball and American Culture, 1997 (Jackie Robinson)*, McFarland, 2000.
Saeki, Chizuru. *U.S. Cultural Propaganda in Cold War Japan: Promoting Democracy 1948-1960*, The Edwin Mellen Press, 2007.
Shaw, Tony, and Youngblood, Denise J. *Cinematic Cold War: The American and Soviet Struggle for Hearts and Minds*, University Press of Kansas, 2010.
Shulman, Holly Cowan. *The Voice of America: Propaganda and Democracy, 1941-1945*, University of Wisconsin Press, 1990.
Simon, Scott. *Jackie Robinson and the Integration of Baseball*, John Wiley & Sons, 2002.
Swann, Paul, The Little State Department：Hollywood and the State Department in the Postwar World, AMERICAN STUDIES INTERNATIONAL, Nol. XXXIX, No.1, April 1991.
Tygiel, Jules. Ed., *The Jackie Robinson Reader: Perspectives on an American Hero*, Dutton, 1997.

Von Eschen, Penny M. *Satchmo Blows Up the World: Jazz Ambassadors Play the Cold War*, Harvard University Press, 2004.

和文

阿久悠『瀬戸内少年野球団』(文藝春秋、1979 年)
阿部彰『戦後地方教育制度成立過程の研究』(風間書房、1983 年)
阿部哲史「剣道における国際化の諸問題」(『武道論集Ⅲ: グローバル時代の武道』国際武道大学附属武道スポーツ科学研究所、2012 年)、167-198 頁
市岡弘成・福永あみ『プロ野球を救った男　キャピー原田』(ソフトバンククリエイティブ、2009 年)
井川充雄「戦後VOA日本語放送の再開」(『メディア史研究』Vol.12、2002 年)、45-64 頁
井川充雄「冷戦期におけるVOAリスナー調査:日本語放送を例に」(立教大学社会学部『応用社会学研究』No.51、2009 年) 17-27 頁
今田柔全『どかんかい　張り手一代　前田山英五郎』(BABジャパン出版局、1995 年)
岩崎昶『現代日本の映画　その思想と風俗』(中央公論社、1958 年)
王貞治「回想」(勁文社、1981 年)
川村一彦『戦後史GHQの検証』(本の風景社、2014 年)
貴志俊彦・土屋由香編『文化冷戦の時代　アメリカとアジア』(国際書院、2009 年)
木村毅『日本スポーツ文化史』(ベースボール・マガジン社、1978 年)
銀河協会編『チャップリンの世界』(英知出版、1978 年)
警視庁警務部教養課編『警視庁武道九十年史』(警視庁警務部教養課、1965 年)
後楽園スタヂアム社史編纂委員会編『後楽園の 25 年』(後楽園スタヂアム、1963 年)
坂井保之『波瀾興亡の球譜　失われたライオンズ史を求めて』(ベースボール・マガジン社、1995 年)
坂上康博「剣道用具とその歴史―ひとつの研究序説として―」(『スポーツ用具史研究の現状と課題と』水野スポーツ振興会 1999 年度研究助成金研究成果報告書、2000 年) 61-67 頁
坂上康博『にっぽん野球の系譜学』(青弓社ライブラリー、2001 年)
佐藤忠男『忠臣蔵　意地の系譜』(朝日選書、1976 年)
佐藤秀夫編『戦後教育改革資料 2: 連合国最高司令官総司令部　民間情報教育局の人事と機構』昭和 56 〜 58 年度 文部省科学研究費補助金総合研究 (A)「連合国軍の対日教育政策に関する調査研究」報告書 (国立教育学研究所、1984 年)
清水晶「20・9・22 から 23・8・19 まで――占領下の映画界の記録」(「フィルムセンター」No.7、1973 年) 9-11 頁
下田辰雄『ボクシング見聞記』(ベースボール・マガジン社、1982 年)
昭和の大相撲刊行委員会編『昭和の大相撲』(TBSブリタニカ、1989 年)
白井義男『ザ・チャンピオン』(東京新聞出版局、1987 年)
鈴木惣太郎『日本プロ野球外史――巨人軍誕生の軌跡』/ (ベースボール・マガジン社、1976 年)
鈴木龍二『鈴木龍二回顧録』(ベースボール・マガジン社、1980 年)
セオドア・コーエン『日本占領革命　GHQからの証言』(TBSブリタニカ、1983 年)
関根潤三『関根潤三野球放談　野球ができてありがとう』(小学館、1998 年)

全剣連三十年史編集委員会編『三十年史』（財団法人全日本剣道連盟、1982 年）
高永武敏『相撲昭和史　激動の軌跡』（恒文社、1982 年）
谷川建司『アメリカ映画と占領政策』（京都大学学術出版会、2002 年）
谷川建司『戦後「忠臣蔵」映画の全貌』（集英社クリエイティブ、2013 年）
谷川建司「『忠臣蔵』を通じてみる、占領した者とされた者のメンタリティ」（岩波書店『文学』2003 年 9-10 月）35-49 頁
谷川建司「米国政府とハリウッド映画産業界の相互依存関係」（貴志俊彦・土屋由香編『文化冷戦の時代　アメリカとアジア』国際書院、2009 年）、53-73 頁
谷川建司「占領期のアメリカ広報外交とスポーツ――CIE映画とVOAラジオ放送におけるスポーツ関連コンテンツの積極的利用」（土屋由香・吉見俊哉編『占領する眼・占領する声――CIE／USIS映画とVOAラジオ』東京大学出版会、2012 年）185-212 頁
谷川建司「解説（第一章）」（岩波書店『占領期雑誌資料大系』大衆文化編　第一巻：虚脱からの目覚め、2008 年）、7-15 頁
谷川建司「解説（第六章）」（岩波書店『占領期雑誌資料大系』大衆文化編　第二巻：デモクラシー旋風、2008 年）、213-219 頁
谷川建司「解説（第五章）」（岩波書店『占領期雑誌資料大系』大衆文化編　第四巻：躍動する肉体、2009 年）、211-217 頁
谷川建司「占領期の対日武道政策――チャンバラ禁止と剣道への対応を巡って」（『中韓人文科学研究』No. 18、2006 年）、403-427 頁
谷川建司「占領期の対日スポーツ政策――ベースボールとコカ・コーラを巡って」（『インテリジェンス』No. 3、2003 年）、30-41 頁
谷川建司「占領期の手塚治虫」（山本武利編『占領期文化をひらく　雑誌の諸相』早稲田大学現代政治経済研究所研究叢書、早稲田大学出版部、2006 年）27-60 頁
谷川建司編『占領期のキーワード 100: 1945-1952』（青弓社、2011 年）
土屋由香・吉見俊哉編『占領する眼・占領する声――CIE／USIS映画とVOAラジオ』（東京大学出版会、2012 年）
土屋由香『親米日本の構築――アメリカの対日情報・教育政策と日本占領』（明石書店、2009 年）
土本武司「誤審（ミスジャッジ）に対する日本型対応：オリンピック男子柔道 100 キロ超級決勝戦」（東京法令出版『捜査研究』No.590、2009 年 12 月）18-21 頁
土屋由香「米国広報文化交流庁（USIA）による広報宣伝の「民営化」」（貴志俊彦・土屋由香編『文化冷戦の時代　アメリカとアジア』国際書院、2009 年）、33-52 頁
綱島理友『プロ野球ユニフォーム物語』（ベースボール・マガジン社、2005 年）
堂本昭彦『剣道修行：修道学院の青春』（スキージャーナル、1985 年）
永田陽一『ベースボールの社会史　ジミー堀尾と日米野球』（東方出版、1994 年）
永田陽一『東京ジャイアンツ北米大陸遠征記』（東方出版、2007 年）
中野晴行『球団消滅――幻の優勝チーム・ロビンスと田村駒次郎』（筑摩書房、2000 年）
中村民雄『剣道事典　技術と文化の歴史』（島津書房、1994 年）
日本コカ・コーラ株式会社社史編纂委員会編『愛されて 30 年』（日本コカ・コーラ株式会社、1987 年）
『日本シリーズの軌跡NIPPON SERIES HISTORY since 1950』（ベースボール・マガジン社、2001 年）

筈見有弘編『戦後公開アメリカ映画大百科』〈11〉「資料編 45-78 日本公開全作品事典」(日本ブックライブラリー、1979 年)
畑暉男編『20世紀アメリカ映画事典』(カタログハウス、2002 年
波多野勝『日米野球の架け橋　鈴木惣太郎の人生と正力松太郎』(芙蓉書房出版、2013 年)
波多野勝『日米野球史　メジャーを追いかけた 70 年』(PHP新書、2001 年)
波部優子『背番号 42　メジャー・リーグの遺産——ジャッキー・ロビンソンとアメリカ社会における「人種」』(文芸社、2009 年)
『ビジュアル版DENTSU広告景気年表　1945-2003』(電通、2004 年)
広瀬謙三『日本野球発達史』(都政合同通信社、1959 年)
『プロ野球 70 年史　1934 → 2004』(ベースボール・マガジン社、2004 年)
身崎とめ子「GHQ/CIE教育映画とその影響——戦後民主主義とダイニング・キッチン」(「イメージ&ジェンダー」Vol. 7、2007 年 3 月) 64-83 頁
宮田昇『翻訳権の戦後史』(みすず書房、1999 年)
村上由見子『イエロー・フェイス　ハリウッド映画にみるアジア人の肖像』(朝日選書、1993 年)
諸岡達一「サンフランシスコ・シールズと不眠症　昭和二四年 (1949) における野球認識の衝撃——無届的スコアシートから　全 6 試合を詳細に検証」(野球文化学會『ベースボーロジー』No. 2、2001 年) 291-364 頁
安岡正篤『運命を創る　人間学講話』(プレジデント社、1985 年)
山崎光夫『ラッシュの王者　拳聖・ピストン堀口伝』(文藝春秋、1994 年)
大和球士『真説・日本野球史』昭和篇その五 (ベースボール・マガジン社、1979 年)
山室寛之『プロ野球復興史　マッカーサーから長嶋 4 三振まで』(中公新書、2012 年)
山本茂『カーン博士の肖像』スポーツ・ノンフィクション・シリーズ (ベースボール・マガジン社、1986 年)
山本武利編『占領期文化をひらく　雑誌の諸相』早稲田大学現代政治経済研究所研究叢書 (早稲田大学出版部、2006 年)
山本礼子『米国対日占領政策と武道教育／大日本武徳会の興亡』(日本図書センター、2003 年)
山本甲一『一つの戦後剣道史——渡辺敏雄一代記』(島津書房、1998 年)
リチャード・ルーツィンガー著、佐山和夫訳『伝説のレフティ・オドール』(ベースボール・マガジン社、1998 年)

D. その他
関連記事・パンフレット

英文

'Army-Navy Baseball Game' pamphlet, Annapolis, Maryland, May 29, 1920.
'HQ&SV.GP. Special Services Presents 4th of July Sports Program Tokyo Japan, 1949' pamphlet, GHQ/SCAP, 1949.
Jackie Robinson: Baseball Hero, Fawcett Publications, New York, May 1950.
'San Francisco Seals Goodwill Baseball Tour of Japan, October 1949', souvenir program, Seals Sinzen-

Yakyu Fukyu-Kai (Seals Goodwill Baseball Association), *Shinzen Nichibei-Yakyu: San Francisco Seals - Zen Nihon Gun, Zen Kaisai Gun, Zen Kanto Gun, Kyojin Gun, showa 24 Nen 10 Gatsu*, 1949.

Serafino, Nina, Tarnoff, Curt and Nanto, Dick K. 'U.S. Occupation Assistance: Iraq, Germany and Japan Compared', CRS Report for Congress (Received through the CRS Web / Order Code RL33331), March 23, 2006, Accession Number: ADA458270.

'The 47 Ronin: The Most Popular Play in Japan Reveals the Bloodthirsty Character of Our Enemy', *Life*, November 1, 1943.

和文

「インタビュー　占領は日本の文化を破壊した　フォービアン・バワーズ（聞き手：谷川建司）」（『占領期雑誌資料大系』大衆文化編　月報 1、岩波書店、2008 年）

「ジャッキー・ロビンソン」（小学館『中学生の友』Vol.27、No.3、1950 年 6 月）

日本野球協會「歓迎　San Francisco Seals 1949」1949 年

東京米国大使館「USIS映画目録 1953 年」（米国大使館映画部配給課、1953 年）

東京米国大使館「USIS映画目録 1959 年」（無記載、1959 年）

雑誌記事

有馬直「シールズ戦を見て　六大学の将来」、『野球ニュース』、野球ニュース社、1949 年 12 月号、40-41 頁）

「球場の人気者」、『ベースボール・ニュース』、日本体育週報社、第 640 号、53 頁

「シールズ資金　百万円審判部へ（ボールペン）」、『ホームラン』、ホームラン社、1950 年 2 月号、45 頁

「親善」、『アサヒグラフ』、朝日新聞東京本社、第 52 巻 20 号

USIS提供「ロビンソン物語」、『ベースボール・マガジン』恒文社、第 5 巻・第 110 号、10 月号、86-87 頁

新聞記事

New York Times, April 21, 1949.

New York Times, July 19, 1949.

『東京日日新聞』（1949 年 5 月 22 日）

『日刊スポーツ』（1949 年 9 月 18 日No. 1343）

「時事通信日刊映画芸能版」1948 年 5 月 18 日

「シールズ軍特報」（『少年少女譚海』1949 年 12 月号付録）

The Stars and Stripes（『星条旗新聞』）November 17, 1945

インタビュー

諸岡達一、2015 年 12 月 22 日

ウェブ

20thdb.jp/

20th Century Media Information Database (20世紀メディア情報データベース).
http://2689web.com/nb.html
Nippon Professional Baseball Records homepage (日本プロ野球記録)
https://archive.org/stream/JackieRobinson/robsn3_djvu.txt
Full text of 'Jackie Robinson FBI Files' (a new internet archive).
http://comicbookrealm.com/series/23181/218194/Jackie%20Robinson
Comic Book Realm.com.
http://comics.lib.msu.edu/rri/frri/fawc_p.htm
Michigan State University Libraries, Special Collections Division, Reading Room Index to the Comic Art Collection 'Fawcett Publications' (A-Z titles).
http://kirokueiga-hozon.jp/cie/
Search Data System for CIE/USIS Movies (CIE・USIS映画　検索データベース).
http://www.archives.gov/publications/prologue/1997/summer/jackie-robinson.html
Vernon, John. 'An Archival Odyssey: The Search for Jackie Robinson, Federal Records and African American History' (*Prologue Magazine*, Summer 1997, Vol. 29, No.2).
http://www.cmn.hs.h.kyoto-u.ac.jp/CMN6/nakamura.htm
中村秀之『占領下米国記録映画についての覚書――「映画教室」誌におけるナトコ（映写機）とCIE映画の受容について』、*CineMagaziNet*, No. 6, 2002.
https://www.cocacola.co.jp/ history_
Coca Cola homepage. https://www.cocacola.co.jp/
http://www.comicvine.com/fawcetts-baseball-heroes/4050-26321/
Fawcett's Baseball Heroes (COMIC VINE).
http://www.criticalpast.com/video/65675024538_international-programs_King-Paul_Queen-Frederika_William-Portner
USIS program including the musical *Porgy and Bess* and orchestra, sprinter Jesse Owens, writer William Faulkner and a trade show (CRITICALPAST.).
http://www.insidevoa.com/a/3794247.html
VOA PUBLIC RELATIONS/History/VOA Through the Years
http://www.insidevoa.com/content/a-13-34-2007-reorganizing-us-international-broadcasting-in-the-1990s-111602649/177524.html
Restructuring US International Broadcasting in the 1990s
http://www.jackierobinson.com/stats/html
The Official Site of Jackie Robinson, stats page.
http://www.joedimaggio.com/the-ballplayer/pre-yankees/
Joe DiMaggio.com (Joe DiMaggio Children's Hospital Foundation). (Pre-Yankees)
https://www.meridian.org/pacificpitch/
Pacific Pitch: U.S.-Japan Baseball Diplomacy homepage. (『パシフィック・ピッチ』日米野球外交写真展)
http://www.pepsi.co.jp/history/
PEPSI homepage.
http://www.profootballhof.com/hof/member.aspx?PLAYER_ID=242
Pro Football Hall of Fame. (Flitz Pollard)

http://www.sonypictures.jp/corp/history/28386
Sony Pictures Japan homepage.（コカ・コーラによる買収、人気テレビシリーズの放送）

DVD

The Jackie Robinson Story, MMIII Miracle Pictures a Division of PMC Corp. De., 2004.

谷川　建司(たにかわ　たけし)

早稲田大学政治経済学術院　客員教授

博士（社会学）。茨城大学人文学部コミュニケーション学科助教授、早稲田大学政治経済学術院客員助教授を経て現職。

主な著作

『「イージー・ライダー」伝説 ピーター・フォンダとデニス・ホッパー』（1996年、筑摩書房）、『レオナルド・ディカプリオへの旅』（1999年、マガジンハウス）、『アメリカ映画と占領政策』（2002年、京都大学学術出版会）、『アメリカの友人　東京デニス・ホッパー日記』（2011年、キネマ旬報社）、『戦後「忠臣蔵」映画の全貌』（2013年、集英社クリエイティブ）、『高麗屋三兄弟と映画』（2018年、雄山閣）、『イージー☆ライダー 敗け犬（ルーザー）たちの反逆——ハリウッドをぶっ壊したピーター・フォンダとデニス・ホッパー』（2020年、径書房）、*Baseball in Occupied Japan: US Postwar Cultural Policy*, Kyoto University Press, 2021（本書の英語版）、『近衛十四郎十番勝負』（2021年、雄山閣）、編著は*Cultural Politics around East Asian Cinema 1939-2018*, Kyoto University Press, 2019、『映画産業史の転換点——経営・継承・メディア戦略』（2020年、森話社）等多数。その他翻訳書、論文が多数ある。

ベースボールと日本占領

学術選書 100

2021 年 11 月 25 日　初版第 1 刷発行

著　　者…………谷川　建司
発 行 人…………足立　芳宏
発 行 所…………京都大学学術出版会
京都市左京区吉田近衛町 69
京都大学吉田南構内（〒 606-8315）
電話（075） 761-6182
FAX（075） 761-6190
振替 01000-8-64677
URL http://www.kyoto-up.or.jp

印刷・製本…………㈱太洋社

装　　幀…………上野かおる

ISBN 978-4-8140-0372-3
定価はカバーに表示してあります

学術選書［既刊一覧］

＊サブシリーズ「諸文明の起源」→ 諸

006 古代アンデス 権力の考古学 関 雄二 諸12
009 ヴァイキング時代 角谷英則 諸9
012 古代エジプト 文明社会の形成 高宮いづみ 諸2
023 シーア派イスラーム 神話と歴史 嶋本隆光
036 中国文明 農業と礼制の考古学 岡村秀典 諸6
044 江戸の庭園 将軍から庶民まで 飛田範夫
047 古代朝鮮 墳墓にみる国家形成 吉井秀夫 諸13
048 王国の鉄路 タイ鉄道の歴史 柿崎一郎
052 イスラーム革命の精神 嶋本隆光
054 イスラーム 文明と国家の形成 小杉 泰 諸4
056 大坂の庭園 太閤の城と町人文化 飛田範夫
057 歴史と事実 ポストモダンの歴史学批判をこえて 大戸千之
059 古代マヤ 石器の都市文明［増補版］ 青山和夫 諸11
060 天然ゴムの歴史 へベア樹の世界一周オデッセイから「交通化社会」へ こうじや信三
062 近代社会とは何か ケンブリッジ学派とスコットランド啓蒙 田中秀夫
064 インダス文明の謎 古代文明神話を見直す 長田俊樹
066 イスラームの神秘主義 ハーフェズの智慧 嶋本隆光
067 愛国とは何か ヴェトナム戦争回顧録を読む ヴォー・グエン・ザップ著・古川久雄訳・解題
068 景観の作法 殺風景の日本 布野修司
070 ヨーロッパ近代文明の曙 描かれたオランダ黄金世紀 樺山紘一 諸10
073 異端思想の500年 グローバル思考への挑戦 大津真作
075 懐疑主義 松枝啓至
080 京都の庭園 御所から町屋まで㊤ 飛田範夫
081 京都の庭園 御所から町屋まで㊦ 飛田範夫
082 世界単位日本 列島の文明生態史 高谷好一
083 京都学派 酔故伝 櫻井正一郎
086 ?👁! 哲学の話 朴 一功
087 今からはじめる哲学入門 戸田剛文 編
095 中国農漁村の歴史を歩く 太田 出
096 生命の惑星 ビッグバンから人類までの地球の進化㊤ C・H・ラングミューアーほか著 宗林由樹 訳
097 生命の惑星 ビッグバンから人類までの地球の進化㊦ C・H・ラングミューアーほか著 宗林由樹 訳
098 「型」の再考 科学から総合学へ 大庭良介
099 色を分ける 色で分ける 日髙杏子
100 ベースボールと日本占領 谷川建司